der Buchen hinter sich... ...seine
Augen blieben gleich... ...
drucklos und ganz... ...stille
des Tages hinein. Er legte sich zurück
und, legte sich den Hut auf das Genick
und dann konnte er noch ganz
deutlich von ganz ganz fern her ein das
ganz leise wie raschelndes Geräusch
durch die tiefe Schichten des Bodens
hindurch das ganz leise,
die raschelnde Geräusch der Bohr-
maschine des Erdölbohrers hören
der jenseits des Quellberges, im
Bett draußen [seit zwei Jahren]
in tausend Meter Tiefe seine
geduldige Arbeit verrichtete. An
den Rändern des Hutes gleiste die
Sonne, der schwarze Raum wurde
lam von ihrer Kraft und seinem Atem
aber er hatte die Augen geschlossen

Kurt Guggenheim

EINMAL NUR

Tagebuchblätter
1925 – 1950

KURT GUGGENHEIM

EINMAL NUR

TAGEBUCHBLÄTTER
1925–1950

VERLAG HUBER
FRAUENFELD · STUTTGART

© 1981 Verlag Huber, Frauenfeld
Satz, Druck und Einband:
Benziger AG, Graphischer Betrieb, Einsiedeln
ISBN 3-7193-0758-1

Nach ein paar mißglückten Versuchen, zu diesen Tagebuchblättern einige Zeilen als Einleitung zu schreiben, gab ich es auf. Mir erschien jeder Kommentar eine Unterschätzung des Lesers.

In den in herumliegenden Blättern, kleinen Heftchen und Notizbüchlein, später in regulären Tagebüchern notierten Vorkommnissen und Reflexionen findet sich manches, was ebensogut ein Leser hätte aufschreiben können, wenn er Lust dazu verspürte.

So blieb nur dieser Unterschied: daß ich ein Leben lang dieses Bedürfnis empfand – vielleicht müßte ich sagen: diesen Zwang –, manchmal mit längeren Unterbrüchen, in Zeiten etwa, wenn ein Buch im Tun war.

Das Bedürfnis, ein Tagebuch zu führen, gar dessen Funktion zu erläutern, wäre Anlaß zu Betrachtungen. Etwa: auch andere zu ermutigen, es mit solchen Aufzeichnungen zu versuchen, weil die damit verbundene Selbstfindung einer Selbsterweiterung gleichkommt.

Geht es in Tagebüchern nicht gerade darum? Die Texte sind Zeugnisse einer menschlichen Existenz, sie geben die Atmosphäre eines Lebens-, eines Zeitraums wieder, sie geben Anlaß zum Vergleich, zur Frage nach dem Sinn des «Einmal nur».

Tagebücher sind ein Weg, zu sich selbst zu kommen. So jedenfalls ergeht es mir. K. G.

1925

12. Januar

Wenn in diesem Jahre das Werk nicht entsteht, wird es nie geboren werden. Mein Verhältnis zur Familie wird immer unmöglicher. – Empfinde weiter die beschämenden Lücken meiner Bildung.

Ich wundere mich, wie aus dieser Sackgasse herauszukommen ist. An die Familie gefesselt! (Pirandello, «Sechs Personen...», der junge Mann, «ich habe gar nichts damit zu tun».)
Der unheilvolle Magnet im Leben des jungen Mannes: die Familie. Angezogen und daran zerschellt. Was ist der Sinn dieses Kampfes? Welche Konflikte sind es eigentlich? Die Anschauungen sind es nicht (sie sind Wirkung, nicht Ursache). Generationen sind Verschwörungen (Gide, «Nourritures terrestres»). Jeder glaubt in dieser Beziehung extra-unglücklich zu sein, und jeder ist einfach das Opfer eines unverständlichen Schicksals.

Verkehr mit Max Pulver, Fortunat Huber, Otto Heim.

Vorgestern: Pirandello, «Sechs Personen suchen einen Autor». Man hat aus diesem tiefen Stück einen Schwank gemacht. Die Schauspieler zeigen eine bemitleidenswerte Verständnislosigkeit. Meine Ansicht ist, daß die deutsche Sprache dieses Stück verballhornt.

Liste der Lektüre seit Oktober 1924: (Krankheit – Locarno)
André Breton: Le Manifeste du Surréalisme
Napoléon Ier: Documents
Joseph Conrad: Le Nègre du Narcisse
                   Lord Jim
                   La Folie Almeyer
                   Typhon
                   Sous les yeux de l'Occident
Duhamel: Le Prince Jaffar
Bergson: Le Rire
Boniface de Castellane: Mémoires

Zola: L'Assommoir
Chamfort: Caractères et Anecdotes
N. R. F. (Nov.)   Nicole (Jacqueline)
Rousseau: Les Confessions
                     Cantique des Cantiques
N. R. F.   No spécial sur Joseph Conrad

Am 12. Dezember 1924 Jacques Rivière, «Les Méfaits du moralisme dans la littérature» (unvollständig).

Dem Neid auch sein Recht lassen.

Rassembler toutes mes forces pour l'œuvre! Cette année ou jamais. Jouer le tout pour le tout. Voir combien d'amis; combien de chances. Rester seul. Dédaigner les «nègres».

Gestern, während meines ganzen Geburtstages (29.), war ich traurig und alt.

Mein Vater hat es nicht einmal für nötig befunden, mir zum Geburtstag zu gratulieren. – Der Gedanke: alles und alle zu verlassen, um irgendwo ein eigenes Leben zu leben, nimmt immer sehnsüchtigere Gestalt an. Ich lerne zu schweigen.

Heute nacht wieder: Die unaussprechliche Einsamkeit alles Lebendigen im Raume. Tod: das Erlöschen der Persönlichkeit (diese Persönlichkeit kommt nie mehr). – Angesichts dieses Gedankens versuchen, über dies tägliche Leben hinwegzukommen. – In diesem Zusammenhang ist die Liebe nichts und die Freundschaft alles. Aber wie wenig Freunde!

Das Grauen des Todes. Der letzte Moment des Bewußtseins und wissen, daß es für Milliarden Jahre der letzte sein wird. Nie mehr wissen. Das Erlöschen des «Ichs» und dieses: Ich weiß es.

Die Hand, die den Puls fühlt, ist vom selben Leben durchflutet, das sie fühlt.

Schmerzen und Geräusche sind schwer zu beschreiben (weil die Analogien fehlen?). – Man weiß nicht, auf welche Weise, wie intensiv der andere sie empfindet.

Tiere zögern nie; sie wissen immer, was sie unternehmen wollen.

Das Spiel, eine Gegend, ein Gesicht, eine Stadt, ein Theaterstück so auf sich wirken zu lassen, als ob man sie noch nie gesehen hätte. – Geheimnis des Dichters. Alles immer wieder von neuem. Immer neugierig, nie erstaunt.
«Sie hatten den Komiker zu sich eingeladen.» Natürlich war er traurig.

Das Schönste, was die Menschen haben, ist der Schlaf. Der ruhige, ungestörte, große Schlaf. – Aber der Schlaf gibt keinen Begriff vom Tode, wie man so oft sagt. Im Gegenteil: der Schlaf ist der Inbegriff des gesunden Lebens. – In gewissen Wachzuständen (nachts, licht- und lautlos) ist man oft dem Tode am nächsten (horizontal hingestreckt im Raume schwebend – einsam – ohne Hoffnung, gehört zu werden). – Ich begreife, warum die Menschen nicht *allein* sterben wollen. – Allein in der Sterbestunde ist mehr als allein. Verzweiflung und Hoffnungslosigkeit. Wenn die Menschen doch mehr an ihren Tod denken wollten.

Das Gefühl immer mehr stärken, daß es etwas gibt, daß etwas in uns geschaffen wird, was nichts erreichen, erschüttern kann. Das eigentliche, unbeteiligte, neugierige, fühllose Ich. Das Über-Ich. Mein Göttliches. Mein keuschestes, unberührtestes Bestes, Heiligstes – Größtes. – Ist es der «innere Sonntag», wie Eva meint?

Lektüre: James Joyce, «Dédalus».
A la Recherche du Temps perdu! Comme soudain je comprends cette expression dans toute sa profondeur. Nous tous qui vivons avons en nous un désir de revivre toutes les minutes que nous avons gaspillées – les minutes sans dignité, sans contenu.

In einer fremden Sprache schlafen – wie in einem fremden Zimmer.

Ce que Proust a fait est quelque chose de tout à fait inouï. Diviser sa vie en deux. Employer la deuxième partie pour décrire la première.

22. Januar
Gestern abend bei Fortunat Huber. – Gespräch über den Tod. Ich stellte ihm meine Auffassung des Grauens vor dem Tode dar. Konstatierten einen prinzipiellen Gegensatz, weil gegensätzliche Auffassung des Lebens. Fortunat empfindet das Leben als eine Welle, die steigt und nachher wieder ins Meer zurückfällt. Sich selbst als einen vorübergehenden Ausdruck des Lebens – deshalb den Tod nicht als eine persönliche Sache. – Ich: Der Tod ist das Vergessen, das Verlieren, das Verraten des Ichs. Das Verlorengehen des Ichbewußtseins. Mich interessiert das Leben nur insofern, als es mich (das Ich) angeht.

25. Januar
Von der Vereinigung um einen Vortrag angegangen, denke ich an zwei Themen. 1. Gelebtes und gefühltes Judentum. Judentum als Traditionalismus oder als Modernismus. – 2. Das jüdische Mädchen. Sein Schicksal und seine Tragik (an den Besitz geknüpft). Die künftige jüdische Frau.
Gelesen: Benjamin, Crémieux, «XXe Siècle». – Marcel Proust.

Mon Dieu, pourquoi n'avez-vous pas permis que ma langue fût française?

31. Januar
Zunehmende Vereinsamung – Resignation, ob ich alles, was ich zu sagen hätte, je werde sagen können? Erinnerung an meinen früheren Aufsatz «Ethik und Einsamkeit».

1. Februar
Lektüre: Raymond Radiguet, «Le Diable au corps». – Ausspruch Fortunat Hubers darüber: Man merkt sein gutes Gewissen. Finde auch, daß es ein gutes Buch ist. Ich las in diesem Zusammenhang meine Novelle aus dem Jahre 1921: «Das kleine Schicksal», an die mich das Sujet von Radiguets Buch erinnerte. – Der Ein-

druck, der von Radiguets Buch auf mich ausgeht, ist nicht der der Frühreife, sondern der der Reife, einfach. Darstellung der Dreieinheit des Knaben-Jünglings-Mannes-Lebens und seiner Parallele: Liebe – Geburt (Frucht der Liebe) Tod. Erinnerung an den Vortrag Rivières: «Les Méfaits du moralisme dans la littérature.» Bei Radiguet, im klassischen Sinne, Abwesenheit von Sentimentalität und Moralität. In gleicher Linie wie Proust.

Vorgestern bei Fortunat Huber. Fortsetzung unserer Gespräche von jüngsthin. Meine Ansicht: Man kann das Häberlinsche System sich in seiner ganzen Weise zu eigen machen – und dennoch das Gefühl haben, daß man ihm entrinnt und daß die Möglichkeit eines andern als logischen (im Häberlinschen Sinne = sinnvollen) Zusammenhanges existiert. Fortunat: Der Grundsatz Häberlins ist eine Hypothese, die nicht beweisbar ist. Deduktive Ableitung des Häberlinschen Grundsatzes auf die Ästhetik an Hand eines Cézanne-Bildes. Geist ist die intellektuelle Tätigkeit meines Wollens der Darstellung meines Ichs, meiner Persönlichkeit. Das Ich in meiner Persönlichkeit. Kampf des Ichs um meinen Körper – mein Ich mit der Umwelt – Andere Ich. Materie Opfer des Ich-Wollens. Beute des Ich-Wollens.

4. Februar
Über sich selbst nachdenken macht immer unglücklich (in unserer Familie der Fall).

Sehen, genau sehen, nur so kann man sich eine Vorstellung machen, wie es eigentlich gewesen ist. Genauigkeit ist das erste Gesetz eines Schriftstellers. (Die Ansichtspostkarten bei Fräulein Erna Sax.) – Genau sehen und genau definieren. Differenzierte Sprache anwenden.

Bodenlose Sehnsucht nach Sonne. Tunis – Ägypten. Oder auch nur die Provence.

Fühle, es muß etwas geschehen. Ich muß aus der Lethargie herauszukommen versuchen.

15. Februar
Jeder hat Zeiten, wo er sich selber günstig gesinnt ist.

Das Kind fällt von der Familie ab wie eine Frucht vom Baum.

Les juifs n'ont pas de sens pour la nature.

17. Februar
Jacques Rivière ist tot. (Bei seinen drei Aufenthalten in Zürich gesehen und gehört.)

Im Französischen heißt «sich von Schulden befreien» «se libérer». Geld ist gemünzte Freiheit.

Wäge dein Wort; wie der Stein, der ins Wasser fällt, zieht es immer weitere Kreise, selbst wenn der Stein schon auf dem Grunde liegt.

19. Februar
Gestern schweizerische Erstaufführung «Hinkemann» von Toller. Ich dachte:
Die Menschen vermögen infolge ihrer Sinnesorgane miteinander zu verkehren. Durch die Sinnesorgane ist ihnen die Möglichkeit gegeben, der Einsamkeit zu entrinnen – dem Grauen vor dem Nichts. Damit die Seele leben kann, bedarf sie der Materie (um sich bemerkbar zu machen). Die höchste – oder augenfälligste Form menschlichen Verkehrs ist die Liebe. Hinkemann hat die Organe der Liebe verloren (Symbolismus, wie das meiste an Tollers Stück), nun ist er einsam wie keiner – wie Blinde oder Taube oder Stumme. (Beispiel vom geblendeten Finken.) Seine größte Furcht ist die vor dem Lachen der andern. Natürlich, denn das Lachen der andern isoliert den Lächerlichen, den Verspotteten. Tragödie der menschlichen Einsamkeit. (Schade, daß zu viel bewußte Tendenz- und Gehirnarbeit darin ist.) «Le Rire» (Bergson).

Jüngst zu Hans Wickihalder über den Schauspieler geäußerter Gedanke: Man anerkennt den Heroismus des schöpferischen

Schauspielers zu wenig. Alle andern Künstler haben ein Zeugnis ihrer Schöpfung, auf das sie sich berufen können. Der Schauspieler stellt seine Schöpfung nicht in den Raum, sondern in die Zeit, und sie vergeht mit ihr.
Aufgabe des Kritikers: von der Schöpfung des Schauspielers so viel in den Raum hinüberretten, als er nur kann! Daraus zieht er (der Kritiker) seinen Lebenszweck. Wie wenig wird er ihm oft gerecht!

Jakob Wassermann, «Mein Weg als Deutscher und Jude».

Der jüdische Geist bewegt sich mit Vorliebe in den Grenzen des Greifbaren, Seienden, Erkennbaren: Bergson, Einstein, Freud, Toller.

Jüdische Literatur kannte früher nur Lyrik und Didaktik (Philosophie). Auch jetzt kennt sie kein Drama, aber die Epik hat sie erobert.

25. Februar

Gestern bei Fortunat Huber. Adolf Guggenbühl wieder aus Amerika zurück. Besprechung wegen Verlagsgründung.

8. März

Jede Niederlage öffnet in mir die Quelle einer neuen Zuversicht.

Was Worte sind, kann durch Worte widerrufen werden; Taten sind niemals zu löschen.

Das Problem des Judentums ist für die Frauen weniger schwerwiegend; die Frau findet rascher ein Foyer als der Jude eine Heimat.

Daß alles, was ich tue, den Akzent der Aufrichtigkeit trage!

Von allen Wesen sind die Menschen die einzigen, die sich bei der Paarung in die Augen sehen können.

Um etwas beneidet werden, was man nicht besitzt, ist fast, als ob man es besäße!

Wenn ich mich in der Beurteilung einer Persönlichkeit irre, so ist es immer, daß ich sie überschätze.

Dem Schicksal dafür danken oder fluchen, wenn es uns Entscheidungen erspart!?

Auch ich fühle in mir, zweifellos wie alle andern Menschen, von Zeit zu Zeit einen großen Elan de sincérité – den Wunsch nach Tabula rasa – refaire la vie – den Wunsch nach Konfession – Festsetzung der Limiten.

Die Selbstverleugnung aufbringen, die ein Werk fordert.

Erstaunen, daß sich über jedes Gefühl, das man entdeckt zu haben glaubt, schon ein Ausdruck findet. Also, ein Gefühl empfinden heißt eigentlich nichts anderes, als einen schon bestehenden Ausdruck mit einem Sinn erfüllen. (Liebe – Selbstverleugnung usw.)

Die Fliege läuft auf der Fensterscheibe umher, mit der Hoffnung, ins Freie zu kommen, das sie sieht; zuletzt aber vergißt sie ihre ursprüngliche Absicht – wie die Menschen, die zuletzt die Arbeit als Selbstzweck nehmen statt als *Weg* zur Befreiung – zur Freiheit.

Älter werden heißt, auf Grund veralteter Erfahrungen falsche Schlüsse auf die Gegenwart ziehen.

9. März

Wenn man bei seinen Eltern wohnt, so ist man bei seinen Eltern, aber nicht bei sich zu Hause!

Ein Lebensplan auf Liebe aufgebaut muß scheitern, weil Liebe immer vergeht.

Wenn ich die Freunde sich verheiraten sehe, empfinde ich das Gefühl wie vor einer unabänderlichen Trennung.

12. März
Was die Menschen sich am meisten mißgönnen, ist die Schuldlosigkeit; jeder möchte, daß der andere auch schuldig werde.

29. März
Der Rausch bringt nicht, wie man sagt, den wahren Charakter des Berauschten zum Vorschein, sondern einen verfälschten. Die Hemmungen, die der Mensch hat, die Steifheiten, die er annimmt, seine Anstrengungen, einem bestimmten Idealbilde zu gleichen, gehören auch zum Charakter, sind ein wichtiger Teil davon. Und wenn sie der Alkohol abwäscht, so ist der Charakter eben unvollständig, verfälscht.

9. April
Gelesen:
– Blaise Cendrars, «L'Or»
– M. Mignet, «Histoire de la Révolution française». Ier tome (Paris 1893)
– Maurice Donnay, «La Reprise» Œuvres libres No 46 (Comédie en trois actes)

Liegen die Glücksmöglichkeiten in dem, was dem Individuum besonders ist, oder in dem, was es mit den andern gemeinsam hat?

Das Familienleben wickelt sich in Krisen ab.

Quand tu seras mort tu ne pourras plus dormir (dormir, c'est vivre).

Jetzt ist es dann an der Zeit, daß die Kräfte unserer Generation sichtbar werden (die Dreißigjährigen).

19. April
Früher oder später wird jeder Mensch gezwungen, sich mit einem andern zu identifizieren; für eines andern Handlungen die Verantwortung zu übernehmen oder sich für ihn zu schämen.

Viele Menschen leben ihr Leben aus zweiter Hand; immer in bezug auf den Eindruck, den es auf andere macht. Sie leben ihr Leben in den Augen eines dritten Beschauers. Sie leben es mittelbar. So wird oft Geschichte gelehrt. Meine Jugenderinnerung: Ich habe nichts erlebt. Das Erlebnis wertet nur in dem Maße, als es mitteilenswert ist.

Gleichaltrigkeit zweier Menschen (Männer) ist die sicherste Voraussetzung für eine rasche Verständigung. Es ist gleichsam, als ob die gleiche Zeit, die sie eingeatmet haben, die Voraussetzung für das Gespräch ebne und vereinfache. Generationen sind Verschwörungen.

Max Pulver in einem kleinen Artikel in der «Neuen Zürcher Zeitung»: «Leben heißt das Sterben begreifen.» November 1924: Diagnose einer Herzkrankheit.

Es ist nicht wahr, daß die Entwicklungsgeschichte der Menschheit sich im Individuum nochmals wiederholt – sondern die Geschichte der Menschheit ist die Vergrößerung der Entwicklungsgeschichte des Menschen!

Das Alter lehrt die Kostbarkeit des Lebens.

22. April
Das Leben? Das Leben ist die Zeit, die vergeht. Die Zeit ist das Leben. Die Zeit wird verdaut. Die Menschen konsumieren Zeit. Die Zeit konsumiert die Menschen.

Bei den meisten Menschen reift das Urteil schneller als das eigene Können.

Ich bin durch die Stadt gegangen und habe meine Seele von neuem erfüllt mit allen Wünschen und Begierden, die sie bietet.

Je weiter die Zivilisation fortschreitet, um so größer wird der Abstand zwischen schön und häßlich, gut und böse. – Zivilisation ist die immer weiter fortschreitende Verdeutlichung von gut und bös. Im Anfangsstadium, im Primitiven (Tier) gibt es nichts Häßliches und nichts Lächerliches.

Ausdruck: Seelische Schwerhörigkeit.

Otto: Ich habe ein Vakuum in mir, das saugt, das saugt Dreck!

N. R. F. Aprilheft. – Hommage à Jacques Rivière.

Thomas Mann, «Der Zauberberg», erster Teil. Auseinandersetzung mit dem Problem der Zeit. (Die Zeit, das Problem des zwanzigsten Jahrhunderts, nachdem der Raum durchforscht ist.) Die Zeit und die Technik der Erzählung. Berührung mit Proust. Einheit gewahrt. Bei Proust nur Wahrung der zentralen Einheit des «moi».

26. April, Sonntag

Was hätten die Männer, wenn sie nicht ihren Ehrgeiz hätten? Die Frau allein würde nie genügen, sie irgendwelche Taten ausführen zu lassen. Die Taten des Mannes stehen immer in Beziehung zu den Urteilen anderer Männer.

Je älter wir, die jungen Leute, die bei ihren Eltern wohnen, werden, um so mehr erscheint die Heirat als ein Mittel zur Freiheit.

Die Kunst ist jenseits aller Sentimentalität.

Geld ein Zielsurrogat. Ziele: ein Surrogat für Geld.

Sie sind noch zu jung, von ihren Erinnerungen leben zu können!

15. Mai

«Une heure avec Henri Barbusse», par Lefèvre. «Nouvelles littéraires» du 25 avril.

Bei einem Verhältnis zählt nur das, was man selbst mitgebracht hat. Das Erlebnis ist das Rendezvous mit sich selbst.

Etre «libre» veut dire: être en «équilibre».

Ein bedeutendes Werk kann nie kurz sein.

Die Tätigkeit der Menschen verfolgt oft das geheime Ziel der Tatenlosigkeit.

Wenn man nicht weiß, mit wem man zusammentrifft, soll man ein frisches Hemd anziehen.

Auffahrt, 21. Mai

Tod meines Vaters bei Brand. Kondolenzbrief von Eva (eine Zeile).

20. September

«Mignet»:
Zweiter Teil beendigt.
Laufrey, «Histoire de Napoléon Ier», erster und zweiter Band.

Während der Zeit vom 21. Mai bis jetzt viel gedacht, wenig behalten. Ich habe den Tod nie unterschätzt; aber in Wirklichkeit ist er noch unbegreiflicher.

Der Tod ist das ins Praktische übersetzte philosophische Problem der Zeit.

Mehr denn je die deutliche Erkenntnis, daß das Größte und das, was uns vor allem feit, ein gutes Gewissen ist. Innere Freiheit ist mit einem chronischen schlechten Gewissen nicht vereinbar.

Wogegen ich mich am meisten auflehne, das sind die Verantwortlichkeiten, die mir aufgebürdet werden; eine Verantwortung, die nicht freiwillig übernommen wird, ist keine. Sie bewährt sich nicht.

Niemand kann uns größere Qualen bereiten als die Angehörigen der eigenen Familie.

1926

2. Mai

Ich sitze im Zimmer,
meine Hände vor mir auf dem Tisch.
So war es immer,
wie ich, so sitzt mancher
im Bann seiner müßigen Hände
und sieht wie ein Kind
des Lebens gläserne Wände.

Ich aber weiß, daß alle Dinge nur *einmal* sind.

Alles, was fortschreitet, wird älter, nur die Zeit wird jünger.

Immer einsamer – den Menschen immer fremder und immer erstaunter vor der Mannigfaltigkeit der Schönheiten der Welt – und ihren Schmerzenskombinationen.

9. Mai

In meinem Vortrag «Von der Psyche der Juden» ist an den Stellen, wo vom Tode die Rede ist, mein Eigenstes und Innerstes zum Ausdruck gekommen. Zum erstenmal ein wortmäßiger Niederschlag «de l'angoisse».
Plan eines zweiten Teils mit Anwendung auf das *Praktische*.

Die Schwierigkeiten in meinem Leben akkumulieren sich; sie sind geschäftlicher, finanzieller und familiärer Natur. Alle um mich herum laden rücksichtslos eine Verantwortung um die andere auf mich. Gegen alles kann ich schließlich aufkommen, nur gegen die mit Dummheit und Despotismus gepaarte Süffisanz nicht. Ich bin fest entschlossen, lieber meine persönliche Bequemlichkeit und mein Mitleid zu opfern, als auf meine endliche Befreiung zu verzichten.

18. August

Krisenzeit. Krisenzeit. Vereinsamung. Verstummung. Verdummung.

Die Seele auf dem Weg ihrer Selbsttröstungsversuche verfolgen!

Zu schwach, ein Taugenichts zu sein.

Das Mitleid mit der Menschen Einsamkeit.

16. September
Nicht genügend Geduld; unbeständigen Willen; keinen Glauben an irgend etwas (doch, an Freunde, aber nicht an mich); Eitelkeit und Ehrgeiz; übermäßige Domination des animalisch-erotischen; zu wenig Distanz zum Dasein; für Reinheit und Schuldlosigkeit zu wenig Größe; für die Praxis des Lebens zu viel philosophische Resignation; Mangel an Mut und Aktivität; keinen rechten Willen.
Dieses ist die Bilanz meines Charakters.

Im Laufe des Lebens werden die Menschen, wie eine Rose ihrer Blätter, ihrer Hoffnungen entkleidet.

Die Bewußtseinsempfindung verläuft wellenförmig. Welches sind die glücklichen, welches die langweiligen Episoden? Jene mit großer oder gedämpfter Selbstbewußtseinsempfindung?

Man selbst sein? Wenn ich so wäre, wie ich bin, ginge ich zugrunde.

Viel mehr Distanz! Viel mehr eigene «Reservation». Den Zellkern des Lebenssystems vergrößern. Fatalismus für die Materie, Fanatismus für den «Geist». Das Leben ist das Material des Geistes. Weniger Angst vor den Menschen. Mehr Unbekümmertheit. Sich nicht in ihr System verstricken lassen. Mehr Distanz zu den eigenen Begierden. Mehr Distanz zu den Leiden der Menschen. Identifikationen vermeiden. Vorsichtiger urteilen. Weniger behaupten. Größe – Reinheit – Schuldlosigkeit = Freiheit. Weniger Konzilianz.

16. Oktober
Jedes Leben ist der Hintergrund oder das Relief eines zweiten Le-

bens, das wir leben. Das eine, das wir mit dem Ich, und das andere, das wir mit der Umwelt als Nicht-Ich leben.

Es gibt Leute, die die Logik verwerfen, sobald sie zu denselben Erkenntnissen kommt wie der Glaube.

K. G.: kein Mut – kein Wille – keine Geduld – keine Ausdauer.

Von der Variabilität der Bewußtseinsintensität.

Friede – Freiheit – Schuldlosigkeit – Einheit. (Was ist das Größte davon?)

Der Feuerwehrmann – liebt er die Feuersbrünste?

Es gibt Stunden, wo man sich von der innern Freiheit nur noch durch die Haut einer Seifenblase getrennt fühlt – und man kann sie nicht durchschreiten (man sieht hindurch).

Die Frauen sind berechnend, aber kurzsichtig und unbelehrbar; dies macht ihre Gefährlichkeit aus. – Die Frau ist die Trägerin des *materiellen* Elementes im Leben.

Die Frau bewertet den Mann nur nach seinen materiellen Erfolgen.

Kampf gegen die Unreinheit im Denken. Wie groß ist in den Menschen das Bedürfnis nach *Reinheit*. Schuldlosigkeit.

24. Oktober

Der Bergsturz von Goldau: immer bedeutungsloser von Jahr zu Jahr!

Die Mythologie der großen Entschlüsse.

Mehr den Reflexsignalen des Geistes folgen. Erster Eindruck, Impuls, Avertissement fast immer gut.

In der Anatomie lehnte ein Skelett nachlässig am Fenster und blickte auf die Straße hinaus.

Es gab eine Zeit für mich, da war gut noch gut und bös noch bös; diese Zeit ist vorbei.

Das Laub, im Frühjahr, verleiht dem Raum die Tiefe; die bloßen Zweige, im Winter, wirkten wie Linien auf einer weißen Fläche. Physiologische Wirkung des Frühlings auf den Daseinsraum des Menschen.

Kunst, die Darstellung des Schönen?

Letzte Demut: sich in den eigenen Augen lächerlich machen!

Daß ich wie ein Fluch meine Begierde mit mir führe, die alles besudelt, was schön ist!

Je m'occupe du malheur des autres, parce que le mien me dégoûte!

L'attente, la terrible attente! – Cette attente, mon vieux, c'est la vie!

Par peur du ridicule, je peux devenir un héros!

Er schläft, er nimmt am Fest des Lebens nicht teil!

Man ist sich selbst immer der Ärmste!

Den Ehrgeiz abtun! Alles Streben nach materiellem Besitz von sich weisen! Sich nicht auf die gleiche Stufe stellen wie die «andern»! Ihre Ziele sind nicht meine Ziele. Jetzt hast du noch unrecht. Aber eine Sekunde wird in ihnen sein, wo sie dir recht geben müssen. Die letzte Sekunde vor dem Erlöschen ihres Bewußtseins. Reinheit und Friede. Ohne Ehrgeiz. Wissend. Lachend und tief im Innersten erfüllt vom traurigen Ernst des Daseins.

Wir sind ihrer mehr, als sie wissen. Harlekine des Lebens. Unter der Maske der Tagesbeschäftigung und der Abenteuer. Seinen Körper lebend und rein erhalten. Ohne Haß, ohne Neid. Das Ziel der andern kann nicht deines sein. Den Mut, es zu sagen! Euer Maßstab ist nicht der meine. Mit welchem Maßstab ihr mich meßt, ist mir gleichgültig. Rein sein vor sich selbst. Auch ich habe dreckige Winkel in meiner Seele, deren ich mich schäme.

Aber da ist das Leben mit Verpflichtungen, die ich nicht gewählt habe!

Ist Arbeitsunlust Geisteskrankheit?

7. November
Mit dem Wohlstand in den Familien stellen sich die geistigen Interessen ein; diese beeinflussen die Einkommensverhältnisse in negativer Weise. Niedergang und später wieder Überhandnehmen der materiellen Interessen. Anwendung auf die dritte jüdische Generation in der Schweiz.

Voraussetzung für die innere Freiheit ist ein vollständig schuldloses Gewissen.

Das Verbrechen besteht in einem «Nicht-wahrnehmen-Wollen» – in der Mißachtung der Gewissenseinsprüche.

Die Moral ist der Ausdruck eines Bedürfnisses, das die Menschen nicht immer verstehen können. Die Liebe auch?

Lektüre «Forsyte Saga» von Galsworthy beendet.

Manchmal habe ich eine unerklärliche Furcht davor, allein mit mir zu sein, die passive Bilanz meines Lebens zu sehen. Und dennoch, ich weiß, ich fühle, es ist etwas in mir, das trotz den Kloakenwinkeln meiner Seele und trotz der Beschäftigung meines Tages und trotz der granitenen Verständnislosigkeit aller *ans Licht muß*, wenn mein Leben sinnvoll hat sein sollen. Früher habe ich den Fehler gemacht, daß ich glaubte, es müsse ein künstlerisches sein; heute weiß ich es nicht mehr.

Freiheit bedeutet zum wenigsten «freie Zeit» oder freies Handeln. Freiheit bedeutet die Freiheit zum Handeln, und ihr größter Widerstand kommt nie von außen, sondern immer von innen.

Wahrhaft freie Menschen sind solche, die selbst das Mitleid nicht aufhält.
Plan der Fortsetzung der «Psyche der Juden»:
Einschiebsel über die Skepsis – ihr Wesen und ihre Besonderheit bei den Juden.
Einige Beispiele (praktische) zur Psychologie der Juden.
Die Typen: *der jüdische Kaufmann, die jüdische Frau* (die Trägerin des materiellen Prinzips).
Die dritte Generation mit ihrem Projekt des geistigen Menschen.

Krankhaft an KG:
seine Einstellung zum Tode;
seine Erotik; die ewige Enttäuschung an der Realität;
seine Skepsis an sich selbst und am Wert der Anstrengung!

5. Dezember

Traurige Ernte – guter Titel.

Wahrheiten sterben, weil man ihrer überdrüssig wird.

Gott hat uns den Wein gegeben, um uns vergessen zu lassen, daß wir nicht Gott sind.

1927

Im Bett – Grippe, 11. Januar
Ich habe es aufgegeben, daran zu glauben, daß für mich das Glück ein anderes sein kann als ein in Reinheit gelebtes Leben, ein Leben, in dem immer nur das getan wird, was nicht versteckt zu werden braucht, ein Leben ohne Geheimnisse. Für mich gilt, daß mich nichts so sehr erniedrigt als das Uneingestehbare (l'inavouable). Was mich an der gegenwärtigen Situation so zernagt, ist all das Unklare, Pendente, Versteckt-sein-Sollende. Ein Mensch mit geistigen Interessen kann naturgemäß auf dem Gebiete des Erwerbs nicht stark sein.
Am Schluß des vergangenen Jahres mit dem Selbstmordgedanken gespielt. Aber einen gesunden Körper materieller Dinge wegen vernichten ist dumm – besonders bei meiner Konzeption des Todes.
«Von der Psyche der Juden», einzige Leistung des vergangenen Jahres.

Nur Wahrheit verleiht Willenskraft.

Abends
Wenn ich um mich schaue, so sehe ich nur einige wenige Freunde. Man muß mehrere Freunde haben, denn kein Mensch kann einen andern ganz verstehen, jeder nur eine Seite vom andern. Ich habe Seiten, die niemand versteht. Eine Frau kann einen Mann sowieso nie verstehen. Aber eine Frau, die liebt, ohne an ihre «Position» zu denken, eine Frau, die sich nicht anklammert, gibt es das? (Position nicht einmal materiell gemeint.)
Minuten der Gnade. Minuten tiefster Einsamkeit. Wenn die Menschen wüßten, wie fern sie einander sind. Mir hat das Leben Lasten aufgebürdet – und dabei empfinde ich eine wachsende Gleichgültigkeit in mir, ein Erfrieren der Aktivität, meiner Liebefähigkeit und Trauer und Fatalismus – weil ich wirklich nicht einsehe, wozu das alles geschehen soll.
Nie wie in der letzten Zeit ist mir das Leben so *hoffnungslos* erschienen. Ich wage nichts mehr zu erwarten. Mir scheint, als sei

mein ganzes Dasein ein Mißverständnis. Mir scheint, als sollte es mir ewig verwehrt bleiben, rein und frei zu leben. Ist es nicht absurd, daß selbst Reinheit und Freiheit an materielle Voraussetzungen geknüpft sind?
Wie viele Arme gibt es, die frei und rein sein können?
Dieses kann ich am Kommunismus verstehen; daß er im Besitz das Hemmnis zur Freiheit und Reinheit sieht.
Wenn ich an die Selbstgerechtigkeit denke, die um mich ist, und an die materielle Verseuchung der Frauen, könnte ich verzweifeln, wenn ich nicht wüßte, wie viele sprachlos dulden, weil sie nicht in Worte kleiden können, was sie leiden

Hydre intime sans gueules
qui mine et désole... (Rimbaud, «Les Illuminations»).

12. Januar
Wenn man eine «Chronique dramatique» von Maurice Boissard (Paul Léautaud) gelesen hat, ist man mutiger.

14. Januar
Daß ein Gott mich ausgerüstet hat zum grausamen Kampf mit den Menschen, daß er mir Stärke gab, Mut – und das Mitleid, das mir in den zum Schlag erhobenen Arm fällt!
Heute, anläßlich meines Geburtstages, habe ich deutlich gefühlt, in welcher Einsamkeit ich mich befinde – wenige Menschen, die mich kennen. In einen Beruf gedrängt, zu dem ich offenbar gar keine Eignung in mir habe. Wer lebt so das Spiel der Gedanken, der Erkenntnis, das Ineinandergreifen der Tatsachen geistigen Lebens? Wer würde sich so rasch mit einem Minimum materieller Befriedigungen begnügen – und mir muß es beschieden sein, daß ich mich mit den Dingen des Erwerbs herumschlagen muß. Es erinnert mich an Renan, wenn er erzählt, wie der Orthodoxe das Dogma der katholischen Kirche verteidigen muß, obwohl sich – außerhalb von ihm – der Zweifel am Glauben gebildet hat, der wächst, an ihm zehrt, daß schließlich seine ganze Beschäftigung in der katholischen Kirche ihm unnütz und absurd vorkommt. So in dieser Weise bin ich gezwungen, das Bild eines Kaufmanns

darzustellen (ohne irgendwelchen materiellen Vorteil), an dem mir gar nichts liegt.

23. Januar

Nur der ganz unglückliche Mensch kann die Sekunden innern Glücks, das unabhängig von Erfolgen und Tatsachen ist, ermessen und auskosten.

L'homme, c'est une machine à souffrir.

Nur seelische Reinheit gibt den Mut, man selbst zu sein.
Wenn man die Biographien von Balzac (von Laure) oder eines Rimbaud liest, so fühlt man, besonders beim letzteren, die unendliche Kluft, die immer zwischen dem einzelnen einsamen Menschen und der «Wahrheit» liegt, dieses Mißverständnis, das das Leben ist.

Erfolg haben heißt, ein Mißverständnis durch ein anderes zu ersetzen.

Abends

Ich habe soeben meine alten Tagebücher durchgeblättert. Die Anfänge sind kindisch; in den Heften seit 1917 ist ein Ton, ein Etwas, das mich fühlen läßt, daß in diesen Blättern mein Wahrstes ist. In ihrer Gesamtheit geben sie das treueste Bild meines Daseins, und sie sind wahrscheinlich einmal das einzige Zeugnis, das mich von andern unterscheidet. Es ist ein Dokument. Ich selbst erkenne daraus immer deutlicher, daß dieses meine einzige eigene Aktivität gewesen ist, über die ich während meines Lebens verfügte – und ich glaube, daß in diesen Aufzeichnungen ersichtlich ist, daß mir die Dinge des Geistes höher standen als andere. Allerdings sind diese Notizen praktisch nutzlos – sie sind kleine Manifestation eines lebenden Wesens, das versuchte, angesichts der Trostlosigkeit eines Daseins seine Ansicht ungefragter Weise und im Bewußtsein der Nutzlosigkeit eines solchen Unterfangens zu sagen. Und es ist seltsam, daß ich aus all diesem Chaos keine andere Möglichkeit, anständig und zufrieden zu leben, gefunden habe als das Bestreben, möglichst rein und durchsichtig zu leben.

Ob das allerdings noch Ethik im landläufigen Sinne des Wortes ist, ist ungewiß; sicher aber ist, daß es für mich kein anderes Lebenssystem geben kann, innerhalb der Trostlosigkeit des Daseins mich zurechtzufinden und einen Glücksschimmer zu begreifen, als: Reinlichkeit – Freiheit – Schuldlosigkeit. Diese Postulate sind die einzigen wirksamen Waffen gegen außen und die einzige Möglichkeit zum Frieden mit uns selbst. Alles Beschämende und Demütigende an uns: Neid – Haß – Feigheit, kann nur dadurch besiegt werden, daß wir mit unsrer seelischen Buchhaltung immer à jour sind, keine Verschleppungen dulden – Genauigkeit und keine falschen Buchungen; wenn dann auch am Schluß die Bilanz eines Lebens gemacht wird, so kommt es weniger darauf an, ob noch ein Plus von seelischen Disponibilitäten übrig geblieben wäre, hätte das Individuum noch länger gelebt, sondern es soll sich dann einfach zeigen, daß einer mit dem Fonds, über den er verfügte, das Maximum von Anlagen durchführte und versuchte.

5. Februar

Das Überhandnehmen der geistigen Interessen in der jetzigen jüdischen Generation bedeutet eine Abnahme von deren Vitalität.

Sexualität – Macht – Geistinteressen (Moral usw.) – das Dreieck, in dem sich das Leben der Menschen abspielt.

Um energisch zu sein, genügt es oft, energisch zu erscheinen.

KG führt augenblicklich einen Kampf gegen Zahlen (Rechnungen); warum kann er nicht leichtsinniger sein? Sie haben ihm die Last für den ganzen Betrieb aufgebürdet.

Es ist seltsam, wie in Perioden des Unglücks gerade die winzigen Sekunden des Glücks (des Unverfolgtseins) zu einer Köstlichkeit werden können, die man nie geahnt hat. (Auch Stunden der Arbeit – die Arbeit ist einer der wirklichsten Sorgenbrecher.)

Wie die Menschen um Tote leiden, ist nie auszusprechen.

8. Februar
Vortrag Häberlin, «Die metaphysische Frage». Freude, weil ich erkannte, daß mein Ahnungsgefühl mich wirklich bis an den Kern der Dinge des Lebens gebracht hat. Ich bin ganz aufgelebt. Land, wirkliches Land ist noch in mir, nicht nur Sumpf und Eintagsfliegen.

20. Februar
Häberlin sagte: «Man muß wirklich durch den tiefsten Pessimismus hindurchgegangen sein, um zur wahren Philosophie zu gelangen.» Dachte an die «Psyche der Juden».

Ein Leben muß daliegen können wie ein reiner Spiegel, dann erst ist die Vorbedingung für das Glück geschaffen.

Mit sich selbst im reinen sein ist alles. Nur in der Konzession an sich selbst liegt die wahrhafte Schuldhaftigkeit des Menschen. Der Kampf nach außen ist nichts für den, der vor sich selbst rein ist.

Nach Sztern Inhalt des Alten Testaments: 1. Gottesidee, 2. Idee der sittlichen Autonomie, 3. Messiasidee.

Nur der wahrhaft reine Mensch schreckt vor keiner Beschäftigung zurück.

Lese Francis Carco, «De Montmartre au Quartier Latin». Welcher Mut in diesen Menschen ist, welche Unbefangenheit, die in der Reinheit der Gesinnung ruht.

11. März
Wie viele Regionen der Angst bleiben unausgebeutet. Wie mancher stirbt, ohne sie gekannt zu haben.

Aux femmes. C'est toujours ainsi: Pour vous, l'amour est tout, pour nous, c'est «quand même quelque chose».

Vortrag Sztern über Spinoza. Bestreitet jüdisches System bei Spinoza. Monotheismus im jüdischen Sinne und Pantheismus Spinozas direkte Gegensätze? Spinoza ein Ästhet?

13. März

Gedanken über die Skepsis als Fortsetzung der «Psyche der Juden». Auch wenn die Skepsis philosophisch als ein Unding erkannt wäre, so muß man sie dennoch als eine der Wirklichkeit entstammende Äußerung des menschlichen Geistes anerkennen. Vielleicht ist die Skepsis die Wirklichkeit selbst. Jedenfalls aber ist sie ihr symbolischer Ausdruck, denn in der Wirklichkeit ist wirklich alles bezweifelbar. Aber damit es bezweifelbar ist, muß es zum mindesten etwas sein, was auf uns *einwirkt*. Skepsis ist nicht etwas Negatives. Denn man kann auch ein Nicht-Sein bezweifeln, womit die Skepsis dann geradezu zur Bejahung führt. Die Skepsis ist ein Übergangsstadium von Ja zu Nein oder von Nein zu Ja. Sie ist weder gut noch böse, wie die Triebe. Sie darf nicht maßlos sein. Sie ist das fluktuierende Element des Denkens. Ein Trieb, jenseits von Vernunft und Gefühl. Je intensiver die Skepsis, je größer die Kulturhoffnung. Sie selbst ist kein Zeichen von Kultur. Die echte Skepsis muß den Willen haben, sich selbst zu töten. Sie ist ein Ausdruck des Wahrheitstriebes. Skepsis ohne dieses Ziel ist gar keine richtige Skepsis. Sie ist erstarrtes Vermittlungsstadium. Das Tier, der primitive Mensch zweifeln an nichts. – Die jüdische Skepsis ist ein Ausdruck des Ringens mit Gott. Jakobs Kampf mit dem Engel. Wer kennte diese Nächte des Zweifels nicht! Jeder denkende Mensch hat Jakobs Kampf erlitten und die Himmelsleiter im Traum gesehen.

Skepsis ist der heroische Wille des Menschen, in die Gefahr des Dunkels hineinzuschreiten, die Wahrheit zu sehen. Aber jeder Skeptiker ist im Grunde ein an die Wahrheit Glaubender. Auch jener, der nie die Möglichkeit findet, eine Wahrheit als endgültig zu betrachten. Dieser ist einfach im Übergangsstadium erstarrt. – Die Skepsis ist nicht ein Ausdruck des Pessimismus. Der Skeptiker ist ein Optimist, der sich selbst ignoriert, denn wenn er zweifelt, so tut er es in der Meinung, daß er seine Zweifel besiegen werde können.

Der Skeptiker ist psychologisch wie der Feuerwehrmann: Er liebt, was er bekämpft, in gewissem Sinne.

3. April

Das Bewußtsein des eigenen Wertes kann sich der Mensch nicht in der Einsamkeit, sondern nur in der Gesellschaft holen.

Die übersinnliche Welt fordert zum Glauben oder zur Ablehnung heraus, die Wirklichkeit zum Zweifel. Man kann die Wirklichkeit nicht einfach verneinen, aber man kann sie auch nicht bedingungslos bejahen. Eine Evidenz scheint es nur wieder in transzendenten Dingen zu geben.

Vortrag. Sztern: «Denken und (Wirklichkeit) Leben». Gut, aber mit Einwand. Deuten ist auch ein Phänomen des Lebens. Offen gelassen.

Der Mensch geht, aber sein Leid läßt er (den andern) zurück.

Der langsame Dialog in uns. Manchmal erfolgt die Antwort auf eine Frage zwei Jahre später.

Loque humaine solitaire
Qui ne sait se venger
Ne sait que se taire.

«La vie douloureuse de Baudelaire» von Porchet. Poignant wie höchstens noch «De Montmartre au Quartier Latin» von Carco. Diese modernen Darsteller haben eben doch etwas gelernt – das fühlt man aus diesen Einfühlungsbiographien.

Sonderbar, es geht mir gesundheitlich und in bezug auf den geschäftlichen Erfolg nicht besonders gut; ich lebe mein Leben von der Hand in den Mund – und irgendwo in mir ist ein ironisches Vertrauen in mich selbst, so als könnte mir nichts geschehen, wie Maximilian in Werfels «Suarez und Maximilian»: «Was auch geschehen mag, es wird nicht häßlich sein.»

Unsagbare Sehnsucht nach Ruhe und Frieden. Letzte Woche gehörte Elsbeth. Seelischer Zwischenzustand von grausamster Intensität. Kampf, gegen den eigenen Willen gefallen oder sogar imponieren zu wollen. Demaskierung meiner Bluffnatur. Dachte an den Satz Häberlins («Metaphysische Frage»). Was wir tun, ist immer ein Versuch, aus einem unklaren Zustand in einen klaren zu kommen.

Zu Sztern: Wir sind die Gestalter der Wirklichkeit; ohne uns ist Wirklichkeit nicht.

7. Mai

Und ganz im Hintergrund seiner seelischen Landschaft das Riesengebirge seiner finanziellen Situation.

Die Menschen sind Schwindler malgré eux.

Zwischen der heutigen Eintragung und der vom 3. April 1927 die Notizen über und für E. W.

L'air est chargé d'orages – je sens quelque chose approcher, terrible peut-être – mais je suis calme; il ne peut être plus terrible que ma vie actuelle, avec ses angoisses et humiliations tout intérieures dont personne ne se doute.

6. Juni

Warum soll den Menschen aus den *Zufällen* der Blutsverwandtschaft Leid entstehen?

Nicht der Gedanke, nur die Tat macht frei.

Kein Gepäck: das ist das Geheimnis der freien Menschen.

Comment se défendre du laid en nous-même?

27. September

Dominante in meinem Gefühl: Mitleid mit den Menschen – der seltsamen Ernsthaftigkeit ihres Tuns. Jeder brütet über seinem Werk: Wofür, wozu?

1928

12. Februar

Die zwei wichtigsten Ereignisse: Franca – und meine Arbeit über den *Kohelet;* ferner innerliche Entfremdung mit Otto wegen Franca. Gemütszustand fortwährend unter Druck infolge der übermäßigen Verantwortungen, die mir aufgeladen werden; inneres Eingeständnis, daß der Beruf, den ich ausübe, mir in keiner Weise entspricht. Schamgefühle, es den andern einzugestehen. Auch Mitleid mit ihnen. Ausweg? Das einfachste wäre, den Knoten zu durchschneiden. Ich habe keine Angst vor dem Leben, wenn es nur um mich geht. Aber andern Rechenschaft ablegen müssen?

Es gibt viele Dinge, die man nicht allein, sondern nur im Wettlauf mit andern erreichen möchte.

Alfred Adler: «Bewußtsein tritt ein, wenn Schwierigkeiten entstehen.»
Das Endziel entsteht als Kompensation der Schwierigkeit. Minderwertigkeit?

Taschenbuchnotizen vom 17. April bis 17. November

Eingetragen Sonntag, 18. November
«Wunden und Wunder.»
«Von der Hand in den Mund.» Gute Titel – Programme.

Die im Baumstamm vorgebildete Statue, die der Bildhauer denkt. Elle l'a attendu pendant cent ans. A quel moment est-elle née – lorsque l'arbre commençait sa vie ou lorsque le sculpteur l'a pensée – *imaginée?*

Zu weit fortgeschrittenes Bewußtsein ist schädlich – anormal: Idee: als ob die im menschlichen Leben gestellte Aufgabe sei, das Maximum an Bewußtsein zu erreichen – immer weiter in das Bewußtsein fortzuschreiten.

Das Wort «hinab», kosmisch begriffen.

«Die Frau sucht im Mann das Kind», doppelsinnig, nämlich jenes, das er ihr gibt, das in ihr ist, und das, das in ihm ist. Beidemal ist das Mütterliche eigentlich die Dominante.

La femme qui aime, pense (apprend à penser).
La femme qui aime pense à l'avenir.
Et l'homme?

Traum von Papas Zimmer – roter Plüsch
Traum von Papas Händen –
Mitleidträume.

Wie sich die Rinde vom Baum schält, so schält sich die Sprache vom wirklichen Geschehen, von der Wirklichkeit ab – man errät gerade noch die Form, die sie umschloß.

Die meisten Menschen werden nachts gezeugt!

E. de Grammont (E. de Clermont-Tonnerre, p. 208) sur les Rothschild – observations caractéristiques sur les juifs (für «Psyche der Juden», zweiter Teil) avec Boni de Castellane.

Die Angst vor dem Leben ist ein Ausdruck des schlechten Gewissens.

Das Zimmer eines Menschen hat immer etwas Rührendes – Materie, die er liebt.

Der Neid. In Neid gebadet.

Die meisten Menschen sprechen in Formeln, wenn sie Gefühle ausdrücken – il faut deviner leur vrai sentiment.

Vergessen ist immer ein Zeichen für Vergessen-Wollen.

Si (Quand) tu me trompes, tu te trompes toi-même.

Einmal im Leben muß man etwas tun, wo man sieht, wer für und wer gegen einen ist.

«Nur was man aufgibt, ist verloren.» Goethe
«Nur was man aufgibt, ist gewonnen.» Franca

Daß alles, was ein Jude tut, seine Rasse sein soll!

Was ist von menschlichen Dingen anderes zu sagen, als daß sie verhallen wie die Schritte eines Mannes in einem dunkeln Treppenhaus.

Stil des Manhattan Transfer – vorbildlich.

Kultur ist Bewußtseinsvermehrung (Kulturgrad). Was viele Menschen sich nicht vorstellen können, ist, daß es Grade verschiedenen Bewußtseinsfortschrittes gibt. Tiere – Pflanzen – Wilde. (Siehe, was Gide schreibt – und Lévy-Bruhl.)

Fleiß – Geduld – Initiative – Dinge, die man haben muß und die mir fehlen.

Daß man die «Naturburschen» immer in der Stadt sieht!

Die Kunst, eine Photo zu betrachten.

Die Deutschen haben ein schmales Bett und einen breiten Tisch, die Franzosen ein breites Bett und einen schmalen Tisch.

La sommelière qui fait sa note a l'air de dessiner ses hôtes.

Vivre, c'est attendre quelque chose d'inconnu.

Oscar Wilde le 30 septembre 1900, jour de sa mort, en face de ses médecins et de son hôtelier: «Je vois que je meurs au delà de mes moyens!»
Terriblement beau.

Die Zerstörung des Einmaligen ist für die Menschen eine ähnliche Wollust wie die Zeugung.

Taschenbuchnotizen vom 17. November 1928 bis 27. März 1929

Eingetragen 27. März (Grippe)
Nicht das Unglück, sondern die Art, wie man es erträgt, ist entscheidend. Besser ein großes Unglück gut, als ein kleines schlecht ertragen.

Rilke und Shaw, Asketen der kleinen Genüsse (Nikotin, Alkohol, Fleisch). Selbstbeobachtung: Die Wollust der Askese, der Abstinenz. Wahrscheinlich ist aber jeder Abstinent irgendwie ein Pharisäer. Die Abstinenz ist eine hypokrite Form des Egoismus. (Machttrieb – wuchern mit seinen Kräften – klüger sein – besser sein – so sein wie der und der.)

Kleines Sujet: Die Psychologie des Rauchers.

Der Trieb mit den erstaunlichsten Blüten ist der Herrschtrieb (siehe die Graphologen).

Was den meisten Graphologen fehlt, ist die wahre wissenschaftliche Einstellung. Der Wille zur Objektivität. Aber auf sie kommt es ihnen nicht an. *Sie* wollen gelten, recht haben. Überkompensierte Minderwertigkeitsgefühle leiten sie. Der Graphologe ist ein «voyeur».

Sehen, sauber und präzise sehen und keine Anstrengung und keine Länge scheuen, das Gesehene sauber und präzis darzustellen – das ist die Aufgabe des Berichterstatters; es dabei aber kurz, komprimiert und nicht langweilig darzustellen – das ist schon eher die Aufgabe des Schriftstellers.

Sparmaßnahmen beginnen immer mit Auslagen.

Ein hungriges Raubtier flößt nicht Furcht, sondern Mitleid ein.

Wie kompliziert müssen die Dinge sein, um so einfach zu erscheinen!

In einem luziden Rausch waren ihm plötzlich die Geheimnisse der Kontrollkasse und der Welt offenbar.

Ma prière à Dieu: Tournez s'il vous plaît!

Sachlichkeit gegen sich selbst; Objektivierung in eigener Sache? Fast nicht möglich.

Jack London: *John Barlycorn.* Was er über die weiße Logik sagt, ist erschütternd – (siehe *Kohelet*).

Es gibt zweierlei Arten von Menschen, solche, die Mut haben, und solche, die keinen Mut haben.

Woher die Menschen die Kraft zur ewigen Wiederholung nehmen, die das Leben fordert?

Der geistige Mensch ist der Verwalter des Erbes der Erde.

L'homme auquel – toutes les distances gardées – je ressemble le plus, c'est Paul Léautaud (Maurice Boissard). Voir «critiques» et «passe-temps».

L'homme – l'amant – n'aime pas être un sujet de comparaison.

Aller à Paris pour chercher la solitude.

1929

Taschenbuchnotizen vom März bis 14. September

Eingetragen 14. September
Das Kostbarste und Wertvollste, das die Menschen haben, ist die Begeisterung; sie ist etwas von dem wenigen, das unverkäuflich ist: Sie ist immer gratis.

Wenn eine Frau einen Mann seiner geistigen Qualitäten wegen liebt, so bereut sie es später meistens.

Nicht die Sattheit der Sinne mit philosophischer Haltung (Gelassenheit) verwechseln!

Wirkung!? Sieht man einem gedruckten Satz an, welche Wirkung er gehabt hat?

Eine Frau kann einen Mann nie ganz verstehen, weil sie nicht begreift, daß der Mann versucht, über sich selbst hinaus zu wachsen. Die Frau ist konservativ, der Mann revolutionär. Die Frau denkt sich den Fortschritt als innerhalb der bestehenden Ordnung geschehend, der Mann wünscht eine andere Ordnung.

Ein Tag ohne Sonne ist auch ein Tag ohne Schatten.

Fürchterliche Kindheitserinnerung: lügen müssen, nichts sagen dürfen, Partei ergreifen müssen für und wider eines der Eltern!

Die Satten verstehen die Hungrigen nicht.

Wenn man von jemandem sagt, er habe Geist – so als ob der Geist hinter seinem Gesichte wäre, es als Ausdruck benütze.

Von der Angst: Angst als Vorwand, etwas zu tun, was man eigentlich will.

Freiheit, ein Objekt des materiellen Besitzes: Der Reiche *verfügt* über seine Zeit und über die der anderen.

Über das Warten.

Besitzmächtige ziehen die Frauen *erotisch* an.

Bei den Frauen ist der Klassenunterschied noch ungerechter als bei den Männern.

Wenn man etwas benennt, verliert es an Tiefe, was es an Klarheit gewinnt; man begrenzt es.

Alle unhistorischen Bewegungen haben etwas Seltsames... Sozialismus, Zionismus. Idealistische Kongresse.

Collectionner tous les gestes de la créature qui font pitié.

Das Mitleid ist eines der erhabensten Gefühle, denn es stellt den Menschen zugleich in und über das Subjekt.

Zola macht aus Menschen Typen, Balzac aus Typen Menschen!

Der Schweigende ist Richter, wenn drei beisammen sind.

Taschenbuchnotizen vom 14. September bis 14. Oktober

Eingetragen 14. Oktober (Jom Kippur)
Der eine läuft gut, weil er sich in Gefahr glaubt, der andere, weil er ein Ziel erreichen will. Der Effekt ist derselbe: Beide laufen gut. – Sind Ehrgeiz und Angst die Triebfedern der «guten Läufer»?

Der Mensch verläßt die Erde, und alles wird ihm gleichgültig, er vergißt alles. (Das können die Lebenden den Toten nicht vergessen und verzeihen.)

Die Toten vergessen uns.

Außer dem Macht- und Sexualtraum gibt es auch noch einen Reinheitstraum (Reinheitsphantasie; Wunschvorstellung).

... ereignisschwanger.

Le plus grand plaisir: lire quelque chose et comprendre tout à fait. Peut-être tout simplement: comprendre.

Jemanden beneiden bedeutet: er sein und trotzdem man selbst bleiben zu wollen.

Wie viele Welten und alle fremd.

La seule chose que l'homme se crée sur le monde, c'est l'illusion de ne pas être seul.

Neid – Mitleid – Ehrgeiz.

1930

Taschenbuchnotizen vom 15. September 1929 bis 13. März 1932

                            Eingetragen 13. März 1932
Wer lügt, besudelt sich.

Zwei bedeutende Bücher: Julien Benda, «La trahison des clercs»; «La fin de l'Eternel».

Die kalt lächelnd über Leichen gehen, sind weniger gefährlich als jene, die es mit dem Ausdruck des Bedauerns – «Entschuldigen Sie!» – tun.

Kultur gilt nicht für Völker, sondern nur für Individuen; die Kultur eines Volkes ist nur Addition der kulturellen Individuen.

Eine physische Verletzung verwundet auch die Seele – das Umgekehrte nimmt man als selbstverständlich an.

Warum sagen die Menschen so gern: «Ich bereue nichts!»?

Auch die Freiheit ist ein Artikel auf Abschlagszahlung.

«Über Philosophie und Metaphysik.» Schopenhauer, Kapitel 1, Paragraph 13.

En amour, c'est souvent les absents qui ont raison.

Die letzte Sekunde, in der das Ich *noch* ist. Gefühlt. Horreur du vide. Logique blanche von Jack London.

Was alles über ein Bild auszusagen ist. Physiognomie.

Das Ende der Welt (Objektiv – Abgrund) und das Ende des Subjekts ist dasselbe. Mit jedem Menschen stirbt seine Welt. Die Visionen der Menschen über den Weltuntergang – kollektiver Ausdruck ihrer geheimen Grauen.

Der Mensch ist im All, was das Kunstwerk im unbehauenen Felsblock.

Der kultische Dienst am Ich.

Erst in der Schwäche werden die Menschen liebenswert.

Es ist ungewiß, was die Menschen lieber tun: aufbauen oder niederreißen.

Er war gespannt wie eine zusammengedrückte Spiralfeder – man ließ ihn los, und siehe, er blieb zusammengedrückt.

Dort, wo die Menschen keinen Spaß mehr verstehen, steht ihr Gott.

Jeden Tag begegnet man Leuten, die man nie mehr sieht.

Die Einmaligkeit und die Kostbarkeit des kleinsten Erlebnisses.

Bettler der Liebe. Liebesleichen. Der Talenthund.

Gut nennen die Leute: alles für die andern. Kann man gegen sich selbst auch schlecht sein?

Sie gehörte zu jenen Naturen, die das Ich – coûte que coûte – verteidigen und keine Kritik vertragen.

Der doppelte Teil der Konzeption: erstens sehen, zweitens nochmals sehen und denken dabei.

Wenn sie nicht gut mit ihm stand, stand sie auch mit dem andern nicht gut.

Lächelnd verwaltet die Jugend den Ältern den Schatz der Jahre, den sie noch vor sich haben.

Über den Begriff der Treue zu sich selbst – es braucht Mut und Ausdauer.

«In zehn Jahren ist es auch vorbei», dachte er hämisch.

Frauen können nicht staunen, staunen ist eine männliche Eigenschaft.

Jugend inspiriert nie Spott, sondern immer nur Mitleid oder Neid.

Den Alten haben die Jungen im Prinzip nichts zu sagen.

Die Auflösung und Vermischung der sozialen Schichten durch Eros gelingt fast nie.

Es kommt ein Augenblick, wo man noch vierzigtausend Minuten zu leben hat.

Leben heißt nicht nur Wille zum Bestehen, sondern Wille zur Vervollkommnung.

Die Kuh, die zum Schlachten geführt wird.

Nur die wenigsten Menschen vertragen die Gegenwart als Definitivum; alle flüchten in die Vergangenheit oder in die Zukunft.

Mit Reichtum imponieren ist die bequemste und die billigste Art.

Jung bleiben wollen kann nicht der Sinn des Lebens sein.

Alle Leute sagten zu ihm: «Wart mal!»

Die meisten Schriftsteller nehmen sich selbst als literarische Figur.

Ein zu fein ausgebildetes Gewissen tötet seinen Besitzer.

Der natürliche Tod der Eltern ist das ungestrafte Verbrechen der Kinder.

Viele Frauen betreiben die Dummheit als Leidenschaft.

Wie leicht ist es, ein aufrechter und zufriedener Mensch zu sein, wenn man Geld hat.

Die Menagerie in mir.

Ein Mann hat mehr zu geben als nur seinen Samen.

Der Dumme ersetzt Intelligenz durch Mißtrauen.

Ende September
Flora: (gesehen)
Bäume:
Eichen –   Ulmen –   Hainbuchen
(chênes)   (ormes)   (charmes)
Sträucher und Büsche:
Hartriegel
Schwarzdorn –   blaue Pflaumenbeeren, wilde Pflaumen mit
                Gerbsäure, wie ein Schleier
                über der Landschaft
Weißdorn –   rote mehlige Beeren
Erlen –   rauhe, glanzlose Blätter, symmetrisch um
                Zweig angeordnet
Weiden
Silberpappeln
Brombeeren –   Ranken
Himbeeren –   Ranken
Winden –   Zaunwinde (giftige rote Beeren)
Efeu –   blühend im Oktober
Pfaffenmützchen
im Garten:
Dahlien   große Kürbisse
Zinnien   Fuchsschwanz   roter Stil und roter Wedel,
                Quaste

Rosen
Artischocken   Kapuziner   braun und gelb
Cardon   Herbstaster violett
(Kardendistel) ganz große Beete   Dominante
Kräuter:
Teufelsapis – Skabiosen – blüht blauviolett
Jakobskraut   kleine Margeriten
Doldengewächs / Schafgarben / Pfefferminze
Pilze: Täubling, Ziegenbart

Fauna: (gesehen)
Viele Elstern (gespäßiger, schwerfälliger Flug)
Eichhörnchen

Grünspecht
Roter Milan. Gabelweih
Kühe (Fleckvieh – Simmentaler und Freiburger)
Grillen
Schmetterling – Zitronenfalter, Tristan
Stare (sich sammelnde)

Weinrebe. Wilde Waldrebe (viele) Klematis.
Hornstrauch, Hartriegel, Buchs, wild.

Fauna der Rhone:
Schwäne (alle von einem Paar)
Enten (Stockente)
Vom Pont Butin:
Eisvogel
Milan
Uferschwalben
Schwalben beim Tour de l'Ile
Bachstelzen

Genf, 5. Oktober
Gedanken beim Beginn des dritten Werkes, «Tuggen» (Arbeitstitel für «Riedland»).
Ich möchte es in der Freude schreiben, en sérénité. Ohne Hast und ohne ein einziges Wort zum Ausfüllen, ohne ein Wort, das nicht trifft. Exakt, gewissenhaft, ohne Pathos. Maßvoll. Alles verbrennen und vergessen, was hinten liegt. Neu beginnen. Nicht nach den Seiten schielen. Nicht an einen Zweck denken. Kein Stimulans von außen. Es in völliger Gesundheit zeugen. Distanz haben zu allem, was nicht das Werk ist. Das andere Leben nicht zu nahe heranlassen.

Ich muß immer an die beiden wundervollen Farben denken: den karmesinroten Samt auf den Stühlen im Laden der Firma Patek, Philippe & Cie und quer über die Straße an das bleu-vert-royal der Rhone. Komplementärfarben in einem ganz merkwürdigen Sinne. Für mich: Genf. In einem andern Sinne, unzusammenhängend damit, das Haus Welti. Eva mit dem Werke von Fabre, im Hintergrund Albert mit seinem Atelier und dem Blick auf den Genfersee. Aber es geht noch weiter. Albert mit seinem Vater im Hintergrund und Evi mit «1918». Blick und Perspektive durch die Zeit oder, besser, durch den Zeit-Raum.

Der Rhythmus der naturwissenschaftlichen Denkungsweise. Ein Weg, sich in Demut und wissend in die Welt einzureihen. Der tiefe Begriff Renaissance.

Matin, 6 octobre
Il y a deux manières de vieillir: en appuyant de plus en plus sur ses affirmations ou en appuyant un peu moins.

Le soir, dimanche 13 octobre
Rousseau à Grange-Canal en été 1754. Séjour de quelques mois. Le tour du lac en sept jours. Thérèse. Voit les lieux, description de la «Nouvelle Héloïse». Imaginer une heure, sortant vers Chêne-Bougeries où il voit toute cette flore et cette faune denommées à la page précédente. Fin septembre. Contemplation et oubli du moi. Avec une fin... j'avais oublié que je m'appelais J. J.

Dans aucune partie de la Suisse il n'est possible de trouver un tel paysage qu'à Genève. Harmonie, calme, équilibre, grandeur, douceur.

20. Oktober
Wenn einer nichts mehr im Magen hat, so kotzt er Galle. (Ausgeleierter Schriftsteller.)

Im Bett, 22. Oktober
Die Idee einer Vollkommenheit eines Lebens ist nichts anderes als die seines Gleichgewichts.
Zu dieser Idee des Gleichgewichts gehört auch – que bien vous plaise M. K. G. – die Fähigkeit des Individuums, sich seinen Lebensunterhalt zu verdienen.

24. Oktober

Entwurf für den Brief an Dr. Kurt Schenker:
Es ist kein Zufall, keine Nachlässigkeit, daß ich so lange Sie mit meiner Antwort auf Ihre Anfrage warten ließ. Ich habe es mir überlegt, was ich schreiben würde, müßte ich vor einer breiteren Öffentlichkeit über dieses Problem, auf das sich mein Briefwechsel mit Herrn Dr. Marti bezieht, darstellen. Herr Dr. Marti regte seinerzeit eine Publikation meines Briefes an. Er fügte die Frage hinzu: «Aber ist es nicht ein Dolchstoß?» Ich überließ es ihm, zu tun, was er für gut finde. Ich wälzte quasi die Verantwortung auf ihn ab.
Und nun tut sich dieselbe Frage wieder auf. Eben die Frage des Dolchstoßes.
Darüber sind wir alle einig: Ohne Freiheit kann der Schriftsteller nicht leben. Sie ist seine Essenz, sie ist sein Sinn. Er kann, eine Zeitlang, ohne Nahrung es aushalten, ohne Komfort, ohne Luxus, ohne Echo – aber das hält er – ist er ein richtiger «clerc» – nicht aus: schreiben zu müssen, anders, als er denkt.
Und nun hat es sich gezeigt, daß die Berufskrankheit des Schriftstellers – des Nur-Schriftstellers, ohne Nebenberuf, ohne Posten, ohne Vermögen – unfehlbar die Unterernährung ist. Jeder, der es versucht, und versucht hat, bei uns in der Schweiz, kann es mit schmerzlich-süßem Stolze an sich feststellen: Er kommt ins Hungern dabei.
Es hat sich verschärft in den letzten paar Jahren, jeder weiß das. Deutschland ist ausgeschieden als Konsumentenland für schweizerische Schriftstellerei.
Und da hat der Schriftsteller zwei Wege: Der eine ist der: daß er versucht, aus seinem Schreiben-Können, aus seinem Talent, einen Broterwerb zu machen. Er kann sich «nebenbei» als freier Journalist betätigen, er kann Kinoaufführungen besprechen, Bücher, die Einweihung neuer Restaurants beschreiben, kleine Skizzen, Kurzgeschichten; er kann sich mit den Redaktionen der verschiedenen Blätter gut stellen, da und dort etwas anbringen, kleine Aperçus über das Strandbad schreiben, über den Markt, über Neubauten, gesellige Anlässe, Variétévorstellungen, er kann sich in Polemiken einlassen, kleine Reischen und die Gedanken, die er dabei hat,

kurz, versuchen, das zu sein, was man «Peterli auf allen Suppen» nennt.
Oder er kann den anderen Weg wählen: Er kann an die öffentliche Hand appellieren; von Körperschaften mit schöngeistigen, kulturellen Zielen, von der Stadt, vom Kanton, vom Bund Unterstützung, Subvention erhoffen, erbitten, fordern, je nach Temperament.
Hinter beiden Auswegen ist dieselbe Gefahr verborgen: daß er dabei seine – sagen wir nicht das große Wort Freiheit – Unbefangenheit verliere, daß er anfange zu schreiben, was er nicht denkt, daß er seine Schreiberei dem Brotgeber anpaßt, kurz, daß sein Schreiben einen Zweck bekommt, daß seine Schreiberei ihm dient, seiner Existenz, seinem Lebensunterhalt.
Sie werden aus dem Tone gemerkt haben, daß mir beide Wege nicht gut erscheinen für den Schriftsteller. Das Aufbröseln seines Talentes im ersten Weg nimmt ihm Zeit, Kraft, Lust, Konzentration für eine große, ganze Arbeit. Der zweite Weg nimmt ihm die Würde. Er beginnt zu warten. Er möchte drankommen, wenn das Manna der öffentlichen Hand fällt.
Was bleibt, werden Sie fragen.
Es bleibt nichts als zu hungern, nichts als die Freunde, nichts, als daß er, solange er es kann, seinem Beruf lebt, schlecht und recht das schreibt, was er schreiben zu müssen vermeint, ein zweckloses Gebilde inmitten der nützlichen.

            Morgens, 26. Oktober
Möglicher erster Satz für «Riedland»:
In dem kaum handtiefen Uferwasser, über muschelfarbigen Felsen des Untergrundes, stand ein junger, halbmeterlanger Hecht in der Sonne, so knapp unter der Wasserfläche, daß seine Rückengräte die Haut schürfte. Beim Widerhall der Axthiebe zitterte das Wasser...

Fortsetzung des Entwurfes für den Brief an Dr. Schenker:
Daß sich nun aus der Vereinigung der Schriftsteller in diesen erschwerten Zeiten das korporative gewerkschaftliche Moment deutlicher bemerkbar macht, ist verständlich. Daß man dieses

Moment in einen ursächlichen Zusammenhang bringt mit einer
«schweizerischen Kulturpolitik», ist ebenfalls begreiflich, weil
man sagt, die Schriftsteller müssen zu essen haben, damit sie arbeiten
können und schweizerisches kulturelles Eigenleben führen
– und, in einer Einsicht in das künstlerische Schaffen: sie sollen
nicht mit ihrem Talent arbeiten müssen, nur um zu essen. Und
ich finde es reiflicher Überlegung gemäß nicht recht, daß man
diesen Organen in den Arm fällt.
Was ich als subjektiven und rein persönlichen Standpunkt dazu
sagen möchte, ist dieses.
Es ist ein Abenteuer auf Leben und Tod – aber auf undramatische
trockene Weise –, daß einer in sich den Entschluß faßt, seinem
Talent zu leben. Es ist die Probe – nicht für sein Talent, aber für
die Stärke seiner Sehnsucht. Sein Talent kann ein Irrtum sein.
Daß er gewillt ist, diesen Irrtum mit seinem Schicksal zu zahlen,
macht seine Würde aus.
Daß der schweizerische Schriftsteller besessen, echolos, unterernährt,
ohne Zweck, ohne Ziel, einfach weil er muß, seine
Schreiberei recht und schlecht betreibt, weist ihn auf seinen Weg
über die Zeit hinaus in eine andere Zeit, wo vielleicht einige sich
einmal später an diese rührende Donquichotterie erinnern werden.
Ich würde dieses Nutzlose, dieses in deutschen Zungen nun
unmodische Verharren in der Freiheit des Schreibens als Innerstes
schweizerischer Kulturpolitik betrachten.
Sie sehen, es ist alles wirr und weit davon entfernt, eine «kritische
Anmerkung» zu werden. Ich kann diese Anmerkungen jetzt nicht
schreiben. Aber vielleicht können Sie aus diesen Gedankengängen
etwas für Ihr Unternehmen machen.

26. Oktober

Projekt für eine kleine Erzählung, «Die I. H. H.-Bewegung»:
(I. H. H. = Ich habe Hunger.)

28. Oktober

Weitere Projekte. Eine Zusammenstellung von allen Dingen, die
einem *Angst* einflößen können.
Eine Zusammenstellung der Gefühle nach dem *Geldbesitz*.

Eine Person, deren ganzes Innenleben sich in solchen Zusammenstellungen auswirkt. «Statistik der Gefühle.»

Einfach eine Geschichte von Uli Meidenholz, von Cerini.

«Der Preis eines Gegenstandes ist ein Eigenschaftswort, ein schmückendes Attribut», sagte Bieri, als er von Amerika zurückkam. Wissen, was etwas gekostet hat, klärt uns mehr auf als eine ausführliche Beschreibung.

Liste der Gegenstände, die uns Angst einflößen können.
Als Kind: der Mantel am Kleiderbügel hinter dem Kasten, im Dunkel des Zimmers, wenn man im Bett liegt.
Als Erwachsener: durch einen stockdunkeln Wald reiten, und es windet ein wenig, und in der Ferne hört man den langgezogenen Ruf eines Uhus.
Nachts davon träumen, man komme aus den Schulferien zurück und habe seine Aufgaben nicht gemacht.
Der Briefträger war während unserer Abwesenheit da, und der Aviszettel eines Chargéschreibens liegt im Briefkasten.
Zu einer prominenten Persönlichkeit ins Zimmer treten und vergessen haben, wie man heißt.
Einem ehemaligen Lehrer gegenübertreten.

29. Oktober

Es mochte für den Außenstehenden, Nichtorientierten befremdlich wirken, daß im Frühling dieses Jahres, bei der Versammlung des Schweizerischen Schriftstellervereins, das Thema der «schweizerischen Kulturpolitik» bei den Organen, die die Leitung des Vereins innehaben, bereits bis zu den konkreten und durchaus materiell verstandenen Wünschen durchdestilliert war, die man dem Departement des Innern vorlegen wollte. In der Verkürzung, die die geschäftsmäßige, traktandenmäßige Behandlung dieser wichtigen Angelegenheit erfuhr, stellte sie sich als eine materielle Frage dar.
Die Stellung des schweizerischen Schriftstellers ist schwieriger geworden denn je, konstatierte man. Deutschland, als Konsumland

schweizerischer Schriftstellerei, ist ausgeschaltet. Es kann allerdings für den einzelnen, um den Preis der «Gleichschaltung», ohne weiteres zurückgewonnen werden – falls die «rassischen» Voraussetzungen vorhanden sind. Aber man war sich darüber einig: Ohne Freiheit kann der Schriftsteller nicht leben. Sie ist seine Essenz, der Sinn seines Tuns. Er kann es, eine Zeitlang, ohne Nahrung aushalten, ohne Komfort, ohne Echo – aber das hält er – ist er ein richtiger «clerc» – nicht aus: anders schreiben zu müssen, als er denkt.
Der schweizerische Schriftsteller ist in doppelter Weise gefährdet. Bleibt er sich selber treu, ist er in seiner Existenz gefährdet, seine Berufskrankheit wird die Unterernährung.
Die andere Gefährdung ist geistiger Art. Es könnte geschehen, daß er den Lockungen des gewaltigen nördlichen Absatzlandes nicht zu widerstehen vermöchte (daß es das gebe: daß er aus Überzeugung sich zu ihm bekenne, wollen wir nicht leugnen, und es fällt außerhalb dieser Bemerkungen), daß um seiner bedrohten Existenz willen Berlin ihm eine Messe wert sei.
Beide Gefährdungen aber, die materielle und die geistige, sind Gefährdungen schweizerischer Kultur, schweizerischen Eigenlebens. Oder in der Verkürzung, wie es sich an der Schriftstellertagung darstellte: Wir müssen den Schriftsteller, diesen Exponenten schweizerischen Kulturwirkens, von Staates wegen unterstützen, damit wir unsere geistige Eigenart in dieser schweren Prüfungszeit erhalten.
Aber man sieht auch die neue Gefahr, die damit auftaucht. Wird er damit nicht dem eigenen Lande so weit hörig, daß er seine schriftstellerische Freiheit verliert? Verpflichtet ihn diese materielle Sorglosigkeit nicht wieder auf eine neue Weise? Wird er dadurch nicht einfach schweizerisch gleichgeschaltet?
Die Entscheidung und die Antwort auf diese Dilemmen liegen beim Schriftsteller selbst. Es ist ein Abenteuer auf Leben und Tod, aber auf eine undramatische, trockene Weise, daß einer in sich den Entschluß faßt, seinem Talent zu leben. Es ist die Probe, nicht für sein Talent, aber für die Stärke seiner Sehnsucht. Sein Talent kann ein Irrtum sein, aber daß er gewillt ist, diesen Irrtum mit seinem Schicksal zu zahlen, macht seine Würde aus. Daß der

schweizerische Schriftsteller in dieser Zeit, echolos, ohne «Zweck», einfach weil er muß, seine Schreiberei schlecht und recht betreibt, so gut er es kann, weist ihn auf seinen Weg über die gegenwärtige Zeit hinaus in eine andere Zeit, wo vielleicht einige sich dieser rührenden Donquichotterie erinnern. Dieses «Nutzlose», dieses nicht aktuelle und ein wenig eigensinnige Verharren in der Unabhängigkeit seines Schreibens, ist vielleicht das Innerste schweizerischer Kulturpolitik.

Das «Material»: Episode von Napoleon auf St. Helena. Der «Materialverwalter». Die schweizerische Ehrfurcht vor dem «Material». Das Material muß geschont werden. Schonung der Bänke. Die Tintenkleckse. Gegen die Materialvergeudung.
Man sah, er entsprach einer allgemeinen Vorstellung. Es ließ sich keine Gemeinschaft bei uns denken ohne Materialverwalter. Material war, wenn nicht ein mystischer, so doch ein ehrfürchtiger Begriff, und während der tollsten Ausschweifungen des Fußballspiels entstand eine Stimme, die der Vernunft, sicher, die ...

31. Oktober

Er saß auf dem Stuhl vor dem tannenen Küchentisch, seine Beine baumelten unruhig hin und her, die Ellbogen hatte er aufgestützt, die Fäustchen, in denen er Messer und Gabel hielt, an seine Schläfen gestemmt, so daß die Bestecke wie ein seltsames Geweih über seinem kurzgeschorenen blonden Köpfchen standen. Ohne das Gesicht zu wenden, schielte er nach seiner Mutter hin, die an dem kleinen Gasherd herumhantierte und die Pfanne leicht hin und her schob, in der die aufgeschlagenen Eier brodelten.
«So, jetzt iß», sagte sie, hob die flache eiserne Pfanne vom Feuer und ließ mit einer geschickten Handbewegung die Spiegeleier auf den Teller gleiten, der vor ihm stand.
Da er täubelte, tat er, solange die Mutter in der Küche war, nicht dergleichen, als hätte er das Gericht gesehen, aber kaum war die Türe hinter ihr zu, blickte er auf den Teller hinab.
Inmitten der weißen Masse standen schön und gewölbt die beiden gelben Dotter. Er schaute sie an, das Fenster spiegelte sich in ihnen, und in einem von ihnen war ein kleiner roter Fleck.

«Stierenaugen», sagte er vor sich hin, «hö, Stierenaugen.» Er schaute nochmals hin, und auf einmal wurde ihm die Bedeutung des Wortes bewußt. «Stierenaugen», Augen von Stieren. Sie lagen da, unbeteiligt, regungslos und glotzten ihn an.
Auf einmal hörte er auf, mit den Beinen zu baumeln. Es war mäuschenstill in der Küche. Mit unruhigen Augen blickte er über die glatte schillernde Haut der Dotter hin, ein wenig unsicher und mit einer ganz leisen Angst. Zwei-, dreimal versuchte er den Blick wegzunehmen, aber immer wieder zogen ihn die flachen und wie fragend zu ihm emporstarrenden Augen in ihren Bann. Sein Herzchen schlug ihm heftig, und er öffnete den Mund, um etwas zu sagen oder zu schreien, aber er brachte keinen Ton heraus.
Die Stierenaugen standen ein bißchen unsymmetrisch im Teller, und es schien, als schielten sie ein wenig, aber wenn er schräg darüber hin guckte, so war es, als schauten sie über ihn hinweg zur Küchendecke empor, hilflos, in einem ganz großen stummen Schmerz, den nur der liebe Gott verstehen konnte.
Er senkte ein bißchen die Gabel und schickte sich an, auf die unbekümmerte und genugtuungsvolle Weise in das Gelbe zu stechen, wie er es früher getan hatte. Leise näherte er die Zinken der Dotterhaut, aber es ging wie ein Seufzen durch den Raum, und er konnte es nicht tun. Er konnte nicht dem Stier, dem lieben armen Stier, ins Auge stechen. Er hatte Angst, ein großes Unglück würde daraus entstehen, und er hatte Mitleid mit den armen großen Augen.
«Warum ißt du nicht?» fragte die Mutter.
Er schaute zu ihr auf, er sah ihre grauen, ein wenig verhärmten Augen, die streng und humorlos zu ihm herniederblickten, und dann blickte er zurück auf die erstaunt und schmerzvoll blinkenden Augen des wesenlosen Stiers, der nichts auf dieser Welt zurückgelassen hatte als den traurigen Blick aus seinem Teller zu ihm empor.
Die Mutter nahm ihm die Gabel aus der Hand, steckte ein Stück Brot auf die Zinken und stieß resolut dem Stier ins rechte Auge, das sofort verlief und einen jämmerlichen Anblick bot mit den hoffnungslosen gelben Tränen, die über seinen Rand rannen.

1. November
I. H. H.-Bewegung:
Mit dem Hunger hat er einen vertrauten Umgang. Manchmal geschieht es, daß er am Morgen, wenn er den Gurt schnallt, ein bißchen stärker ziehen muß, wenn er den Dorn der Schnalle in das Loch einführt. Dann lächelt er, ein wenig grimmig, denn das sind die guten Tage. Aber dann gibt es auch solche, wo es leicht und wie von selbst geht, und unter den Rippen ist eine flache Landschaft, trocken und reich.

Material:
Wir hatten bei uns einen in der Schule, ein ernsthaftes, wassergescheiteltes Bürschchen, Weidenauer hieß er. Er saß neben dem Kasten. Der Lehrer ernannte ihn zum Materialverwalter, und von diesem Augenblick an ist er uns zeit seines Lebens in Verbindung mit den blauen Umschlägen der Schreibhefte, scharfkantigen Linealen und zu Tode gespitzten Bleistiften in Erinnerung geblieben. Er verwaltete mit Gewissenhaftigkeit und ein wenig wichtig eine kleine leere Federnschachtel, in die hinein wir unsere Fünfer und Batzen für jedes Schulmaterial zu legen hatten, das wir außerhalb normalen Verbrauchs verdorben oder verloren hatten.

«Material»: Die militärischen Inspektionen. Die Mottenlöcher, die Behandlung des Riemenzeuges.
In der Turnstunde Schuhe ausziehen.
In den Lesesälen gegen die Vergeudung des Briefpapiers. Die herumliegenden Wahlzettel. In der Eisenbahn gegen das Hinaufziehen der Schuhe auf die Bänke. Nicht im *Gras* laufen. «Geflickt ist keine Schande.» «Wie die mit dem Material umgehen!» Das Kreischen der Bremsen, das Zuschlagen der Türen. Die Materialverschleuderung. Entwicklung: vom Spott in das Begreifen hinein. Dem verdankt unser Volk viel. Ehrfurcht vor der Hände Werk. Als ich den Fuß brach und Schuh und Strumpf zerschnitten werden mußten, brach es ihm schier das Herz. Die Handtücher und die Seife in den Waschräumen.
«Der Sache Sorge tragen», «heb der Sach echli Sorg.»
Der Wert einer Sache. Ihr Preis ist ein Attribut.

Die Unbekümmertheit, wie in Amerika mit dem Material umgesprungen wird. Die Liebe zum Material ist nicht eine egoistische Liebe – jedes Material ist ihr Objekt.
Etwas verlieren, etwas kaputtgehen sehen ist ihm die letzte Qual.
Materialkunde. Technologie. Die Art, wie er einen Stoff prüft.
Ein Damm dem Zerstörungsinstinkt.
Das Velo. Wie er daran herumpützelte. Der Autounfall – der Materialschaden daran.

2. November

Um den Wert eines Mannes beurteilen zu können, muß man ihn während seinen Niederlagen sehen (für «Das Material»).
Das Zimmer auf Abzahlung, ohne Teppich, mit den laut schallenden Schritten.
Es entstand «nur» Sachschaden – seine Reaktion darauf.
Der geborene Verwalter einer Leihbibliothek.
Wenn alle Veranstaltungen zu Ende sind und die andern davongehen, räumt er das Material zusammen, ein stiller Priester am Werk der Menschenhände.
Was ihn besonders «mag», ist die mutwillige Verschleuderung des Materials.
Kubli – guter Name. Kubli ist die Zerstörungssucht selbst. Er ist stark. Einen «Turnerrausch» darstellen.

4. November

Der alte Mann, der die Broschüre studiert: «Gagnez du temps!»

Sujets für ein kleines Filmmanuskript mit Leisinger.
Eine Segelfliegerepisode.
Der Netzfischer – einen Tag.
Holzfäller bis zur Sägerei.
Der Führer eines regelmäßigen Lastzuges (Epa-Wagen täglich Zürich–Genf. Der Aufenthalt in Bern).
Die Baggermaschine.

Ne jamais oublier: rien ne se perd. Une pensée conçue croît et s'enracine profondément en nous.

Zum «Material»:
Mit einem Gummi, Seite für Seite die Striche und Randbemerkungen ausradierend, geduldig, rechthaberisch, ein wenig verbohrt – triumphierend.
Evoquer le Professeur Fassbender quand, en vissant le tube du microscope, nous lui avons broyé l'embryon du chat.

Avoir de la patience, savoir attendre, laisser le sujet se composer lui-même dans l'esprit, laisser le sujet croître naturellement. Voir André Gide, «Feuillets retrouvés», La N. R. F., 24e année, 266, 1er novembre 1935, page 718. Exactement!

Die schweizerische Eigenschaft: Das Material. Hören, wie das Wort ausgesprochen wird.

7. November
«... und es hat sich auf seinem fernern Lebensweg, den ich mit verschiedenen Unterbrechungen zu verfolgen in der Lage war, herausgestellt, daß dies, Material zu verwalten (nur wir Schweizer können den Akzent, der in diesem Ausdruck liegt, völlig verstehen), seine Mission auf dieser Erde war.»
Etwas, was zu dieser Funktion des Materialverwalters gehört, ist, daß es sich nicht um eigenes Material handelt, sondern um das Material eines Vereins, eines Klubs, der Stadt, kurz, einer Gemeinschaft. Die Selbstverleugnung, die süße Lust des Dienens, einer Gemeinschaft dienen, die darin liegt. Päckli machen. «Was, Sie können Päckli machen?» Das Knoten der Schnüre. – Den Posten des Materialverwalters beneidet niemand; wer sich dazu hergibt, wird geachtet. Eine zugeschlagene Wagentüre tut ihm weh.

Ein Spiegel, aus dem ein Stück herausfällt. Es fehlt ein Stück jener Welt, die er spiegelt.

In der Schule saß er neben dem Kasten, in dem die Hefte aufbewahrt wurden.

Unsere Zerstörungssucht war ihm fremd, unbegreiflich, unheimlich.

«Gflickt isch kei Schand.» Materialverwalter.

Er war eine Zeitlang Reisender in Grabsteinen.

13. November
Materialverwalter: L'acceptation de sa destinée.
Gegen die Vergeudung des Materials.

14. November
Jener menschliche Trieb, Kragen zu zerreißen, mit hölzernen Bällen auf Porzellangeschirr zu schießen, war ihm völlig fremd.
Die Anekdote von jener chinesischen Vase.

Flammenloses, lichtloses Feuer im Innern der Erde, im Innern des Menschen.

Viele Jahre später, nachdem schon jeder von uns ein ordentliches Stück Weg zurückgelegt hatte, sah ich ihn wieder.

Mussolini, der eine Schließnadel am Bändchen einer Medaille öffnet, hoch zu Roß, in Handschuhen!

Das wahre Bad der Selbsterneuerung, das die latenten ernsthaften Kräfte in uns löst, ist die Enttäuschung.

Die größte Macht eines Menschen über andere zeigt sich in der Macht des Wartenlassens, Bangenlassens, Hoffenlassens.

Aus der Enttäuschung und aus der Niederlage entsteigt die wahre, ungekünstelte Macht des Menschen. Die Niederlage macht einen Hiatus ins Leben – sie macht frei, weil sie sühnt.

18. November
Auch in der Sünde, in der Schwäche, ist eine Befreiung.

Er war Hausverwalter geworden. Son élément.

21. November
«Tuggen»:
Und die Hälse des verliebten Schwanenpaars bilden auf dem See eine Harfe, ein Herz.

Für «Tuggen»:
Linthebene und der Bachtel. Der Mensch in, auf und über der Erde.

22. November
Das Schädliche für den Künstler in der Epoche, da die Kritiken erscheinen, ist das, daß er sich zu viel mit sich, mit dem beschäftigt, was die andern über ihn denken. Das sind ja die (oft durch das Werk überwundenen) unproduktiven Epochen seines Lebens. Man kann es nicht verhindern, aber man muß mit allen Kräften versuchen, so rasch wie möglich darüber hinwegzukommen.

23. November
Ein bißchen Angst fördert die Verdauung.

Sie hielt den Ton aus wie eine Fabriksirene.

25. November
«I. H. H.»
Das ist schwer zu sagen, weil es etwas Intimes betrifft. Man müßte den Leser so weit bringen, daß er begreift, daß eine solche Mitteilung keine persönliche Mitteilung ist, keine persönliche Auskunft, keine Information, um den Leser gefühlsmäßig zu informieren, sein Mitgefühl, sein Mitleid zu erwecken. Ich möchte einen Leser, der es kameradschaftlich, sachlich auffaßt, als eines der Abenteuer, denen der Mensch, der über die Erde geht, eben ausgesetzt ist. Der merkwürdige Übergang des seelischen Gleichgewichts mit dem Schwinden des Geldes.
Man hat kein Geld, sich etwas Essen zu kaufen.
Titel: Die Entstehung der I. H. H.-Bewegung (der «Ich-habe-Hunger»-Bewegung) oder: «Der erste Hunger.»

Man sieht einen Bekannten, plaudert mit ihm; er geht ins Tram.
Der Hunger läuft nicht mehr in ausgefransten Hosen herum.

«Diese Mitteilung hat nicht den Zweck, den Leser gefühlsmäßig zu erregen, denn mit einer solchen Absicht könnte man es ja gar nicht sagen. Vielmehr soll es die Information sein über ein Abenteuer, das jedem von uns passieren kann, der über die Erde geht. Ich war langsam, unter Umständen, die zu wissen an dieser Stelle nicht vonnöten ist, aus wohlangesehenen bürgerlichen Berufen in den des Schriftstellers hinübergeschlittert. Ich hatte diese Berufe nicht gut ausgeübt, ich war nicht so recht dabei, ich hatte kein Talent dazu. So gab ich sie auf. Ich fühlte wohl, es war ein Schritt ins Leere, und es konnte sein, daß man dabei in ein müßiges und beschäftigungsloses, gefährliches Müßiggängertum hineinkommen könne. Aber ich fühlte auch, daß sich zu beklagen kein Grund vorhanden war, der außerhalb von mir lag – ich habe es ja gewollt, und es galt nun, die Folgen zu tragen und sie auf sich zu nehmen. Dieses ist keine Klage, es ist eine Mitteilung.»
Es gibt viele Formen der Armut; aber jene, die die Form des Hungers annimmt, ist die ärgste. Hunger nicht mehr als hygienische Maßnahme. Hunger als ungestilltes Verlangen des Körpers.

26. November
Die furchtbare Propaganda der Lebensversicherungsgesellschaften.

27. November
«Wir wollen ihn diskreterweise nur mit H. bezeichnen.»
Die Gründung der I. H. H.-Bewegung.
Diese Art von Hunger, so fühlte ich, hat weder mit dem Fasten aus religiösen Gründen noch mit jenem aus hygienischen etwas zu tun.
Das Gefühl der Demütigung, das mit dem H. verbunden ist. Unfähigkeit, das Primitivste zu tun – das, was alle können. Man soll sich ihm nicht mit Ironie nähern.
Und dann kam wirklich der Tag, an dem ich, die Faust in der Hosentasche, mit der ich die paar Münzen umschloß, die mein letztes bares Eigen darstellten, dem See entlang schlenderte und

Hunger verspürte. Die Vorschrift des Arztes oder das Gebot des Glaubens sind Mächte, denen wir uns aus einer inneren Einsicht heraus unterwerfen. Der Hunger aus Armut kommt ganz woanders her, er hat Demütigung in seinem Gefolge.

Ich habe während Epochen der Arbeit während Tagen die Mahlzeiten vergessen, ich habe den Speisen keine Aufmerksamkeit geschenkt, aber jetzt, während ich den verliebten Schwänen auf dem See zuschaute, deren Hälse eine Harfe, ein Herz bildeten, begann meine Einbildungskraft ein lebhaftes und unerwünschtes Spiel mit der Vorzauberung brodelnder Pfannen, kernigem Brot, nachlässig hingeworfenen Geldstücken und jener Bewegung, mit der die Serviette das letzte Fett einer Mahlzeit von den Lippen wischt. Die Straßen waren leer geworden, es ging gegen ein Uhr. Man sah es den Häusern förmlich an, wie sie vollgestopft waren, von Familientischen, auf denen die Suppen dampften, mit Küchen, in denen erregte Kochmimen in den aromatischen Dämpfen der Mahlzeiten herumhantierten, von Kindern, die nicht essen wollten. Hier draußen im Freien war alles glasig und hatte scharfe Umrisse. Den ganzen Quai entlang war kein Mensch zu sehen, aber eilig, als hätte ich ein Ziel, begann ich dem gußeisernen Geländer entlang zu wandern, gebadet in das milde Licht des Herbstes und überströmt von Vorwürfen.

Es entsteht in uns, wenn wir Hunger haben, eine Nüchternheit, die mit nichts zu vergleichen ist, was Menschen auf dieser Erde erleben, denn der Hunger ist eine Schuld, die uns unser Körper rücksichtslos und ohne Mitleid vorwirft. Was geht es ihn an, daß wir Ziele verfolgen, deren Erfüllung keine Mahlzeiten sind? Wir haben die ersten und einfachsten Pflichten verletzt, die das Leben uns stellt; soziale und geistige Fragen interessieren den hungernden Körper nicht. Da sind der Mund, die Zähne, der Magen, und ihre Bestimmung ist, daß Nahrung hereinkommt, die Beine sollen hingehen, wo es Speise gibt, und die Arme, die Hände, sie sollen zugreifen und sollen sie ihm zuführen. Und der Kopf soll denken, wie es anstellen, dazu ist er ja da. Was Tausende können, das sollst auch du können: für regelmäßiges Essen sorgen.

Und wenn dieser Beruf dich hungern läßt, dann ist es ein falscher Beruf, dann gib ihn auf. Nimm deine Hände und tu irgendein

Werk, das Nahrung bringt, Brot. Nun spreche ich, der Magen. Ach, was nützt es, daß der Kopf seltsam frei ist, rein und vernünftig, Gelassenheit predigt, und daß das Herz einen Schuß des süßschmerzlichen Stolzes dazu gibt, daß du es erleben durftest, um des Wagnisses deiner Entscheidung willen auch diese Seite des Lebens zu kennen. Das alles ist nichts, sagt der Magen auf nüchtern knurrende Weise, du mußt essen, wenn du etwas leisten willst. Im traumhaften Fasten dieser Mittagsstunde wurde die I. H. H.-Bewegung gegründet.

1. Dezember

Eines ist sicher, die Kritiken, mögen sie ausfallen, wie sie wollen: sie verderben den Charakter des Künstlers.

3. Dezember

Der Santalori (le cent à l'heure), ein Motorradfahrer.

Es ist ein kleines Medaillon, das sich die Betroffenen ins Knopfloch stecken, und dann gehen sie durch die Straßen, die Leute sehen sie an, sie machen Platz, und der, der es trägt, tritt geradenwegs in ein Speiserestaurant, wo er sofort Aufsehen erregt.
Die Serviertöchter werfen sich Blicke zu, aus dem Hintergrund kommt der Gerant angerannt, ein Raunen geht durch den Raum: «Platz, Platz, schnell, schnell, einer ist da, der das Zeichen im Knopfloch trägt.» Das heilige Zeichen I. H. H., «Ich habe Hunger». Alle Feindschaft endet, alles kleine Wesen, versöhnend über all den kleinen Tageskram hinweg kommt das Menschliche zum Durchbruch, Essen her, Essen. Gewiß, wir mögen dich nicht, und das, was du tust, verwerfen wir, aber du hast Hunger, und das darf nicht sein, denn deshalb haben wir uns zusammengefunden in den großen Gemeinschaften und in tiefster menschlicher Solidarität; damit kein Hunger mehr sei, unser aller Feind...
Aber dann wird das Licht wieder nüchtern und glasig vor den Augen, und es herrscht große Stille, und es ist schön und einsam auf der Welt, und auf dem glatten Wasser neigen die verliebten Schwäne ihre Hälse einander zu und bilden ein Herz oder eine Harfe.

4. Dezember

Man muß absolut gegen die Ichbezogenheit, die das Verfolgen der Kritiken für ein Werk im Gefolge hat, ankämpfen. Das ist tatsächlich etwas, was die schöpferische Kraft an ihrer Entfaltung verhindert. Sobald das Ich in einem Künstler einen zu großen Platz einnimmt, wird das Über-Ich davon überwuchert (das heißt, dieses Über-Ich kann nicht zu seinem Bewußtsein, zu seinem Über-Ich-Bewußtsein kommen, welches die Triebkraft jeder künstlerischen Betätigung ist).

Die Kritiken sind wie die Rache der Welt, die die Entrückung nicht verzeihen und vergessen kann.

«Für Tuggen»:
Ledischiff
Heim, Geologie
Segelfluglager
Fischer
Holzfäller
Torfstecher
Die Anzeichen – die Entstehung des Unternehmens.

Ce qui est parfaitement désagréable, ce sont ces individus, qui vivent par leur rentes et par la spéculation, et qui par économie, par avarice passent leur temps dans la bibliothèque, y apportant un air dégoûtant d'intérêt d'argent, de ruse et de mauvaise conscience pour fausses déclarations de fortune.

Zentralbibliothek:
Saussure, Horace Benedict de, *Voyages dans les Alpes,* Geologische Übersichtskarte der Schweiz, zweite Auflage.

Petrolgeologen.

6 décembre

Rappeler Dölf et Fortunat, l'histoire du *Mercure,* le numéro d'hommage à Vallette, les analogies avec le *Schweizer Spiegel.*

Le savant complètement désinteressé. Le requin.

13. Dezember
Grundzüge für «Tuggen»:
Der Mensch und die Natur. Er lebt von ihr: Fischer, Leichenfischer, Holzfäller.
Arbeiter im Steinbruch (Barackenleben)
Torfstecher
Ledischifführer (le patron)
Baggermaschine
Petrolvorkommen
Segelflieger am Bachtel
Das Schongebiet. Der Buchberg. Zürich, die Stadt als Ausstrahlung. Gemeindepräsident von Tuggen. Besitzer des Territoriums. Die Unternehmer (Schöller von Winterthur).

Tuggen (Predigtort des heiligen Gallus).
Streurieder. Steinbrüche auf Molasse.
Tuconia.
Befestigungen am unteren Buchberg. Rickenbahn.

16. Dezember
Der Metzger hinter seiner Fleischbank, das Fräulein im Kassenhäuschen, sie sind Schauspieler.

Gespräch:
«Alle diese Steine haben eine Sprache.»
«Ich fühle es, daß sie eine Sprache haben, aber ich kann sie nicht verstehen.»
«Die meisten Dinge haben eine Sprache, die wir nicht verstehen.»

18. Dezember
Vor der Ehre und vor der Trauer werden alle gleich.

«Weißt du noch, als du Chauffeur bei uns warst?»

Il faut user ses désirs jusqu'à la résignation. Voilà leur sens, leur force créatrice, voilà comment ils nous font croître.

21. Dezember
Wer Furcht hat, flieht; wer Angst hat, sucht sie. (?)

Vivre de plus en plus simplement: voilà le grand secret.

28. Dezember
Aus meinem gestrigen Gespräch mit N.:
Atheistische Eltern begehen eine Frechheit, wenn sie ihrem Kind die religiösen Erfahrungen von zwei Jahrtausenden vorenthalten wollen, denn diese Erfahrungen sind nicht ihr Gut, nicht ihr Eigentum. Sie gehören zum außerpersönlichen Erfahrungserbe der Menschen – wie lesen, schreiben.

Vom provisorischen Leben:
Einer geht für vierzehn Tage in die Ferien und packt, infolge der kurzen Zeitspanne, seinen Koffer nicht aus. Das Resultat ist Unordnung und ein Nie-zu-Hause-Sein. Genau so im Leben.

Retour à la nature zur Zeit Rousseaus und jetzt:
Zur Zeit Rousseaus war es ein Aufgehen in der Natur, ein Mit-ihr-eins-Werden – heute, im Sport, Strandleben usw., ist die Natur nicht mehr Ziel, sondern Mittel. Der Körper ist Mittelpunkt, das Ich. Verschiedenartigkeit dieser beiden Naturgefühle. Aber trotzdem, es läuft neben dem von den Menschen gewollten Ziel eine andere Entwicklung einher, von ihnen als Nebenwirkung nur unbewußt empfunden, und diese ist die Hauptsache.

Paradoxe: In der Romantik waren die Menschen roh von Gefühlen, Emotionen – denn (oder aber?) sie hatten ein kurzes, unhygienisches Leben – heute leben sie länger, sind gesünder, aber haben Mühe, dieses lange gesunde Leben mit etwas auszufüllen (sie machen es zum Selbstzweck, was richtig wäre, geschähe es mit Absicht, nicht nur um der *physischen* Harmonie willen).

Der Sozialismus mit seiner materialistischen Geschichtsauffassung hat Leuten die Seele genommen – und an deren Stelle ein Vakuum hinterlassen, das sich mit rapider Schnelligkeit mit religionsähnlichen Ersatzen füllt: Nationalsozialismus, Kommunismus und anderes.

Das Arbeitslosenproblem entwickelt sich immer mehr zu einem geistigen Problem. Man kann es mit materiellen Unterstützungen nicht aus der Welt schaffen, sondern es zeigt sich an dem einzelnen Krankheitsfall das typische Gesamtproblem: dem Leben wieder einen religiösen Inhalt geben.

Die letzten hundert Jahre überblickend, sieht man eines immer deutlicher: Alles hängt zusammen, es ist kein wirtschaftliches, materielles Problem: es ist ein geistiges. Die Wiedereinsetzung Gottes.

Die großen geistigen Bewegungen, sozialen und wirtschaftlichen Umwälzungen sind das provisorische Unstete, Unverläßliche, Labile – aber das Leben des einzelnen Menschen ist ein Definitives, Endgültiges, und so soll es gelebt werden.

1936

2. Januar

Wahre Sicherheit besteht nur in der Schuldlosigkeit. Aber es ist keinem menschlichen Wesen gegeben, sich gegen Schuld zu schützen. Was aber kann anders der Sinn der Schuld sein, als daß der Mensch durch sie hindurch muß? Hinter der Schuld tut sich das neue Land geläuterten Lebens auf.

«Tuggen»:
«Um T. zurückzugewinnen.» Einer, der um seine Frau kämpft.

Weisheit ist die Vermeidung von Schuld.

Weisheit ist Güte.

Weisheit ist Passivität – Unterlassen von etwas – Verzicht.

Weisheit ist Güte passiv.
Größe aber ist aktive Güte.

Sühne bedeutet, mit gutem Gewissen vergessen zu dürfen.

Alle Schriftsteller seit 1918 tun dies: Sie versuchen Ordnung in das Chaos zu bringen.

7. Januar

Die Episode mit der Kellnerin, die das Kinderkreuz auf dem Friedhof von Ägeri holte, es vorwies, wieder zurücktrug und beim Wieder-Einstecken durch die Schürze stieß. Beim Aufstehen wie von einer Hand zurückgehalten. Die Wirtshausleute fanden sie tot auf dem Grabe des Kindes.

Auch der, der die schlimme Botschaft bringt, ist nicht dein Feind.

A Tuggen:
A consulter: Gemeinderat – Präsident
              Handelsregister
              Eigentümer des Landes
              Grundbuch
              Photos du temps
              ouvriers employés
              actionnaires
              origines de la légende
              Rutengänger
              le curé

14. Januar

Dreimal die gleiche Erzählung bis zum gleichen Punkt, und dann weiterfahren.

Dieser Bohrturm; der Bohrturm ist das Zentrum, um das eine ganze Bevölkerung mit ihren Hoffnungen kreist.

Tuggen, 15. Januar

Interieur Anton Jauser, zum Schlüssel.
Tiefbohrung. Baur & Co. AG. System Raky, Salzgitter, Hanno-

ver. Ingenieur Scheibe. Hundert Bohrtürme in Rumänien. Deutsche Belegschaft.
Schöller & Co., Zürich   Geldgeber
Dr. Meier, Zürich
Geldmangel.
Schiefbohrung. Bohrung kommt zum Stillstand. Vierhundertste Meißelbohrung. Acht Meter je sechzehn Meter. Staub mit Wasser herausgespült, vierzig Meter. Mergel. Sand. Vierzig bis sechzehnhundertsechzig alles Stein. Gestänge gekrümpt. Kronenbohrung. Diamantbohrung. Oberste Öffnung vierzig Zentimeter. Sechs-Meter-Hülse mit Bohrkern, nicht elektrisch, sondern Dieselmotoren. Weihnachten 1927.

Mit der Kugel. (Geologen.) Später Rutengänger. Arbeiter 1.30 Stundenlohn. Wache Samstag und Sonntag.

1. Kern = 12 cm auf 800 m
             8 cm auf 1400 m
             4 cm auf 1660
Schreiner Kirtli gemacht. Geolog Braun und Wolf. Mergel und Sandstein.
Boßhard von Wohlhausen «Am falschen Ort». Reichlich Öl für zehn Jahre. Boßhard Rutengänger in Wohlhausen (Luzern). Zwölf Deutsche, Knechte im Schlüssel. Einmal Spuren von Öl, «heimlich».
Gas wurde gefunden. Skiholz. Kein Gold. Man hätte ein paar Bohrlöcher machen sollen. Vertrag Arbeit in Tuggen. Tuggener gingen mit nach Ungarn. Heiraten. Ähnliche Lage wie Rumänien. Ölflecken.

Besuch in Wägital. Die verlorene Krone. Schiefbohrung, weil Turm zu schwach. Die Röhren blieben drinnen.

Der letzte Bohrkern. Die glatten Flächen der Bohrkerne.

Uznach – Burg – Bahnhof
Schmerikon – Bad – Hafen

Buchberg – Holzfäller
Ledischiff – bis Zürich als Knecht
Baggermaschine – Binnensee
Buchberg – Steinbruch – Wilderer
Obersee – Fischer
Tuggen – Riedt – Bohrturm
Wirtschaften

Er hat noch eine Tochter – irgendwo. Die Hunde laufen ihm nach.
Er selbst ist ein Wilddieb – pêcheur.

18. Januar
Die Wellenlinie des Über- und Unterbewußtseins – Traum und Wirklichkeit.
Bieli:
Sein unwirkliches Leben als Brandstifter. Jedesmal, wenn er Brände stiftet, kommt sein zweites Leben zum Durchbruch, das heißt, er weiß es nicht. Aber wenn er erwacht, so bleibt eine Ruine als Zeichen zurück. Er selbst sucht den Brandstifter auch. Es handelt sich um die Darstellung zweier Lebensschichten, von denen eine uns selbst nicht bewußt wird. Ihre Zeugen sind die Brände. Von Zeit zu Zeit lodern Brände über das Tal als Zeichen vom Leben einer andern Welt.

Büro.
Turm. Das große Rad. Zwanzig Meter hoch. Gestänge sechzehn Meter. Zwei Mann im Turm. Lokomobil. Vollständige Werkstatt. Mechaniker vom Ort. Zollamt. Wie ein Abtritt. Druck durch die Maschine. Wie Gewindeschneide.
Schlüsselführer drei Mann. Viele Kronen.
Stillstand = Gas. Scherze.
Ausplapperer. Bohrmeister.
Ingenieur Werkführer. Zwei Schlüsselführer.
Heizer Schmid. Arbeiter von Tuggen.
Genossen Bürger. Genoßsame von Tuggen. Vertrag. Kulturschaden. Streuried. Konzession vom Kanton Schwyz. Sitz der Ge-

sellschaft in Tuggen. Zweieinhalb Jahre in Tuggen. Als es Öl gibt, lassen sie Möbel kommen. Die Möbel zu groß. Machen mit im Volksleben von Tuggen. Einer gestorben in Tuggen.
Kein Unfall. Tag und Nacht gebohrt.
Kleines Linth.
Pfister. Huber. Jauser. Naef. Bamert.
Sechs Geschlechter.
Tausend Klafter – eine Jucharte.
Streuland. Wollen nichts anderes daraus machen. Riedheu und Riedstreu. Kiesboden.
Grienschaufel.
Fische mit der Güllenbenne. «Krapf.»

Lattenrecht – Zäunen
Gehrtrecht – Weidengeflecht
Salzungsrecht für Vieh
Reckzüge durch den Kanal. Pferdezüge. Ein Privileg.

Zürich, 18. Januar
Probleme der Darstellungsart. Die Kollektivseele aus Landschaft und Menschen.
Es handelt sich nicht in erster Linie um die Psychologie des Brandstifters. Diese ist nur ein Einzelfall für den typischen Fall des dualistischen Lebens.
Die Brandstiftung als typisches Verbrechen des schweizerischen Unterbewußtseins. Das, was unterdrückt ist, nicht psychoanalytisch. Nicht sexuell.
Der Föhn.

Die Brandstiftungen in der Schweiz sind die Stierkämpfe der Spanier.

Die Frauen sind näher an der Grenze der Unvernunft als die Männer.

20. Januar
Im kaum handtiefen Uferwasser, über dem muschelfarbigen Felsen des Grundes, stand ein junger, halbmeterlanger Hecht bewe-

gungslos in der Morgensonne, so knapp unter der Wasserfläche, daß seine Rückenflosse ihre Haut schürfte. Der Widerhall der Axthiebe klang gedämpft über den stillen See. Ein blauer Eisvogel zog leise zirpend den Schilfspitzen entlang, aus den Wäldern des Buchbergs ergoß sich die taufrische Kühle in den sonnenstarren Raum.
Die kleine Lichtung lag noch im blauen Schatten, und das Gras war feucht.
Mit zwei, drei sanften Hieben flogen die Reiser von den Ästen, dann legte er das Stämmchen auf den Scheitblock, nahm das Maß, schlug ein wenig kräftiger zu und schichtete das Holz zum andern zwischen die Zapfen des Bürdelistocks. Wenn die Burde voll und rund war, legte er die rostige Kette darüber, preßte mit der Kniekehle den Hebel herunter, daß sie zusammengedrückt wurde, band zwei Eisendrähte um das Ganze, drehte sie mit der Zange zusammen – löste Hebel und Kette und schichtete die Burde auf die andern.
Wenn zehn Burden kreuzweise in fünf Schichten aufeinander lagen, begann er eine neue Beige. So gab es ein sichtbares Bild seines Verdiensts. (Der Bund galt einen halben Franken, und jede Beige war so ein Fünfliber. Er selbst bekam siebzehn Rappen für die Burde und konnte abends die Reihe hinabsehen und ward seines Arbeitstages Verdienstes bewußt.)

21. Januar

Bieli konnte das eintönige Stampfen der Baggermaschine hören, die drüben im Binnensee arbeitete, die feinen hohen Schreie der Knaben, die am Damm des Linthkanals badeten, und manchmal den spröden Glockenschlag der Kirche von Schmerikon, quer über den See. Mit gleichmütigen, ausdruckslosen Augen, die unter den buschigen Augenbrauen ein wenig Weiß über der blauen Pupille freiließen, schaute er prüfend auf das flache Ufergeröll hinab, über das die Sonnengrenze langsam vorrückte, dann löste er die Hosenträger und zog sich das Hemd über den Kopf. Der Körper des alten Mannes war tiefbraun, auf seiner Brust kräuselte sich das weiße Haar, und über den Hüften lagen die Wülste einer müden Haut. Er ging ein paar Schritte dem Ufer zu, breitete das

feuchte Hemd auf dem Sandsteinfelsen an der Sonne aus, tat einen kurzen Blick nach dem Hecht hin und stellte sich von neuem an den Scheitbock. Bei jedem Beilschlag zitterten die Enden seines grauen Schnurrbarts ein wenig.
Nach einiger Zeit hörte er hinter der Landzunge, auf der die beiden Birken standen, den gleichmäßigen Schlag eines Stehruders; er drehte den Kopf ein wenig und sah den Fischernachen sich langsam hinter den grünen Zweigen hervor in den glasklaren Raum vor der Uferlichtung schieben. Die beiden alten Männer nickten sich zu und schauten sich an, der Fischer drehte zweimal ohne Eile das Gesicht verneinend hin und her, und Bieli fuhr in seiner Arbeit fort.
Als die zweite Beige beendet war, stellte er die Axt nieder, ging dem Waldrand zu, holte den verbeulten Blechbecher und zwei Zuckerstücke aus der Seitentasche des Rocks, der an einem Buchenstamme hing, und ging an das Ufer hinunter, wo unter den Erlen hervor ein fadendünner Bach in den See mündete. Mit dem offenen Taschenmesser zerkleinerte er die Zuckerstücke im Wasser, und dann trank er langsam in kleinen Schlucken den Becher leer.
Er setzte sich ins Gras, blickte über die aufgeschichteten Holzburden hin und berechnete gewohnheitsmäßig seinen Lohn.
Er legte den schwarzen Hut neben sich und blickte über die regungslose Wasserfläche hin. Die Sonne hatte nun das Ufer erreicht. Auch drüben beim Bagger machten sie ihre Pause, und es war so still, daß er das Säuseln der Buchen hinter sich hören konnte. Seine Augen blickten gleichmäßig ausdruckslos in die Stille hinein. Er legte sich zurück, stülpte sich den Hut auf das Gesicht, und dann konnte er deutlich von ganz, ganz fern her durch die Schichten des Bodens hindurch das leise, wie raschelnde Geräusch des Erdölbohrers hören, der jenseits des Buchberges, im Tuggener Riet draußen, in tausend Metern Tiefe seine geduldige Arbeit verrichtete. An den Rändern des Hutes gleißte die Sonne, der schwarze Raum über seinem Gesicht wurde heiß von ihrer Kraft und seinem Atem, aber er hatte die Augen geschlossen, und er tat nichts anderes als dem Flüstern nachhorchen, das wie eine verschwommene Botschaft durch die Schichten des Gesteins her-

auf an sein Ohr drang. Manchmal verlor es sich, begann ein wenig später wieder, aber besonders horchte er mit angehaltenem Atem in diese Pausen hinein, weil es dann, nachher, wenn es wieder begann, ungewiß war, ob es vielleicht aus ihm selbst herauskäme, was die Erde flüsterte.
Als in der Mitte des Sees das Ledischiff, befrachtet mit Kies und Handorgelklang, vorüberfuhr, öffnete er die Augen und machte sich wieder an die Arbeit. Auf der eisernen Plattform des Bootes winkten sie ihm herüber, aber er fuhr mit seinen sanften Axtschlägen fort und sah nicht zurück, bis das Schiff weit unten im See als ein schwarzer Punkt über dem Wasser schimmerte und nichts mehr von ihm zurückblieb als der Benzingeruch, der sich mit dem Geruch verkohlten Holzes mischte, der schon den ganzen Morgen schwächer oder stärker, je nach dem Wind, in der Luft gelegen hatte.
Er blickte unter dem Schatten des Hutrandes hervor auf seine Hände hinab, die vor ihm, ohne vergebliche Griffe und ohne Hast, ihre Arbeit taten, er sah die rauhe Landschaft seiner Handrücken mit den aufgefalteten Bergzügen seiner Haut und den blauen unterirdischen Strömen des Geäders.
(Der Hecht war zögernd nach den dunklen Gründen abgeschwenkt.)

22. Januar

Er schielte nach dem Hecht hinüber, der gerade zögernd nach den dunkelgrünen Gründen abzuschwenken im Begriffe war, als er vom Schatten des Segelflugzeuges gestreift wurde, das über den dunklen Rücken des Buchbergs hinweg lautlos in den hellen Raum über dem Seebecken hineinglitt, dort eine weite Kurve zog, daß die zarten Tragflächen gelb in der Sonne aufleuchteten und klein wie ein Mückenauge der Kopf des Fliegers sichtbar wurde, und dann tiefer, daß er das Summen der Luft in dem zerbrechlichen Gestänge sekundenlang deutlich hören konnte, wieder über ihm hinter dem Grat verschwand.
Im Walde fiel ein dürrer Zweig raschelnd zur Erde. Bieli hob den Bund vom Stock und legte den Grund für eine neue Beige zurecht.

25. Januar
An der Spitze der Sichel, mit der das Schilf hinter der Uferlichtung in den See hinausragte, wandte der Fischer Helbling das Boot den tieferen Gründen zu, die im Schatten des Buchberges lagen. Der Wald reichte bis an die Ufersteine herab. Hinter den Blättern der Ruder drehte sich das Wasser in leisen Wirbeln unter den lautlosen Stößen. Eine Weile noch hörte er die gleichmäßigen sanften Axthiebe Bielis, dann wurde es so still, daß er das leichte Schäumen des Wassers unter dem Schiffsbug hören konnte, der in gleicher Höhe mit ihm an gespannter Leine dem Nachen folgte. Mit jedem Ruderschlag zog etwas vom kühlen Atem des schattigen Waldes in ihn ein und machte, daß er leichter und lautloser rudern konnte. Er sah gerade vor sich hin, auf die zitternde Libelle hinab, die sich auf dem warmen Holz der Bootsspitze niedergelassen hatte, und fühlte in seinen Schultern den Zug der Schnüre, die in der schimmernden Tiefe die Wasser durchschnitten.

26. Januar
Familiengeschichten sind immer traurig.

27. Januar
Während sein Boot an den rauchblassen Pastellen des Schilfs und den dunkelgrünen Locken der Binsen entlang glitt und sich hinter ihm eine Doppelspur schaumiger Kreise bildete, fühlte er an beiden Wangen den leisen Luftstrom des Fahrtwindes abfließen. Die Schnüre, die er durch die Wasser schleifte, verbanden ihn mit den blauen Geheimnissen der Tiefe, während er mit gelassenen Ruderschlägen immer tiefer in den Halbkreis der Bucht hineinstieß. Vom Ufer weg fiel der See in kahlen Felsen beinahe übergangslos in einen Abgrund ab, der bis auf die schmalen Ränder mit einem stillen grünblauen Wasser angefüllt war. Das Wasser tropfte mit leisem Echo von den Ruderblättern. Außerhalb des Bergschattens schimmerte der See wie die Perlmutterkugeln seines Rosenkranzes.

29. Januar
Die Rache der Frauen ist aus zäherem Stoff als die der Männer, denn sie können nicht vergessen.

Von Zeit zu Zeit erreichte ihn das Bimmeln des scherbelnden Glöckchens von B. mit zaghafter Beharrlichkeit.

Alle zivilisierten Männer haben den Kopf in der Schlinge = Krawatte.

Sitzungsberichte der Gesellschaft naturforschender Freunde, Berlin, Jahrgang 1934/Oktober/Dezember. K. Zimmer, Exposé: «Bestimmung des Schwerpunktes der Vögel.»

Leise knarrte der Weidenring am Bootsrand.
Am Ende der Bucht lenkte Helbling sein Boot wieder ostwärts, wo außerhalb des Bergschattens der See schimmerte – wie die Perlmutterkugeln seines Rosenkranzes. In der Ferne fuhr das eiserne Ledischiff vorüber, mit leisem Stampfen, und das Wasser trug die Stimmen der Männer und den Klang der Handharmonika. Er zog die Schnüre ein und begann, mit kräftigen Stößen seeaufwärts, an Bieli vorüber, der klein am Fuße der Buchen stand, an den weißen Rauchwolken des Landbaggers vorbei, dem Linthkanal zuzurudern.
An der Spitze der Sichel, mit der das Schilf in den See hineinragte, wandte der Fischer Helbling das Boot den tieferen Gründen zu, die im Schatten des Buchberges lagen. Der Wald reichte dort bis an die Ufersteine herab. Unter den langsamen Stößen drehte sich das Wasser in lautlosen Wirbeln hinter den Ruderblättern. Eine Weile noch hörte er die gleichmäßigen Axthiebe Bielis, dann wurde es so still, daß er das leichte Schäumen der Wellen am Schiffsbug hören konnte. Jeder Atemzug im Schatten des Berges ließ ihn immer leichter und lautloser rudern. Er sah grad vor sich hin, auf den zitternden Leib der Libelle hinab, die sich auf dem warmen Holz der Bootsspitze niedergelassen hatte. Mit gelassenen Ruderschlägen stieß er immer tiefer in den Halbkreis der Bucht hinein, die geflochtenen Weidenringe am Ruderhals knarrten leise, und der Wald gab ganz zart das Echo des Wassers wieder, das von den Schaufeln tropfte. Vom Ufer weg fiel der See beinahe übergangslos in einen Abgrund ab, der bis auf den Rand mit stillem grünblauem Wasser ausgefüllt war. Außer-

halb des Bergschattens schimmerte der See wie die Perlmutterkugeln seines Rosenkranzes.
Während das Boot an den rauchblauen Pastellen des Schilfs und den dunkelgrünen Locken der Binsen entlang glitt und hinter sich eine Doppelspur schaumiger Kreise ließ, fühlte er in seinen Schultern den Zug der Leinen und an seinen Wangen den leichten Luftstrom des Fahrtwindes.
Vom Ledischiff her, das in der Mitte des Sees mit dem gleichmäßigen Stampfen seines Motors vorüberfuhr, sahen sie ihn, klein und alt, den Fischer Helbling, der in der Buchberger Bucht seinem Fang nachging, er aber war mit den Schnüren, die er durch die Wasser schleifte, mit den blauen Geheimnissen der Tiefe verbunden, er schwebte auf der dünnen Planke seines Nachens über den grün getrübten Kristallen der Abgründe, während sein schmaler Schädel in die blaue Himmelsluft hineinragte, von der ihm lautlos Nachricht aus der stummen Weite kam.

Bieli: Er ist die ausgleichende, zerstörende Urkraft, Vertreter einer für uns sinnlosen Ordnung und eines Gerichts, er weiß es selber nicht.
Helbling: Symbolisch = mystischer Vertreter der Poesie auf Erden. Heranführung der Toten. Er kommt zeitweise ins Transzendentale hinein. Übergänge vom Normalen in ein Reich des Tönenden, Schönen.

Als er die Bucht durchfahren hatte und er sich der Spitze näherte, der Grenze des Schattens, hinter der das sommerliche Land in gleißender Zone begann, zog er die Schnüre ein und steuerte geradenwegs auf die Helle zu. Er konnte das Ziehen des Wassers wieder spüren, denn bis dahin reichte die Kraft des Linthstromes. Aus der Tiefe herauf wallte er dort in kaltem Fließen an den Kiesbänken empor und strählte die Seekräuter unaufhörlich – –

Durch das seichte Wasser sah er in die Kiesmulde hinab, die halb in der Sonne unter dem Wasserspiegel lag. In einem Gärtchen leise schaukelnden Wasserkrautes war dort in halb kauernder, halb liegender Stellung ein uniformierter Mann, barhäuptig, das

Gesicht den gelben Kieseln zugewendet, und schaukelte im Fließen des Unterwassers. Seine Hände waren durch die Kette eines Rosenkranzes zusammengebunden, die Perlmutterkugeln schimmerten in der Sonne, und das silberne Kreuz hatte dieselbe zitternde Bewegung wie das Wasserkraut.

Er umfuhr einmal mit vorsichtigen Schlägen den toten Mann, der dort in seinem gläsernen Grab kniete. Er konnte sein Gesicht nicht sehen, nur seine dunkeln Haare, die langsam im Fließen des Wassers müde flatterten. Dann löste er die Kette, die am Hinterteil des Schiffes befestigt war, und fuhr behutsam über den Leichnam hin, hielt das Boot an, kniete nieder und schlang sie um den Rumpf des Mannes, zog sie fest an und befestigte sie. Der Tote hatte seine Stellung nicht verändert, und es sah aus, als führe er einen selbstvergessen Betenden von seiner Betstelle fort, ohne daß dieser es wußte.

Langsam fuhr er quer über den See, und unter dem Wasser folgte ihm der tote Mann. Eine Zeitlang kreiste weit oben in der Bläue ein Fischreiher über ihm, aber schwenkte dann ab, als er sich dem Hafen von Schmerikon näherte.

Dort hatten sie ihn lange schon kommen sehen.

«Ja, ich habe ihn», beantwortete er die Augenfragen der beiden Männer, die auf der Mauer standen.

4. Februar

Er hob wie suchend den Blick, und da sah er in der glasigen Bläue das Gebaren des Fischreihers, der in engen Ovalen immer über derselben Stelle kreiste. Er schaute, ohne mit Rudern einzuhalten, eine Weile zu ihm hinauf, und dann begann er ohne Zögern die Schnüre einzuziehen und fuhr in rascheren Stößen dem Ende der Bucht zu, wo die Schattengrenze war, hinter der die gleißende Zone des sommerlichen Landes begann. Deutlich konnte er nun wieder die Kraft des Linthstromes fühlen, der sich oben in den See ergoß. Aus der Tiefe wallte er da in stetigem Fließen an den Kiesbänken empor, die er unter dem Wasser gebildet hatte, strömte über die Mulden hin, und unter dem glatten Spiegel wurden dort die Seekräuter und das Wassergras gebeugt und geschüttelt wie Wiesen im Winde. Mit vorsichtigen Ruderschlä-

gen näherte er sich der Stelle, wo die Helle begann, und spähte hinab.
«Da bist du ja», murmelte er.
In der seichten Kiesmulde, die halb in der Sonne unter dem Wasser lag, dicht bei einem Gärtchen leise schaukelnden Wasserkrauts, kniete dort, in halb kauernder Stellung, ein uniformierter Mann, barhäuptig, das Gesicht den gelben Kieseln zugewendet, und bewegte sich leise im Fließen des Unterwassers. Seine betenden Hände waren durch die Kette eines Rosenkranzes zusammengebunden, die Perlmutterkugeln schimmerten in der Sonne, das silberne Kreuz hatte dieselbe zitternde Bewegung wie das Seegras, und seine dunkeln Haare flatterten müde im Fließen des Wassers.
Helbling löste das Leichenkettchen an der hinteren Seite des Schiffes, beugte sich über den zusammengekauerten Mann, schlang es mit sorgfältiger, sachgemäßer Bewegung um seinen Rumpf, fast ohne ihn zu berühren, und als er langsam mit seinem stillen Fund davonfuhr, war es nur, als zöge er einen selbstvergessenen Beter von seiner Betstelle fort, denn er hatte seine Stellung nicht verändert. Seine Augen blickten unentwegt auf die Landschaft hinab, die sich vor ihnen, unter dem Wasser, wie ein Panorama entrollte. Aus den dunkeln Dämpfen drängten an blaßgrünen Stengeln die ovalen Blätter der Seerosen ihm entgegen, schlängelten sich verhalten die Algen, der junge Hecht war herbeigeeilt und blickte aus starren Augen zu ihm empor, dann ging es in die gläserne Bläue hinein, wo keine Gegenstände mehr waren, nur noch das Licht, das sich in der Tiefe verlor, Perlenketten von Luftblasen, die aus den Abgründen emporstiegen, und das lautlose Strömen des Wassers an seinem blassen Gesicht.
Bieli hatte seine Axtschläge eingestellt und blickte barhäuptig herüber, das Stampfen der Baggermaschine hatte aufgehört. An der Art seines Ruderns hatten sie erkannt, von welcher Art seine Beute war.
So fuhren sie über den ruhenden See. Oben in der Bläue folgte ihnen der Fischreiher.

A remarquer: Il doit y avoir dans l'ouvrage cette idée de Dieu que les gens cherchent.

Gespräch mit Dölf über die Familie. Der französische Ausdruck: Une famille *unie*.
Wieso kommt es, daß die Autorität der Eltern und damit auch der Familiensinn zurückgegangen sind? Die alte Pietät erfolgte auf religiöser Basis. Die Autorität der Eltern war übermenschlichen Ursprungs. Siehe die jüdischen Familien und die italienischen = katholisch.

An der Unzulänglichkeit der Ehen und der Familien sieht man so recht deutlich, daß sie eine Idee, ein Ideal, sind.

Es ist leichter, im Leser Ungeduld statt Geduld zu erwecken. Ich möchte Geduld in ihnen erwecken. Freude an jeder Seite. Bedauern, wenn es zu Ende ist.

8. Februar

Immer wieder daran denken: es einfach sagen. Einfach wie Kinder. Das Einfache ist die höchste Vollendung. Sich nicht abschrecken lassen durch die Zeit, die das Einfache braucht.

Einer sagt: «Er hat Angst vor Papier!» Briefe, Aufforderungen usw. Befehle.

13. Februar

Die Diktatoren. Kaum sind sie an der Macht, beginnen sie Straßen zu buddeln. Sie haben gehört, daß man mit Straßen in die Geschichte eingeht.

Das Herz flog ihm durch die Landschaft, buchstäblich – Segelflieger.

Alban hatte der Versuchung nicht widerstehen können. Ein sanfter Ostwind, der quer über das Tal strich, brachte einen Vorrat von Antriebskraft mit sich, und so ließ er sich über den Buchberg hinaus über den See gleiten.

Er schaute auf den Höhenmesser, dessen Zahl den ganzen Reichtum angibt, über den der Segelflieger verfügt, und dann konnte er der Versuchung nicht widerstehen und ließ sich einem leichten

Ostwind entgegen, der quer über das Tal strich, über den Buchberg hinaus in den kühlen Bereich des Sees gleiten. Er fühlte deutlich unter sich in der Verlängerung der Flügel die dichten Luftkissen, die ihn trugen. Der Wind säuselte in den Drähten.

Am Ufer stand ein Mann, er hatte mit dem Holzschlagen aufgehört und schaute zu ihm auf. Ein Fischer ruderte langsam der Bucht zu. Der Sandbagger stieß in kurzen Abständen kleine Rauchwolken von sich. Ein Ledischiff fuhr seeabwärts. Von den Weiden hinter dem Buchberg klang das Bimmeln der Kuhglocken herauf.

«Mein Herz fliegt durch die Landschaft», dachte Rochat «buchstäblich», und ließ sich, dem leichten Ostwind entgegen, über den Buchberg hinaus in den kühlen Luftbereich über dem See gleiten. Er blickte auf den Höhenmesser, dessen Zahl den Reichtum des Segelfliegers angibt, lehnte sich in der warmen Sonne zurück und konnte unter seinem Rücken deutlich das Luftkissen fühlen, auf dem der Apparat ruhte. Der Wind pfiff leise unter den Tragflächen weg.
Der Holzscheiter am Ufer hatte mit seiner Arbeit aufgehört, und er sah deutlich sein braunes Gesicht, das er zu ihm emporwandte. Ein Fischer ruderte langsam der Waldbucht zu, und eine weiße Spur auf der tiefblauen Fläche bezeichnete den Weg, den er hinter sich hatte. Der Sandbagger stieß in kurzen Abständen weiße Dampfwolken zu ihm empor. Das eiserne Ledischiff «Saturn» zog seinen Wellenfächer seeabwärts.
Er visierte den Kirchturm von Schmerikon an, zog dann über der Seemitte eine weite Kurve, daß es ihn wieder über den Buchberg zurücktrug und er von den Weiden das Bimmeln der Kuhglocken hören konnte.
Unter ihm lag das Land in stiller Geduld. Das Riedgras, spröde und vergilbt, zog sich wie ein kleiner Dschungel über die ganze Ebene hin. Unten am Waldrand, an der Stelle, wo es in der vergangenen Nacht gebrannt hatte, sah er die Männer, die noch mit dem Wegräumen des Schuttes beschäftigt waren; bereits konnte er in der Fläche draußen inmitten des gemähten Vierecks den

Bohrturm mit seinem Förderrad unter dem kleinen Giebeldach sehen, den schnurgeraden Lauf der Linth durch das breite Tal zwischen ihren Dämmen bis zum Engpaß verfolgen, und im Hintergrund stand der Mürtschenstock grau und groß wie die Gebotstafeln, die Moses den Juden vom Sinai herabgebracht hatte.

15. Februar
Er begann über der weiten Arena der Ebene das letzte auspendelnde Spiel, das die Krönung des Fluges ist, denn seine Regeln kommen aus den Träumen der Menschen her. Kaum daß er es dachte, sah er schon den einen Flügel sich aufwärts heben und den andern sich senken, und es wurde ein behutsames Ansteigen daraus, als bilde die Luft dort einen Wall mit sanft gebuchteten Hängen, an denen er entlang glitt, während an den Rändern der Reigen der Berge sich ruhig um ihn drehte; er zog die Schleife spielerisch, rund, daß er abwechselnd die Sonne im Rücken spürte oder in der Blendung die Augen halb schließen mußte. Er ließ sich zögernd schaukeln, schoß dann wie ein Pfeil, der vom Bogen schnellt, ziellos durch die warme tragende Luft.

17. Februar
Während er langsam gleitend an Höhe verlor, blickte er aufwärts, und es stellte sich das Gefühl ein, als läge er auf sanft wogendem Wasser, das ihn lautlos vorwärts trug. Aus den Tiefen des Himmels rieselten Bläue und Wärme unaufhörlich auf ihn herab, es entstand in ihm jene einsame Freude des Kleinseins, der der Rausch der winzigen Mücke ist, die sich in den Räumen verloren hat. So klein ist sie, daß sie nicht fallen kann.

18. Februar
Zweifel, ob wach sei.
Keine Geschworenen, die noch nie Hunger hatten.

Er tat sorgsam, in ineinanderfließender Weise, ohne Übereilung alle jene Bewegungen, die zur Führung des Flugzeuges gehören. Dazwischen aber, während er behutsam und fließend alle jene Bewegungen ausführte, die die Führung erheischte, war immer wie-

der der Zweifel, ob er wach sei, ob diese Klarheit des Raumes, in dem er schwebte, und die Geduld der stillen Landschaft, die unter ihm hinwegglitt, Wirklichkeit seien mit Härte und Duft und Laut, ob es nicht eine jener Gegenden sei, die wie Erinnerungen an eine andere Welt am Rande des Traumes hängen geblieben sind, denn es kam noch dazu, daß in ihm die süße Lust des Fliegens, ein lautloses Singen waren, der Puls eines Herzens, das durch die Welt fliegt, buchstäblich.
Dann sah er unter sich die zwei Männer aus dem Schuppen herauslaufen und ihm winken. Baldegger legte die Hände an den Mund und rief etwas herauf; er konnte es nicht verstehen, aber er begriff sofort, daß etwas vorgefallen sein mußte. Er suchte nach dem ausgemähten Landungsplätzchen, dann hörte er schon das Knirschen des kurzen Grases unter der dünnen Verschalung des Rumpfes. Die beiden kamen herangerannt. «Herr Ingenieur», sagte Baldegger, «seit dem Meter 942 kommt Öl mit dem Wasser herauf.»

20. Februar

1. Kapitel: Erde, Wasser, Himmel.
2. Kapitel: Das Feuer. Die Nacht. Bieli.
   Sonnenuntergang und Nacht. Das Erdöl. Brände.
   Sternschnuppen. Uhu.
3. Kapitel: Die Menschengemeinschaft. Die Feuerwache.
4. Kapitel: Die seltsame Liebe Bielis.

21. Februar

Die Brände, die B. anrichtet, sind Fanale an die alte Frau. Stationsvorstand und Bieli sind Rivalen. Therese.

Hinter den Tafeln des Mürtschenstocks begann schieferblau der Abend. Die Enten zogen in Keilen dem Ried zu. In den blassen Fernen summten die Drähte, orgelten die Eisenbahnzüge. Über die Ebene hin flammten die Lichter auf. Ein schlichter Wind strich über den kurzen Rasen des Burgplätzchens von Uznach. An seiner Bastion vorbei flossen lilablaue Nebel und bedeckten allmählich das tiefere Land unter ihr. Die Giebel des Städtchens

standen wie tiefblaue Scherenschnitte vor dem verdämmernden Himmel.
Die hagere Frau saß allein auf der steinernen Bank an der Brüstung. Über ihrer Stirne bauschte sich ein wenig altertümlich das ergrauende Haar. Eine kleine Krause aus schwarzem Tüll umschloß hoch oben ihren Hals, Fischbeinstäbchen stützten den Kragen des Kleides, ein dunkles Tuch umschloß die schmalen Schultern. Sie hatte das Gesicht einer Indianerfrau. In seiner mattbraunen Haut spiegelte der Widerschein des Himmels. Sie hielt einen Kiesel zwischen den Fingern und blickte bewegungslos aus dunkeln Augen in die Linthebene hinaus, über die langsam, mit leisem Rauschen, die Nacht hereinkam. (Aus dem Dunkel des Städtchens herauf hörte sie die Schritte auf dem Kugelpflaster, das Weinen eines Kindes.)

23. Februar

Es gibt eine Liebe, die verdammt der Langeweile gleicht. S'ennuyer à être seul. Fond de l'amour.

Er schreibt von der Hand in den Mund.

Bemerkungen zum Charakter von Therese: Sie ist geizig – sehr auf den Verdienst aus. Ihr Geiz ist in gewissem Maße die Rache an dem Schicksal, wie die Brände Bielis die seinen sind. Zu bemerken: Er zerstört, vergeudet – sie häuft an, konserviert. Zwei Prinzipien. Wichtig: Ihr Geiz hat nie eine niedere Form. Er ist nicht kleinlich. Solange sie geizig ist, hat sie Hoffnung. Der Geiz ist ein unausgesprochenes Eingeständnis einer Hoffnung.

Weit draußen in einem Gehöft des Landes kläffte ein Hund, und am Schluß ging seine Stimme in ein Heulen über, das von der warmen Luft, die aus der Erde dünstete, weit herum durch das ganze Rund der Ebene getragen wurde. Dann war es wieder so still, daß sie seine Kette rasseln hörte.
Aus dem Dunkel des Städtchens herauf widerhallten langsame Schritte auf dem Kugelpflaster der Hauptstraße. Therese horchte auf ihren Klang, begann mitzuzählen, maß die Zeitspanne zwi-

schen jedem Auftritt, und ihr eigener Atem wurde hörbar (ihre schmalen Lippen zitterten), und es gab ein leises Geräusch, wenn sie mit ihrem Daumen über den Kiesel fuhr.
Sie hörte den Mann hinten am Plätzchen die Sandsteinstufen heraufkommen, dann wurde sein Schritt lautlos auf dem kurzen Rasen, aber sie hörte das Klingeln des Anhängsels an seiner Uhrkette. Als es aufhörte, wußte sie, daß er hinter ihr stand.
Er setzte sich neben sie auf die Bank. Sie schauten sich nicht an. Sie blickten nebeneinander in den Raum hinaus, in dem nun die Nacht war.
«Frau Lehrer», sagte der Fischer Helbling, «ich habe ihn heute gefunden, er kniete im Schwendiloch, seine Hände waren mit dem Rosenkranz gefesselt.»
Sie antwortete nicht. Sie saß völlig bewegungslos da, auch das Spiel des Kiesels zwischen ihren Fingern hatte aufgehört.
«Ich habe ihn in Schmerikon eingeliefert. Er liegt in der Meinradskapelle.»
«Hat er etwas auf sich getragen?» fragte sie mit einer dünnen Stimme.
«Nichts. Alle seine Taschen waren leer.»
Helbling hatte seinen Hut vom Kopf genommen. Der Abendwind war stärker geworden. An den Schläfen beider wehte das Haar, und nun war es so dunkel, daß sie die zierlichen Girlanden der Sterne am Himmel erkennen konnten.
«Es war etwas gegen ihn im Gange. Die Bundesbahnen hatten einen Revisor gesandt.»
In diesem Augenblick flammte draußen, am Rande der Ebene, ein roter Lichtschein auf. Sie sahen ihn beide zur selben Zeit. Mit kleinen Rucken schoß er höher und höher, und auf einmal war es eine glühende Garbe, die den Rauch nur rötlich erhellte, ein Regen glühender Funken, und dann hörten sie auch schon das Feuerhorn und ganz ferne den Ruf von Stimmen.
«Es ist wieder in Tuggen», sagte Helbling und stand auf. «Das dritte Mal in dieser Woche.»
Therese hatte ihren Kiesel fallen lassen. Mit zusammengekniffenen Augen blickte sie hinüber, und es sah aus, als entziffere sie im Flackern der Flammen ein Signal, das ihr galt. Es stand hinter

ihnen eine Gruppe von Männern und Frauen, die sich lautlos im Dunkel angesammelt hatten und die über ihre Köpfe hinweg in die Ebene hinaussahen.

«Das kommt alles vom gleichen», sagte ein Mann.

Therese hatte mit beiden Fäusten das Tuch eng um ihre Schultern gezogen. Niemand sah, daß ihre Augen nun völlig geschlossen waren.

«So, und nun möchte ich wissen, wer dieser Bieli eigentlich ist.»

Endroits à visiter:
Ledischiff
Steinbruch
Uznach
Kloster Zion

Zentralbibliothek. Literatur über das Gaster. Der Urbanstag.

Brandstifter haben «Heimweh». Symbolisch.

26. Februar

«Kommet Ihr morgen bei mir vorbei», sagte sie dann, erhob sich und ging auf ihre steife Art davon.

«Allgemeine Zeitschrift für Psychiatrie» Band 104, 1. bis 6. Heft, 3. Februar 1936. Dr. Th. Thomas: «Die Pyromanie von der medizinischen, sozialen und kriminellen Seite aus gesehen.»

An Maskenbällen gibt es solche, die die Maske von außen sehen, und solche, die durch die Maske hindurch das Außen sehen, nur einem Dichter kann es einfallen, das Innere einer Maske anzusehen, das gipsweiße, konvexe Gesicht mit den toten Augen, das die Rückseite eines Menschengesichtes ist.

Fustel de Coulanges.

4. März

Güte bedeutet auch zugleich immer Distanz. In jeder Güte hat es Mitleid.

Sprache ist immer Abkürzung; sie ist die Formel für ein kompliziertes Geschehen. Sie macht aus der Diffusion eine Konzentration.

Es gibt für den Schriftsteller Schlüsselsätze, die ein ganzes Gebiet wie magisch erschließen, die dynamisch sind, trächtig an Fortsetzungen, und es gibt Sackgassensätze, wo es einfach nicht weitergeht, daraufhin.

Die Idee eines Lustspiels: Der Lebensabend im Glashaus. (Arbeitstitel für «Der heitere Lebensabend». Komödie.)
Eine Versicherungsgesellschaft führt zu Reklamezwecken den sorglosen Lebensabend eines alten Ehepaares vor. Häuschen, Sonne, Gärtchen. Alles in einem mächtigen Schaufenster in künstlichem Licht.
Der erste Akt ist so, daß der Zuschauer nicht merkt, wie es ist. Er lebt mit das Leben der zwei. Es wird nicht «davon» gesprochen. Nur eine seltsame Atmosphäre verbreitet sich. Das Gefühl, daß alles vor den Augen von unsichtbaren Zuschauern geschieht. (Die Zuschauer.) Alles ein bißchen künstlich, verschoben. Wahr, wirklich, und doch unwahr, unwirklich.
Zweiter Akt. Wie es nachts aussieht. Umgekehrt. Inwendig ist es dunkel, draußen sieht man die Lichter und den Verkehr der Großstadt.
Dritter Akt. Die Katastrophe. Die Lichter werden entzündet. Die Landschaft des ersten Aktes erscheint. Die Großstadt verschwindet. Nun wird alles Falsche aufgedeckt.
N. B. Erster Akt mit künstlichem Sonnenuntergang.
Grundidee: Das falsche Leben.
«Er»: Der Direktor der Versicherungsgesellschaft. Gott.
Das Ganze: Das falsche Paradies. Sie werden nicht vertrieben, sie vertreiben sich selbst.
Der Cerberus, Michael, der Portier.
Versicherungsgesellschaft Paradies.
Zweiter Akt. Sie haben einen beleuchteten Winkel im Vordergrund. Aber es darf nur eine Kerze brennen. Das Elendsbild ihres früheren Lebens. So war es früher.

Jedes Wort, das sie wechseln, geht durch einen Lautsprecher nach außen. Sie können kein Wort ohne Zuhörer sagen. Flüstern ab und zu.
Er: Ein Lehrer. Hat den Kindern ein falsches Leben gelebt, so wie das ihre nun ist. Strafe.
«Von wem sprichst du? Von Gott?»
«Nein, von ihm, Herrn Schmid. Er ist ja unser Gott geworden.»
Allgegenwärtigkeit des Publikums, das Böse. Immer da, sieht, hört.
Zweiter Akt. Nachricht von außen. Le revers de la médaille. Wie es wirklich ist.
Der Direktor kommt als Nachbar im ersten Akt. Anders kann er nicht mit ihnen verkehren. Sie gehen nicht hinaus, weil sie mit der andern Welt nichts zu tun haben wollen. Ihre Rache. Solange es hell ist, kann nichts geschehen.
Das Häuschen kann nicht benützt werden. Beleuchtungsanlagen sind darin.
Bitten um «Ferien».
Manchmal hört man im ersten Akt das Gelächter unsichtbarer Zuschauer. «Es sind die Frösche, die quaken.»
Sie müssen zweideutig miteinander reden, weil ja alles gehört wird – dadurch wird der Dialog auch für die Zuschauer zweideutig.
«Das ist alles hart, wahr, Wirklichkeit ... und dennoch ...»
Das Ganze ein Symbol für die Zweideutigkeit unseres Lebens. Hintergründigkeit: Adam, Eva, Erzengel, Gott, die Schlange, Satan.
Außen, unsichtbar vom Publikum, ist eine Leuchttafel angebracht, zum Beispiel «Sorgloser Lebensabend» oder «Adam und Eva im Paradies».

Zu erwägen. Ob im dritten Akt nicht alles echte Wirklichkeit sei. Realisation des Scheinbildes. Dann muß die Katastrophe am Ende des zweiten Aktes sein. Er glaubt nicht mehr daran. Es bedarf eines Beweises, daß dies die richtige Welt ist. Alle Situationen des ersten Aktes müssen sich wiederholen bis zu einem gewissen Punkte. Der Beweis ist das, daß die Frau alles sagt, was sie denkt, weil es nicht mehr durch den Lautsprecher verkündet wird. Zuerst ist die Frau dafür, nachher dagegen, im dritten Akt. Das Haus, das der Direktor hat bauen lassen, existiert tatsächlich in Wirklichkeit. In der Nähe seines Hauses. Er sah in ihm immer das Ideal für ein «buen retiro». Deshalb ließ er es genau nach der Wirklichkeit ausführen.

Sehr wichtig: sich über die Aktschlüsse schlüssig sein.

«Ich kann in diese Landschaft hineingehen, und sie zerbirst!»
«Jede Mauer zerbirst, wenn man mit der Gewißheit auf sie zugeht, daß sie zerbirst...»

Im dritten Akt lächelt er immer so verschmitzt verständnisvoll, ist nachgiebig usw., und daran merkt man, daß er an die Wirklichkeit nicht mehr glaubt. «Pas si bête!»

Es sind beide geschminkt.

Florenz, 7. März
Es ist immer dasselbe. Man schwimmt in einer unbekannten Stadt. Man hat Mühe, sich zu behaupten. Es ist wie ein schwerer operativer Eingriff mit Narkose, Erwachen, Sich-unwohl-Fühlen, langsamer Rekonvaleszenz, und erst wenn das alles vorüber ist, ist man da. Jemand, der einen begleitet und die Reaktionen miterleben will, muß sich enttäuscht fühlen. Jemanden begleiten, einführen ist nur für den Einführenden profitabel, für den Eingeführten wohl selten. Man sollte immer daran denken, wenn man selbst Besuche bekommt.

Eine Stadt besichtigen, systematisch, womöglich noch an Hand von Gedrucktem, von andern Gedachtem, das ist ganz exakt die mir am meisten fremde und feindliche Art. Hindurchschlendern, in wenigen Tagen fixe Gewohnheiten annehmen und so im Vorbeigehen darüber hinschielen, fast nicht merklich – das ist die Art, wie ich am raschesten darin bin. Alle andern Versuche mißglücken.

8. März
Es gibt ein gewisses Auflehnungsbedürfnis angesichts des vielen Schönen auf so engem Platz versammelt wie in Florenz. Man möchte es gerne umfassend übersehen, es ohne Erstaunen oder Verpflichtung sehen können wie die einheimische Bevölkerung. Außerdem möchte ich, für mich persönlich, noch den Sinn dieses Beginnens erkennen, womit man an die Grundfrage der Ästhetik kommt. Es besteht gar kein Zweifel, daß Künstler und Auftraggeber bei der Aufstellung der Kunstwerke an die Nachwelt, vielleicht – wahrscheinlich – an die Ewigkeit gedacht haben. Man kann wohl kaum sagen, diese Kunst sei absichtslos hergestellt und hingestellt worden. Sie legt Zeugnis ab. Sie will Zeugnis ablegen für Gott, für das religiöse Gefühl, für die Kirche, für die Macht, die Kultur der Auftraggeber – aber auch für das Können (handwerksmäßig) des Künstlers. Und trotzdem, hinter all dem steckt noch etwas anderes, Rührenderes: das Bedauern des Menschengeschlechts um sein Dahingehen, sein verzweifeltes Beginnen, Zeugnis von seinem Dasein zurückzulassen, Zeugnis von den Höhepunkten des Empfindens, das es erreicht hat (der Glaube, daß diese Höhepunkte festzuhalten denen in Auftrag gegeben war, die die sozialen Gipfelpunkte innehatten, ihre Verpflichtung und Mission über das Egoistische [?] hinaus). Eine Art Kommerz mit der Ewigkeit. Diese ganze Kunst (die ganze Kunst) ist nur unter dem Gesichtspunkt der Vergänglichkeit zu verstehen. Sie ist Zeiteinteilung, Zeitkerbe. Das ist auch ihre Parallele mit der Natur. Sie ist Konkurrenz der Natur. Der Mensch will etwas der Natur Ebenbürtiges aufstellen. Gott machte die Natur, der Mensch die Kunst. Indem der Mensch Kunst schafft, will er göttlich werden. Er will sich von Gott befreien. Gott schafft keine Kunst. Kunst ist das Lösegeld der Menschen an Gott, mit dem sie sich von ihm loskaufen wollen, es vergessen, daß sie von ihm kommen. Sie wollen einen neuen, eigenen Ursprung damit rechtfertigen. Indem sie ihn auf neue und immer unerhörte Weise verherrlichen, wollen sie – vor sich – ihm seine Abhängigkeit von ihnen darstellen. Du bist groß, durch uns wirst du noch größer – oder: Durch uns wirst du erst sichtbar, nimmst du Gestalt an. Es symbolisiert sich sehr gut im David. Der Phili-

ster ist Gott (nicht im frivolen Sinne gemeint – im Sinne von Goliath). Die Schleuder trifft Gott in die Stirne. Die Menschen schlagen Gott.
Die Bilder nur in dieser Landschaft, als Konkurrenz zur Landschaft.
Savonarola hat das begriffen, er war Künstler genug, und Botticelli, der sich bekehrte. Ein Künstler ist kein Priester.

Florenz, 9. März

Sich zuerst schlüssig werden über die Aktschlüsse, denn alles muß daraufhin tendieren. Im ersten Akt ist kein Wort ohne doppelten Boden. Das grausame Licht.

Erster Akt. Exposition. Gegen fünf Uhr abends. Winter.

– Willst du mir die Harke herübergeben. – Nein, nicht den Spaten, die Harke. Danke.
– Hast noch kein Kreuzweh?
– Nein, gar nicht. Noch nie ist mir das Arbeiten im Garten leichter vorgekommen.
– Warum arbeitest du? Es ist ja gar nicht nötig. Es kommt alles von selbst. Über Nacht. Jeder Morgen bringt eine neue Überraschung.
– Und du? Weshalb sägst du Holz? Wir haben ja keine Verwendung mehr dafür.
– Man muß doch etwas tun. Wir können nicht einfach den ganzen Tag in der Sonne sitzen.
– Eben, warum also fragst du? Blumen sind wenigstens etwas Nutzloses.
– Wie spät ist es?
– Fünf Uhr, glaub' ich.
– Der Sonne nach?
– Ja, der Sonne nach.
– Wie spät ist es?
– Ich glaube fünf Uhr.
– Der Sonne nach?
– Ja, der Sonne nach.

Sprache ist (konservierte) Erfahrung. Auf eine fremde Sprache horchen, sie analysieren heißt nichts anderes als in der Erfahrung, in der Geschichte eines Volkes blättern.
(Scaldaletto – auf einmal verstand ich das Instrument bei Naef, das er für eine Maronibraterei genommen hatte. Aber es ist ein Bettwärmer.)
Hat Michelangelo wirklich zehn Jahre am Grabmal der Medici gearbeitet? Es scheint mir fast nicht möglich. Hatte er denn Modelle? Oder arbeitete er aus dem Gedächtnis? Hat er zehn Jahre lang dieselbe Konzeption bewahren können?
Merkwürdiges Gefühl beim Betrachten der unfertigen Stellen, dort, wo am rohen Stein noch die Spuren des Meißels sichtbar sind.

Il n'y a que la solitude qui puisse consoler et guérir un homme.

10. März

Lecture: Green, Minnet.

Wenn Gutmütigkeit, Nachsicht fehlt, so ist es ein Zeichen von Krankheit, bei mir.

11. März

Reisen hat auch seine gefährliche Seite. In einer fremden Stadt, müde, allein herumspazieren, müßig, und alle die zweckmäßigen Gänge und Unternehmungen der andern sehen, in das banale Stilleben eines Hotelzimmers zurückkehren und sich ganz nah, in ungewohnter Beleuchtung, nüchtern im Spiegelschrank lebensgroß sehen und wissen, was der, den man sieht, in diesem Augenblick denkt – führt manchmal haarscharf an Hoffnungslosigkeit und Verzweiflung vorbei.

Florenz, 12. März

«Der heitere Lebensabend»:
Erinnerung an die Kükchen, die in künstlichem Licht im Schaufenster aufgezogen wurden.

– Komm, laß die Blumen, komm, setz dich ein bißchen auf die Bank neben mir.
– Ja gern. (Sie blicken gemeinsam den Horizont hinaus, schauen sich an, lächeln.)
– Endlich Friede.
 (Nickt stumm.)
– Was wir gewünscht haben, immer. Magst dich noch erinnern? Dein Spruch, den du immer sagtest. Mit zwanzig ein bißchen Lieben, mit vierzig ein bißchen Ruhm, mit sechzig ein bißchen Sonne.
– Ein bißchen viel Sonne.
– Nie zuviel für unser Alter – keine Sorgen mehr, Karl.
– Ein richtiger heiterer Lebensabend.
– Ja, ein richtiger heiterer Lebensabend.
– Warum sprichst du so laut?
– Spreche ich laut? Nicht lauter als sonst.
– Nicht lauter, aber es tönt so merkwürdig.
 (Pause, während deren sie ihn ansieht.)
– Wie spät ist es?
– Fünf Uhr, denke ich.
– Der Sonne nach.
– Ja, der Sonne nach.
– War die Post schon da?
– Ja, aber nichts für uns.
 (Pause.)
– Man muß sich auch an das gewöhnen.
– Ja, man muß sich auch an das gewöhnen. Es ist ein bißchen rasch gekommen. Es ist beinahe wie ein Traum.
– Ein schöner Traum.
– Fast zu schön, um wahr zu sein.
– Aber wahr, Karl, richtig wahr. Befühl die Bank, richtiges hartes Holz, berühr die Mauern, richtiger rauher Kalk, richtige Blumen, mit richtigem Wasser gegossen.
– Du machst Reklame. Du machst Reklame für Altersrenten.
 (Man hört ein Geräusch, wie fernes Lachen.)
– Was ist das?
– Das sind die Frösche im Teich.

13. März
La précision, l'exactitude: voilà en somme le grand idéal classique grec. Ne rien laisser dans l'ombre. Etre précis. Que chaque phrase signifie quelque chose. Pas de brouillard. Finir une voie où l'on s'est engagé. Les choses pas claires, ce sont des choses mal digérées. C'est presque toujours la paresse de l'esprit. Vouloir être clair fait souvent genre gauche. Il y faut aussi de l'élégance, c'est-à-dire la brièveté.

Il sera préférable de tout écrire en français, d'abord.

14. März
«Tuggen»:
Sie stieß die Türe zu ihrer kleinen Wohnung auf und stand einen Augenblick unschlüssig in dem dunkeln Korridor. Von der Straße herauf hörte man das Trappeln von Fußgängern auf dem Steinpflaster, es war die stumme Prozession der Neugierigen, die auf den Burgplatz eilten, von wo man das Feuer sehen konnte. Ihr Atem ging ein wenig mühsam, denn sie war mit großer Hast die Treppe heraufgekommen. Sie sperrte die mattierte Glastüre hinter sich zu und tastete langsam den dunkeln Gang entlang, der durch die ganze Wohnung führte bis an eine Türe, die ihn am hintern Ende abschloß. Auch in diesem Zimmer war es völlig dunkel, und es herrschte darin ein Geruch von Wachs und Weihrauch und von Gewürzen, die irgendwo in einer Schublade der Kommode liegen mußten. In der Fensternische unter dem Deckengebälk raschelte in ihrem Käfig die gefangene Elster und gab einen ganz leisen piepsenden Ton von sich. Von dem mit undurchsichtigen Vorhängen verhängten Fenster drang ein matter rötlicher Schein in das Zimmer, der von einigen Gegenständen auf der Kommode, deren Umrisse nicht erkennbar waren, aufgefangen wurde. Sie machte ein paar Schritte dem Tisch zu, und die Diele gab ein lautes knarrendes Geräusch von sich. Ihre Augen waren nun völlig geöffnet wie die eines Nachtvogels, und ihre Bewegungen verrieten eine völlige Vertrautheit mit dem Raum und allen Gegenständen. Sie entflammte ein Streichholz, hob ein wenig den Glaszylinder der Lampe und entzündete den Docht,

den sie dann ganz tief herunterschraubte, so daß die Lichtquelle unter dem Milchglasschirm nur ein kleiner glühender Krater war. Mit einem Schlüssel, den sie unter der schwarzen Schürze an ihrer Hüfte hängen hatte, öffnete sie die Fallklappe des Sekretärs, und der schräg hängende Spiegel auf der andern Seite des Zimmers gab noch einmal den Vorgang wieder, aber es sah darin aus, als öffne ein Gespenst, von dem nur die Hände sichtbar waren, im Schimmer eines tief stehenden Lichtes den Deckel von einem Sarge. Eine Zeitlang war nichts im Raume zu hören als das trockene Rascheln mit Papieren und das Klingen von Münzen, das Geräusch von seidenen Bändern, die gelöst und wieder geschleift wurden, während aus dem Dunkel der Nische heraus aus aufgeplusterten Federn heraus die Elster mit runden Augen, in denen sich winzig das Licht spiegelte, auf die Frau herab sah. Einige Male öffneten sich ihre Lippen im Zählen von Banknoten oder murmelten, während sie auf kleinen Zetteln einen Text las, die Worte leise mit. Von Zeit zu Zeit fuhren die Sohlen ihrer Schuhe scharrend über den Boden, und es war, als raschelten tief in trockener Erde schwarze drahtbeinige Käfer.

Manchmal sehe ich das Leben wie durch ein Loch im Traumschleier, nüchtern.

Der durchlöcherte Traumschleier.

Das Empfinden von einem Wegfließen des Lebens, unter einem.

15. März
Schriftsteller sein heißt gegenwärtig sein, anwesend, nicht im Sinne der Aktualität, aber im Sinne der Bereitschaft dem Geiste gegenüber; bereit, sein Wirken nicht zu hemmen, bereit, ihm den Weg zu bahnen, bereit zur Formulierung. Eine Voraussetzung dafür ist die absolute Unvoreingenommenheit, der Wille zur Wahrheit, die Überwindung der Trägheit. Außerdem: den Dingen der Materie nicht mehr Gedanken einräumen, als zur Harmonie nötig ist. Ferner: das Maß. Die Vermeidung des falschen Tones, entstehend aus Pathos und persönlicher Leidenschaft.

Das Leben eines Schriftstellers ist das fortwährende Arbeiten an einem Gewebe, die verschiedenen Fäden seiner Arbeiten und die seines Tageslebens, seines Innenlebens, von verschiedener Farbe und Haltsamkeit, überschneiden sich, und das Ganze gibt ein merkwürdiges Stück Stoff von unterschiedlichem Muster und ganz ungleicher Dichte.

18. März

«Tuggen»:
Nach einiger Zeit hielt sie mit ihrer Beschäftigung inne und schaute in das Licht der Petrollampe. Im Nebenzimmer tickte eine Uhr in langsamen Schlägen.
Sie hatte ein kleines Bündel von Quittungen ausgeschieden und auf der Ecke der Sekretärplatte aufgeschichtet. Dann nahm sie sorgsam einen jeden einzelnen der Zettel und begann ihn langsam zu zerreißen, bis ein kleiner Haufe von Papierschnitzeln vor ihr lag.

«Tuggen»:
Manchmal geisterte der Strahl von den Scheinwerfern eines vorbeifahrenden Autos hinter dem roten Vorhang, und der grelle Schein fiel auf die Fassade des Doms von Siena, der auf der Kommode stand, daß er weiß und rosa aufleuchtete, während der blecherne Kranz, der über ihm auf der Tapete hing, silbern glitzerte; dann verschwand wieder alles wie eine Erscheinung.
Sie zog sich ganz in die dunkelste Ecke des tiefen Zimmers zurück und setzte sich auf das samtene Sofa, von wo aus sie den ganzen Raum von ferne, über einen dunkeln Abgrund hinweg, betrachten konnte, den rötlich überhauchten Milchglaszylinder der Lampe, den kleinen Berg von Papierschnitzeln und die nußbaumene Platte des Sekretärs, auf dem der Widerschein des Lichts lag. Der Docht flackerte leise wie eine ferne Feuersbrunst in der Nacht.

19. März

Un écrivain n'est jamais hors de sa profession. Son cerveau est un théâtre où les choses de l'extérieur et celles de l'intérieur se rencontrent constamment. Même ses rêves n'ont pas la grâce de l'oubli.

«Tuggen»:
Sie begann mit halblauter, eintöniger Stimme zu beten. Es fing mit einem Pater noster an, und die Vokale widerhallten in gleichmäßiger Weise, es war wie das Fallen von Regentropfen in einem Laubwald, aber dazwischen summten und raschelten die Zischlaute wie welkes Laub unter schlurfenden Schritten. Doch dann entstand plötzlich eine lange Pause, und dann hob sie murmelnd ein Gespräch mit einem Abwesenden an, während sie unbewegt und ungeblendet in das Licht schaute. Sie schien zu rechten, Gründe und Gegengründe zu wägen und gegeneinander auszuspielen.

20. März

Der Geist muß kühn sein, übertreibend, turbulent, «excessif», damit das Werk maßvoll sein kann.

Der Künstler sei leidenschaftlich, voller Abgründe, aber sein Werk sei Maß.

Maß wird Qualität bei Überfluß, es wird Bluff bei innerer Armut.

Nur der Leidenschaftliche kennt die süße Wollust des Maßhaltens.

Das Werk der alten Meister: gemeistertes Übermaß.

So (siehe oben) kann man die Maler der Toskana verstehen. Man muß sie sich maßlos vorstellen, brodelnd, und dann nahmen sie, zitternd und stark, den Pinsel in die Hand.

Das Kunstwerk ist die spannungsgeladene Grenze zwischen dem Toben der innern Welt und der toten Trägheit der äußern.

Quel soulagement: rien n'est fait, rien n'est perdu. Encore l'oeuvre est en ma possession, en ma puissance.

Encore je puis la détruire, si je veux.

21. März

Toute la résignation n'a pour moi qu'un seul sens: arriver ainsi à me purifier – à servir plus exclusivement la pensée. Il va de soi qu'il faut aussi de plus en plus restreindre les besoins. Il y a quelque chose dans l'idée de la tour d'ivoire. La mesquinerie, la jalousie, la jouissance, la paresse – voilà les grandes ennemies de la pureté, de la grandeur.

Das erste, Wichtigste für den Beruf des Schriftstellers ist dies: daß er ruhig und geduldig vor leerem Papier sitzen kann. Daß er mit Geduld das widerspenstige Tier, den Geist, meistert, ihm beikommt, mit Warten, wirklich so, wie man ein Pferd zureitet. Das ist eine Lehre dieser Kirchenmalerei Michelangelos, wie aus tausend kleinen Strichen sich das Große füllt.

In keinem andern Beruf braucht es so viel Selbstdisziplin und unermüdliche Selbsterziehung wie in den sogenannten freien Berufen.

Retrouver pour les dix dernières années de ma vie la plénitude, la sérénité, la netteté, la pureté. C'est beaucoup, je sais. Mais il faut faire de l'ordre dans une vie avant de mourir. Devenir entièrement, honnêtement soi-même.

Zürich, 27. März

Gegensätze zwischen Akt I und III. Bei I ist die falsche Welt außen, bei Akt III ist sie innen. Bei Akt I ist die richtige innen, bei Akt III die richtige außen. Die Tragödie des III. Kein Mensch kann ihm die wirkliche Welt wiedergeben.
Die Entwicklung des Zuschauers im ersten Akt geht parallel mit der seinen: die Entdeckung, daß alles eine Scheinwelt ist. Im Akt III ist die Entwicklung von ihm und vom Zuschauer umgekehrt: Entdeckung, daß das alles Wirklichkeit ist.
Im Akt II ist das Schaufenster die Trennungswand zwischen wirklicher Welt und Scheinwelt. Er zertrümmert sie. Vergebens.
Die Aufklärung, wie alles gekommen ist, im zweiten Akt.

30. März
Themenfolge im Akt I:
Wenn man jung ist, stellt man sich das Alter anders vor.
Der Sinn einer Ehe zeigt sich im Alter am besten. «Nous sommes restés les mêmes fous.»
Die Gefühlsverhärtung. Besteht sie wirklich, oder ist nur die äußere Form starrer? «Tu sais de quoi j'ai peur, parfois? C'est que l'on réagisse si lentement.» L'indifférence terrible. Cette manière de laisser couler les choses à côté de soi-même.

«Alles ist doppelt. Merkst du es nicht? Deine Hände greifen Stein, und es ist Stein. Sie greifen Holz, und es ist Holz; ich greife nach dir, und du bist du. Aber bin ich ich?»

1. April
Es hat damit angefangen, daß ich aus der Jugend mit Schulden herauskam. «Ihre Jugend ist erledigt, unterschreiben Sie den Schein; der Folgende bitte.»

«Mit dem Alter ist es so wie mit allem; freut man sich darauf, oder fürchtet man es: Auf einmal ist es da. Zuerst ist man ein bißchen betreten, wie in einem fremden Zimmer, dann fängt man an, sich darin einzurichten, und am Schluß fühlt man sich heimisch – man möchte möglichst lange darin bleiben.

Als ich jung war, fragte ich mich immer: Was machen eigentlich die alten Leute?
– Sie machen das, was sie das ganze Leben hindurch getan haben: sie arbeiten.
– Ich meine die, die nicht mehr arbeiten.
– Sie leben. Sie lassen sich leben.
– Das heißt nichts. Ich will dir sagen, was sie tun. Sie beschäftigen sich. Sie geben sich eine Beschäftigung.
– Man kann es auch so sagen.
– Findest du nicht, daß das merkwürdig ist?
– Wieso merkwürdig; man muß doch etwas tun.
– Und wenn man nichts tut?

- Dann langweilt man sich.
- Hier liegt der Hund begraben.
- Wieso?
- Das Leben ist langweilig. Es gibt einige Beschäftigungen, es kurzweilig zu gestalten: die Macht, der Reichtum, die Liebe und das Nachdenken über die Langeweile.
- Die alte Geschichte. Wir Frauen empfinden es anders. Wir denken nicht darüber nach. Wir leben einfach. Es ist schön zu leben.

Im Bett, 6. April

Jede Krankheit hat ihre psychische Parallele, ihr Schattenspiel (das sich manchmal sichtbar an der Wand neben dem Bett abspielt). Aber es ist auch da die doppelte Welt: die Frage, ob nicht die Schatten die Ursache und die (physische) Krankheit die Wirkung sind.

Wer krank ist, langweilt sich nicht. Langeweile ist ein Zeichen von Gesundheit, von ungenutztem Überschuß.

In nichts ist die menschliche Seele so geschickt wie im Auffinden von Motiven zum Hoffen oder zum Fürchten.

Im Bett, 7. April

Es gehört zu einem Leben, daß darin Reue sei.

Einem Leben, in dem keine Reue ist, fehlt die dramatische Urspannung.

In jedem Leben muß es ein verlorenes Paradies geben. (Tugend, Reinheit, Schuldlosigkeit.)

Die Reue, die Reue um das verlorene Paradies, ist im Grunde genommen nichts anderes als die Erkenntnis der Spanne zwischen der realen und der idealen Welt.

Jede Reue beruht auf der Illusion, als ob man etwas anders hätte machen können. Sie ist Trost insofern, als sie die Fiktion des freien Willens, negativ allerdings, aufrechterhält, nach dem Sündenfall.

Reue ist ein Gefühl, das innig mit der Zeit verbunden ist. (Immer bezieht sie sich auf die Vergangenheit.) Immer hat sie damit zu tun, daß man etwas zu sehr als provisorisch, vorübergehend, angeschaut hat oder daß man einen anscheinend provisorischen Zustand gewaltsam änderte. (Quelle lourdeur, et quelle précision – on voit bien la maladie!)

Dritter Akt: «Nachts, wenn ich wach liege, neben dir, taste ich in der Dunkelheit meinen Körper ab. Weißt du, was ich tue? Ich sehe nach dem Skelett, ich betaste es und betrachte es mit den Augen des Geistes.» «So liegt es mal da.»

«Frauen und Diktatoren. Kaum sind die Diktatoren an der Macht, so fangen sie an zu buddeln (zu sändeln) und Straßen zu bauen, und Frauen – kaum haben sie einen Mann, so fangen sie an, an Möbel zu denken. – Die alten Kinderspiele: «Sändeln», «Müetterlis».

«Wir sind in einem Vogelkäfig, in einem Aquarium. – Zwei Fische: Was machst du am Freitag?» Die ganze Welt ist darin.

La devise de Stendhal, citée par Alain (N. R. F., avril 1936): «Ecrire tous les jours, génie ou non.»

Man muß mit den Frauen Mitleid haben, immer.

Im Bett, 9. April

«Die Zeit steht still», «obdachlos». Begriffe.

10. April

Akt II. Wer weiß um die Demütigungen der Armen? Sadistische Beamte. Betreibungsbeamte, die noch nie Hunger gehabt haben.

12. April
Bei einem Berufe wie bei dem eines Schriftstellers ist die Furche, die eine Krankheit hinterläßt, ernster als die Krankheit selbst. Die Störung des Gleichgewichts ist größer als in einem andern Beruf, folgenschwerer.

14. April
Gestern beim Film «Madame Bovary» ist mir der Unterschied zwischen Roman und Film recht bewußt geworden. Das krudeste Geschehnis im Roman geht durch den Filter des Wortes und erlangt dadurch eine Veredelung, durch die Persönlichkeit des Autors, der Film aber muß Wirklichkeit geben, Realität, die Legende des Romans, die Anekdote; ein wichtiger Teil des Kunstwerks bleibt weg. (Ungeschickt ausgedrückt.)

– So muß es sein. Alte Leute gehören aufs Land. Wenn einer sechzig ist, so muß er anfangen, sich wieder an die Erde zu gewöhnen. Er muß sich mit ihr vertraut machen. (Wenn man geboren wird in der Stadt, dann kriecht man zuerst auf dem Asphalt herum, klettert Treppen auf und Treppen ab, man bewegt sich auf Holz, auf Eisen, auf Stein, und es geht furchtbar lang, bis man die Erde entdeckt.) Denn schließlich und endlich ist die Erde des Menschen Packmaterial.
– Das ist kein schönes Wort, Packmaterial.
– Findest du? Aber es ist doch wahr. Die Menschen werden alle in der Erde aufbewahrt.
– Das, was von den Menschen übrigbleibt, der Körper.
– Aha, du meinst, der Körper ist das Packmaterial des Menschen, und das, worauf es ankommt, ist seine Seele?
– Du bist immer der gleiche Spinner, man wird nie fertig mit dir.

15. April
– Was stand heute auf dem Kalenderzettel?
– Mit zwanzig ein bißchen Liebe, mit vierzig ein bißchen Ansehen, mit sechzig ein bißchen Sonne.
– Das haben wir schon einmal gehabt.

– Ja, weißt du, nach einer gewissen Zeit kommen die gleichen Sprüche wieder. (Pause.) Es ist ein schöner Spruch.
– Und eigentlich fast wahr. (Obgleich er ausklingt wie die Reklame einer Lebensversicherungsgesellschaft.)
– Liebe mit zwanzig haben wir gehabt, mit dem Ansehen allerdings war es nicht weit her, aber Sonne haben wir nun – genug.
– Weißt du, wie ich jung war, da fragte ich mich immer: Was machen eigentlich die alten Leute den ganzen Tag? Wenn man in den illustrierten Zeitungen liest, wie einer hundert Jahre alt geworden ist, in voller geistiger Rüstigkeit, so könnte man meinen, er sitze den ganzen Tag an der Sonne und tue nichts als Brissagos rauchen.

Das Alter ist schön, aber nur unter einer Bedingung: daß man nicht allein ist.

16. April

Kalender – Alter –

17. April

In jedem Leben gibt es Tage, wo man im Strudel versinkt wie ein Schwimmer, und dann gibt es nichts anderes als das: zuerst wieder an die Oberfläche kommen.

21. April

Heute das Gerippe für den ersten Akt fertig und übersehe, was ist und was hätte sein sollen: was nicht oder zu wenig herausgekommen ist.
1. das Traumartige, Unheimliche;
2. die Alternden;
3. die Frau.
Es ist Substanz da. Rohmaterial, das Drahtgerüst für den Ton, der Stein zum Behauen, dessen Umrisse sichtbar sind, wenn auch nicht organische Gliederung des Inhalts. Diese schöne große Freude, solange man sagen kann, es ist alles noch in unserer Macht.

Die Frucht einer Ehe sind nicht die Kinder, sondern der Friede beim nahen Tod.

«Man muß den verdächtigen Gedanken, das Leben sei ein Traum, energisch von sich weisen.»
«Ich kann gut die Augen aufreißen, meine Fingernägel in den Arm pressen, ich wache nicht auf. Ich wache nicht auf. Die Wirklichkeit ist da, hart auf hart, und trotzdem, geht es dir nicht auch so, man denkt, eigentlich ist alles nicht wahr. Nicht so einfach, wie es aussieht. Es ist doppelt, wir sehen nur einen Teil. Wer sieht den andern? Wie sehen die Dinge von innen aus? Inwendig ist alles dunkel. Die Lunge, das Herz, das Blut, alles ist im Dunkeln; erst wenn es ans Licht kommt, erhält es seine Farbe.»

22. April

Akt II. Das Auf- und Niederreißen des Lichtschalters – Realität – Wirklichkeit – mit abwechslungsweisem Erscheinen der beiden Aspekte. P. M. Im A. I. muß die Existenz und Manipulation dieses Schalters bei «Fertig – Fertig» sichtbar werden.

«Wo der Mensch hinsieht, wohin er seinen Fuß setzt, entsteht eine Schuld. Von einem gewissen Gesichtspunkt aus betrachtet, könnte einem kommen, die Tätigkeit des Menschen bestehe im Sich-in-Schuld-Verstricken und im Wieder-sich-zu-befreien-Versuchen.»

Vom Alter. Vom Aufgeschobenen. Vom Provisorischen. Warten. De la solitude.

Jede Ehe, die lange genug währt, wird eine gute Ehe (lu quelque part).

«Der stetige unsichtbare Zuschauer, wo ist er: in uns, außerhalb von uns?»

Bis zu einem gewissen Punkt muß die Fiktion vollständig sein, dann beginnt sie sich zu lockern. Aber je mehr sie sich lockert, um so stärker müssen, dazwischen, die Argumente der Fiktion wieder sein.

Wie wenig Menschen merken das: Jenseits der Entbehrung beginnt ein neues Leben.

«Ach, die Schönheit, in ein Stück Brot zu beißen.»

«Wir sind alle zu rasch im Vergessen.»

4. Mai

Aus der gestrigen Klassenversammlung hervorgegangen mit einer neuen Art, das menschliche Antlitz zu sehen. In den Jungen die Anzeichen, wie es später sein wird, in den Alten, wie sie in der Jugend waren. Dies alles gibt ein tiefes Verstehen, dessen Grund das Mitleid ist – und plötzlich auch die Erkenntnis, was am Menschen eben menschlich ist, nicht seine Idealgestalt, nicht das Gedachte, Gewollte, und auch nicht seine Instinkte und schlechten Gedanken, sondern eben jenes Mittlere, Ruhige, Sittengemäße, Gebräuchliche, sein Ernst, seine Sprechformeln, sein Zusammensitzen, sein «Spräcbeln» und, ganz im Grunde, seine Güte, Gutmütigkeit, seine Zufriedenheit, seine Resignation – und sein innerer, aber nicht aussprechbarer Überblick der unverständlichen Zusammenhänge.

15. Mai

Moderner Knigge: Wer im Auto sitzt, muß zuerst grüßen, es ist wirklich zu demütigend für den andern.

Frühlingsbelaubung der Bäume:
Zuerst an den stamm- und wurzelnahen Astgebieten.
Später zentrifugal.
Fraktionierte Absättigung.
«Die medizinische Welt», 10. Jahrgang, Nummer 19. Dr. Meyerhofer, Zagreb: «Die Regel der fraktionierten Absättigung in ihrer Bedeutung für Biologie und Medizin.»

19. Mai
Alter:
Die Neugierde verliert sich, aber das Erstaunen wächst.
Das Geheimnis wird immer größer statt kleiner.
Den jungen Menschen kommt alles selbstverständlicher vor.
Erst wenn man alt wird, begreift man seine Jugend.
Man steht vor seinem Leben wie vor einem Werkstück, an dem man täglich gearbeitet hat, Teil für Teil. Erst im Alter beginnt man mit dem Zusammensetzen.
Erst im Alter wird eine Frau Mensch.
«Man» hat auch für das Alter eine konventionelle Haltung parat, wie für die Jugend.

27. Mai
Daß es das gibt: Feuer. Feuer, das alles verzehrt für uns. Daß man etwas ins Feuer werfen kann!

1. Juni
H.: «Wenn wir gestorben sind, sehen die Leute erst, wie wir waren. Das ist unsere Hoffnung.»

3. Juni
Daß bei einer Veränderung, einer Bedrohung der wirtschaftlichen, der sozialen Struktur, auch die geistigen Grundlagen in Frage gestellt werden sollen, scheint auf den ersten Blick natürlich. Aber sieht man näher zu, so bemerkt man, daß es nicht so sein kann, denn das würde ja nichts anderes bedeuten, als daß man von der Materie her dem Geist beikommen, ihn zerstören kann. Man muß sich ein für allemal resolut auf die andere Seite stellen und sagen, daß wirtschaftliche, soziale Evolutionen die Wirkung, nicht die Ursache einer geistigen Veränderung sind. Aber alles, was im Geistigen vorgeht, hat eine Richtung, kann nur eine Richtung haben: die Feststellung der Wahrheit, die Schau, sie ist ethisch. Und so muß auch jede wirtschaftliche, jede soziale Strukturveränderung der Ausdruck eines geistigen Vorgangs sein.

«Der Materialverwalter»
Der Materialverwalter taucht aus jeder, sei es einer noch so kleinen Versammlung von Schweizern mit der unfehlbaren Sicherheit

auf wie der Spaßmacher oder, wie man im Militärdienst sagt, der Kompagnielöli. Aber seine Rolle ist undankbarer, und nur die ernsteren Elemente zollen ihm Beifall und Achtung. Verwalte er die Geräte im Turnverein, falle ihm die Verantwortung für die Noten im Chore zu, habe er als Schachwart die Obhut über Figuren und Bretter, immer ist es dieselbe Persönlichkeit, manchmal ein bißchen zu wichtig, aber der schicksalsgewollte Vertreter der erdenhaften Güter im Kreise der Geselligen: der Materialverwalter. Ganz kann er sich nie dem Zweck hingeben, um dessentwillen die Männer zusammenkommen, immer weilt ein Teil von ihm bei den toten Dingen, die Vorwand oder auch Zweck dieser Ansammlungen sind, behütend, zählend, zusammenhaltend, beschützend. Schon in der Schule überwachte er den Schrank mit den Heften, den Linealen, den Schreibmaterialien, schon in der Jugend hielt er seinen Kleidern Sorge, der Seife, den Handtüchern.

8. Juni

Das Bild der Schweiz – die Schweiz als Bild. Wer die Schweiz liebt, geht mit schwerem Herzen herum. Es geht schlecht in der Welt, sagt man uns, und deshalb geht es schlecht in der Schweiz. Aber wir haben das Gefühl, man weiß nicht, was vorgeht. Man kommt nicht mehr «draus». Alles hängt zusammen, sagt man uns. Aber wie? Wir sehen viele schlimme, unangenehme Dinge in vielen Ländern, vereinzelt, die nichts miteinander zu tun haben, Politik nennt man es, Wirtschaft, und man begreift es nur zu gut, wie viele Leute nach dem Gemeinsamen, dem Geheimnisvollen suchen, das diese Unruhe in die Welt gebracht hat, diese unaufhörlichen Kämpfe; sie suchen nach der Ursache dieser rastlosen Bewegung; sie möchten sie überraschen, sie möchten es sehen, wie man Geschichte sieht, zusammenhängend, gemeinsam, das ist der Grund, das ist die Ursache, so möchten sie sagen. Sie haben das Gefühl, dann wäre es besser, wenn sie es bezeichnen könnten, was es ist: Dann könnte man abhelfen, dann könnte man sich danach richten.

Die Welt ist nicht dazu da, damit sie euch gefalle, sagen die Philosophen. Die Welt ist die, zu der ihr sie macht, sagen die Politiker. Dem Lebenden ist es nicht gegeben, seine Zeit geschichtlich zu sehen, sagen die Historiker. Und wir, die Mimen, ohne Macht und Einfluß, ohne Mission, wir Alltagsmenschen, wir gehen herum und haben ein bekümmertes Herz, wir kommen nicht mehr «draus». Wir haben Sorge um die Schweiz, wir verstehen es nicht besser. Wir möchten, daß alle Leute zu leben haben, wir möchten, daß Friede sei, nach außen, mit unsern Nachbarn, und nach innen, zwischen den Parteien. Wir möchten Ruhe haben, ein friedliches Auskommen, keine unüberwindlichen Sorgen mehr, das ist alles. Wir möchten, daß die Leute einander ästimieren.

Im Bett, 16. Juni

Ich weiß um mich alles, bis in die letzten Gründe, und wenn alles abgezogen ist, alle Verlogenheiten und Ausflüchte, zu wissen: Das Ideal war rein.

Die große reinigende Wohltat einer unfreiwilligen Klausur, einer Krankheit von einigen Tagen.

18. Juni

Heidegger: «Wie schwer ist es doch, zu improvisieren, wenn man muß, und immer meint man, man könne nur so!»

Ein Tram voll alter Leute.

20. Juni

Am besten lernt man einen Menschen kennen, wenn man sich ihm gegenüber in Schuld verstrickt hat.

Im Gläubiger zeigt sich der wahre Mensch. Im Schuldner aber auch.
Donc toujours quand l'équilibre est rompu.

Die Anforderungen der Logik, die Technik der Darstellung sind bewußte und deshalb unkünstlerische Elemente. Man muß sich ihrer deshalb auf die sachlichste Art bedienen, denn das ist ihre

Schönheit. Das Verwedeln der Technik, so als wäre sie zufällig, ist unkünstlerisch.

Die ihr da fiebert nach Urteilen,
Ein Wort nur von euch, und das Urteil ist gesprochen.

24. Juni

Von der Tröstlichkeit der Katastrophen. Und von ihrem Vorzug gegenüber schleichendem Unglück. Die «zufriedenen» Gesichter bei Katastrophen. Vergleich: schweizerische Aristokratie 1795 und deutscher Adel 1918 bis 1922. Zerstörung und Verarmung.

26. Juni

Aus der Wiederherstellung eines gestörten Gleichgewichts entsteht Kraft.

28. Juni

Den Reichtum, der dem Menschen durch die Hände geht, das Erbe, das ihm durch den Kopf geht, nicht halten zu können: das ist die Tragödie des Menschen.

Sein Gefäß ist zu klein, es hat Löcher wie ein Sieb, der Reichtum ist zu groß.

Für den Reichtum dieser Welt zu kämpfen ist die Würde des Menschen, auf ihn verzichten seine Größe.

«... strebend sich bemüht...»

4. Juli

Das Erstaunlichste ist das kindliche Vertrauen, das die Menschen der Gegenwart der Technik und ihren Produkten entgegenbringen. (Man steigt in einen Lift usw.)

Ein einziges Gedicht, wie von Hiltbrunner, Rilke, ist eine Absolution a priori, a posteriori. Der Dichter ist einfach die Membran der Unendlichkeit. Was mit der Membran geschieht, nachher, wenn sie gezittert hat, ist völlig gleichgültig. Ein solches Gedicht ist mehr als alle Bücher. Es ist alles darin. Es ist ohne Anstrengung, es ist ein Geschenk, und eben dadurch, daß kein Fleiß, keine Anstrengung dabei ist, nur aufmerksame, wachsame Passivität, bekommt es seine einmalige Größe. Es ist außerordentlich; es ist die Ausnahme, das außer der Norm Stehende, A-Normale. Die Welt in der Nußschale.

Nur eines soll man aus dem Leben zu verbannen suchen: die Schuld!

8. Juli
Die Bosheit ist eine Krankheit des Geistes, eine Deformation der Intelligenz, eine Gleichgewichtsstörung.

Ce besoin humiliant de vouloir plaire partout.

Er steht im Stein
mit einer zarten Wendung seiner Glieder,
und über seiner Schulter hängt
die Schleuder,
das einzige Gepäck, das Gott ihm ließ.
Es bleibt ihm nur, den letzten Stein
hineinzuwerfen in des Riesen Stirn.
Und geht er fehl,
so fällt
das Reich zusammen.
(Zu Michelangelos David.)

11. Juli
Die Feinde des Menschen sind seine Genußsucht und die Mißgunst – sein Trost: die Beispiele großer Gestalten.

Schuld entsteht, soviel ich es überblicken kann, immer aus Schwäche, aus Schwäche gegenüber dem Übermaß an Trieben und Instinkten.

Zum «Heiteren Lebensabend». Es handelt sich um eine philosophische Komödie. Gegenstand: die Fragwürdigkeit der Wirklichkeit. Das Wichtigste: Es muß, abgesehen von dort, wo es gewünscht und für den Verlauf der Handlung notwendig ist, eindeutige Klarheit herrschen. Massiv, mit dem Dreschflegel winken. Man muß alles verstehen, keine Dunkelheit, keine Dämmerung. Lieber auf eine effektvolle Replik, ein effektvolles Wort verzichten als eine Unklarheit bestehen lassen. Auch um der abendfüllenden Länge willen nicht!

14. Juli

Nicht das Werk macht den Mann, sondern das Ziel.

20. Juli

Haß in Gleichgültigkeit zu verwandeln ist schwerer als Gleichgültigkeit in Anteilnahme.

Wenn Vernunft unsere Handlungen leitete, wäre es ein leichtes, ein gutes Leben zu führen. Aber eben – Vernunft ist kein Mittel, sondern ein Ziel.

22. Juli

Abzuänderndes im «Heiteren Lebensabend»
II. Akt: Die Person muß mehr Relief bekommen. Er muß die scharfen Repliken H.s provozieren. Der lange Monolog H.s muß unterbrochen werden.
III. Akt: Der Zustand H.s darf nicht zur Geisteskrankheit sich steigern. Vermeidung der Tragik. Stetiger Zweifel, ob er es macht oder ob er es ist. E. muß mehr Relief und Farbe bekommen. In diesem Akt müssen die philosophischen Reflexionen kürzer, schlagartiger sein. Es muß noch gesagt werden, wieso D. ihnen gerade dieses Häuschen gibt. Ganz deutlich für das Publikum muß noch die Quintessenz herauskommen: das Geheimnis der Wirklichkeit. Die Wirklichkeit ist ein Geheimnis. Wenn wir mit ihr im Einklang, in Harmonie sind, so ist es, weil wir um diesen Zwischenzustand wissen, ihn akzeptieren. Das muß in der Schlußszene geschehen. Stärkere und heftigere Reaktion E.s gegen M.s Eröffnung.

29. Juli
Der Genuß ist gerade recht, die Grenzen unserer materiellen Welt festzustellen.

Carossa sagt einmal in «Führung und Geleit», der freiwillige Verzicht auf die Güter der Erde gelte nur für die ganz Großen, für die andern sei er eine Form der Barbarei. Es handelt sich doch gar nicht um «Verzicht», sondern um Überwindung – um ein nachlässiges Fallenlassen mit Achselzucken.

1. August
Idee für Komödie. Im Hause des Greises ist es strengstens verboten, vom Tode zu reden. Die Folge ist, daß jeder daran denkt, eine beinahe unbezähmbare Neigung hat, davon zu sprechen.

Die Autotüre: das Joch der reichen Leute, der Großen dieser Erde.

Wie wenig es braucht, einen Menschen zur Kleinheit und Verzagtheit zu bringen, sieht man beim Auftreten einer unvermuteten körperlichen Beschwerde (schmerzhafte Stellen am Körper, ein bißchen Blut, das man spuckt, usw.). Aber es wird auch mit der Krankheit, wie mit der Armut, mit der Ehre dasselbe sein wie mit jedem andern Attribut zum Glück: Wir müssen so weit kommen, auf es verzichten zu wollen, um endlich ganz souverän über all dem zu stehen, was ihm (seinem Körper, seiner Seele) geschieht.

4. August
Die Verschiedenheit im Grade der Kultur zeigt sich besonders in der Art der Liebe und in der Art des Liebesgenusses.

Eine Fähigkeit, die Frauen nicht haben: endigen.

Der Wegweiser steht am Weg, eingegraben, er zeigt auf das Ziel, das er nie erreicht. In diesem Eingegrabensein ist seine Tragik, aber auch sein Stolz. Der Wegweiser weist hin, zugleich weist er weg.

In unseren besten Augenblicken sind wir Texte auf den Wegtafeln, die das Ziel bezeichnen. Die Dichter haben darüber zu wachen, daß diese Texte rein sind.

Wie absurd es wäre, wenn auf den Wegtafeln stünde: Ich bin das Ziel, oder: Schone mich. Oder: Bewundere mich. (Mais il y en a!)

Daß die Wegtafel verwittert, fault und stürzt, ändert nichts am Texte, der auf ihr steht.

Die Wegtafel ist eine Botschaft vom Ziel, das sie selbst nie erreicht hat, nie erreichen wird.

Ein Schriftsteller kann den Schock nicht entbehren, den die Begegnung mit einem intelligenten Wesen verursacht.

Zürich, 14. August
Eine der wundervollsten Wirkungen der Freundschaft für einen Schriftsteller: mit wahren Freunden eine Arbeit besprechen zu können.

16. August
Viele Männer flüchten sich in die Giebelstube ihres Hauses.

Beim plötzlichen Erschrecken einen Schmerz im Gesicht, der die Form eines Spinnennetzes hat.

Ein gewissenhafter Handwerker, das ist das erste, was der Schriftsteller sein muß.

17. August
Das Schwierigste ist, zu wissen, ob man innerlich einen Fortschritt getan hat oder ob man stehengeblieben ist.

Der Ehrgeiz ist nicht immer ein Kennzeichen, daß noch alles im Fluß ist. Er kann auch das Gegenteil sein.

Tagebücher für den Schriftsteller sind das gleiche wie Selbstporträts für die Maler. Mit denselben Gefahren – der Eitelkeit, der Selbstzufriedenheit; aber auch mit denselben Erlösungen: geduldigem Modell und der Möglichkeit, seine Umrisse klar zu erkennen.

Wenn man solche Notizen wieder durchliest, so sieht man erst, wie weit weg man von der Genauigkeit ist, die die Berufsehre des Schriftstellers ausmacht.

Für einen gequälten Geist gibt es nur das eine: immer wieder zur Rechenschaft, zur Übersicht zurückkehren. Wer sein Leben unter das Zeichen des Geistes gestellt hat, findet keinen andern Ausweg, als immer wieder und unter jedem Umstand zu ihm zurückzukehren. Seine Treue zu ihm ist seine einzige Rettung. Aber er hat auch die Pflicht, gegen sich, gegen seinen Körper, stets die günstigsten Bedingungen anzustreben, unter denen der Geist sich manifestieren kann.
Alle künstliche Erregung gibt keine geistige Kraft. Sie täuscht sie nur vor. Der wahre Rausch des Geistes gebiert sich aus völliger Nüchternheit.

Den größten Fehler macht man immer, indem man falsch, sozusagen von der falschen Seite her, an die Langeweile herangeht. Der Beginn der Langeweile bezeichnet eine Richtung. Statt sie zu fliehen, sollte man weiter in ihr vorwärtsschreiten, ihr entgegengehen, ihrer Einladung gehorchen, es immer und immer noch langweiliger machen, die Unbefriedigtheit bis zur Verzweiflung bringen durch totale Immobilität. Lesen, sich betätigen, spielen sind in Zuständen der Sterilität von außen kommende, materielle Ablenkungen, Wandschirme vor dem, was wartet (wie auch die Aufmerksamkeit auf körperliches Unbehagen, kleine Schmerzen usw.). Man muß direkt auf die Augenblicke der Langeweile lauern, denn sie bedeuten etwas. Sie sind für den geistigen Menschen ein Versprechen, das er nicht fliehen darf. Er soll dann besonders scharf horchen, aufmerksam sein, er soll diesen seelischen Schmerz, diesen seelischen Hunger willkommen heißen, ihn erdulden, ausharren, ihn nicht fliehen, denn nur so kann er dessen ansichtig werden, was hinter ihm wartet.

Langeweile selbst ist nicht schöpferisch, sie ist ein Zustand des Unbefriedigtseins, sie ist der Punkt, wo sich der Weg des Menschen gabelt. Zwei Möglichkeiten tun sich auf: die Langeweile durch Aktivität zu überwinden, sie zu vergessen, oder die andere, sie zu erdulden. Der zweite Weg ist der des geistigen Menschen. Aus dem Zustand der Leere macht er einen Zustand der Bereitschaft.

Die Zeitungen, die Lesesäle sind die Hecken einer inneren Entwicklung.

Das Ende des wahren Ehrgeizes ist sein Belangloswerden.

Schriftsteller sein ist immer Nebenberuf, Nebenwirkung, Abfallprodukt, Zeugnis einer Menschenentwicklung.

18. August

Der Romancier darf nicht ichbezogen sein. Selbst auf seine persönlichen Erlebnisse muß er verzichten, solange er sie nicht vergessen hat. Jene sind die besten persönlichen Erlebnisse, die sich im Augenblick des Schreibens unter die Feder drängen. Die lange vorgewogenen, zu genau gesehenen, zu genau «eruierten» bekommen schon wieder den Glanz der Wirklichkeit und haben jene Patina des Unbewußten, «Naiven», verloren, die das Kennzeichen der Dichtung ist. Nichts ist einem Kunstwerk weniger zuträglich als zu bewußte, ge-wissen-hafte Bearbeitung. Der Vorgang des Sehens, des Verdichtens, des Aus-dem-Ungewußten-emporgehoben-Werdens muß seine unmittelbare Frische bewahren. Aus diesem Grunde ist nachträgliche Korrektur und Bearbeitung so gefährlich. Dies ist auch der Unterschied in der Arbeitsweise zwischen Fortunat und mir.

Die Sicherheit, die Treffsicherheit eines Schriftstellers besteht im Vertrauen auf seine Naivität. Er muß alles tun, sie trotz seiner intellektuellen Intervention zu beschützen. Zwischen seiner Naivität und seinem Intellekt ist die haarfeine Grenze, auf der das Kunstwerk produziert wird. Da dies nicht «gemacht» werden kann, ist gerade für ihn Bescheidenheit besonders am Platz.

Leichte Dinge muß man beschweren, damit man sie weit werfen kann.

23. August

Im Begriff Eleganz vereinigt sich ein quantitatives und ein qualitatives Urteil. Aber das quantitative im Sinne eines Minimums und das qualitative im Sinne eines Maximums. So bedeutet Eleganz angewandt auf ein literarisches Produkt für seine formale Seite wohl das Höchste, was man darüber aussagen kann. Abkürzung, Leichtigkeit und Wohlvertrautheit mit den Mitteln der Sprache, Maß sind darin enthalten.

Eleganz ist darum wohl das eigentliche Charakteristikum der Klassik. In bezug auf Dynamik, Originalität, Weite und Tiefe der Idee sagt die Eleganz nichts aus. Sie kann sich erst einstellen, wenn über den Gegenstand schon sehr viele Gedankenpflüge und -eggen hinweggegangen sind. Ein ursprüngliches Werk wird deshalb nie elegant sein, sondern es wird ihm die Schwerfälligkeit einer geologischen Bewegung anhaften, nicht die Selbstverständlichkeit und Leichtigkeit des Wachstums eines Blumenstengels.

Man sollte sich angewöhnen, allen jenen Stellen, wo sich im Gedanklichen Widerstand, Unlust und Langeweile einstellen, die angespannteste Aufmerksamkeit zu widmen, denn sie bezeichnen jene noch undefinierten Zwischenstellen des Gesteins, aus denen Erde, Urgrund der Fruchtbarkeit, werden will. Was fest, klar, unzweideutig ist, ist schon Stein geworden.

Welträtsel ist ein schönes Wort, aber falsch, denn Rätsel bedeutet etwas, was man lösen kann.

Vom 17. September bis 3. Oktober in Genf.
Die Grausamkeit der Gottesanbeterin.

8. Oktober

Für «Tuggen». Es ist eine Liebesgeschichte, vor allem aber die Liebe zeigt sich in ihren Deformationen – in den Deformationen des Alters namentlich. Herrschsucht, Machttrieb, Haß, Todesnähe und Todesangst, Einsamkeit. Geltungstrieb, Stolz. Der stumme verbissene Kampf zwischen Bieli und Therese.

Die Lebenskraft kann man nicht sparen.

L'écrivain se rend mieux compte de la réalité parce qu'il est un familier de l'illusion.

Dummheit schließt Würde nicht aus!

15. August

Je mehr das Wesen sich individuiert, um so bedeutungsvoller wird der Tod für es – die Macht der kollektiven Massenbewegungen besteht eben in der aus dieser Formation des Geistes hervorgegangenen Todesverächtlichung (besser sagen).

16. August

«Tuggen»:
Der Weg Bielis geht dem Grabspruch zu, den er sich ausgesucht hat: «Ich habe die Erde geliebt, wie man sie lieben muß: in der Armut.»

Bieli unterstützt, liebt die Liebe, Therese haßt, bekämpft sie. In dem jungen Liebespaar setzen sie ihren alten Kampf fort. Schauplatz dieses Kampfes: erstens die Natur, zweitens die Materie, drittens die Liebe des jungen Paares. In der ideellen und der materiellen Sphäre. In der ideellen Bielis Sieg. In der materiellen Theresens Sieg. Aber die Entscheidung, wo beide machtlos, passiv sind, ist die Natur.
Begegnung zwischen Alban und Zilli. Alban landet mit seinem Segelflugzeug. «Kommt ein Vogel geflogen, setzt sich nieder auf (vor) mein Fuß», sagte er lachend mit seinem welschen Akzent.

14. August
«Tuggen»:
Therese: Sie hatte keine Furcht in der Dunkelheit, denn sie war ihr Element. Ihre Hände lagen darin, offen und vergessen, wie sie selbst es werden wollte. Immer hatte sie das in den schweren Stunden ihres Lebens gehabt, daß sie in das Dunkel ging wie in eine Heimat, aus der sie herkam. Wenn sie daraus zurückkehrte, war ihr Gesicht wie reingewaschen von jeglicher Empfindsamkeit, und über ihren Augen lag jener blasse Schimmer, um dessentwillen Frauen in andern Jahrhunderten verbrannt worden waren. Der Zorn wehte durch sie hindurch, wie im Ried der winterliche Wind im Gestänge welken Schilfs flirrt und dessen leise singendes Echo sich am Rande der Ebene über den gebeugten Halmen verliert. Er ließ ihre Nüstern erzittern und rötete ihre Stirne, die sich an die Dunkelheit lehnte.
Irgendwo, weit draußen über dem See, unter den flüsternden Bäumen des Buchberges, saß ein Mann in der Nacht. Sie sah sein Gesicht vor sich, die Augen, die es nicht verbergen konnten, daß er getroffen war, und das schmerzlich verächtliche Lächeln seines Mundes. Ein Haus, ein brennendes Haus, mit weniger tat er es nicht, ein brennendes Haus war ihm gerade gut genug, ihr eine Botschaft und eine Antwort zu geben, die nur sie verstand.
«Ein brennendes Haus, mit weniger tut er es nicht, ein brennendes Haus ist ihm gerade gut genug», murmelte sie. Sie sah ihn vor sich, wie er irgendwo weit draußen über dem See, unter den flüsternden Bäumen des Buchberges saß und auf das Feuerhorn hörte, das ihrem Ohr seine Botschaft brachte; sie sah seine Augen, die über dem Saum der Buchen den rötlichen Schein jener Lohe am Nachthimmel suchten, deren Abglanz über den schwarzen Talgrund hinweg in ihren eigenen Augen sich winzig spiegelte. Und ein Schimmer davon würde auch durch die bunten Scheiben der Meinradskapelle auf die stille Stirne des Mannes fallen, der dort aufgebahrt war, den Rosenkranz mit den perlmutternen Kugeln um seine leblosen Gelenke geschlungen. Nur sie allein, die sie regungslos in der Dunkelheit ihres Zimmers saß, würde wissen, daß dieses Feuer und das klagende Horn in der Nacht eine Antwort waren und eine verächtliche Herausforderung.

(Das Motiv der Männerwache, der Fackel zu Häupten des toten Freundes, muß später, in einem andern Zusammenhange, auftauchen.)

Das Warten und Hoffen läßt den Menschen altern.

Dieses furchtbare Gefühl, daß es kein Gefühl auf der Welt gibt, das bleibend, wetterbeständig ist. Der letzte Rest männlicher Idealisation liegt doch immer in der Frau.

Der Schmerz des Menschen ist ein Kind. Es wird gezeugt, ausgetragen und geboren wie ein Kind. Und nach der Entbindung bleibt der Mensch mit zerrissenen Eingeweiden zurück, mit einer Leere an der Stelle des Schmerzes, die schmerzvoller noch ist, als er selbst es war.

«Tuggen»:
Wie jedesmal, wenn sie litt, dachte sie an die Stunde, da sie ihre Tochter geboren hatte. Der Schmerz des Menschen wird ausgetragen wie sein Kind. Aber die Leere erst, die nach der Entbindung in den blutenden Eingeweiden zurückbleibt, ist das Schwere und die unvergeßliche Demütigung der Natur an dem übermäßig stolzen Leibe des Menschen.

Therese ließ sich zurückfallen, bis ihr Rücken die Lehne des Sofas berührte, und legte die Hände auf ihr Gesicht. Der Schmerz des Menschen wird ausgetragen und mühsam geboren wie sein Kind. Aber was sie fühlte, war die Leere, die nach der Entbindung in den blutenden Eingeweiden zurückbleibt, die unvergeßliche Demütigung der Natur an dem übermäßig stolzen Leibe des Menschen.

31. Oktober
Erstes und zweites Kapitel von «Tuggen» beendet. Exponierte und skizzierte Personen: Bieli, Helbling, Therese, Marie, Rochat – erwähnt: Baldegger, Othmar.
Perspektiven: Brandnacht in Tuggen und Freudenkilbi über den

Ölfund. – Bestattung Othmars. – Die Ledischifführer. – Nacht im Ried. – Die füürigen Männli. – Rochats Landung vor Marie, kommt ein Vogel geflogen. – Der Santalöri. Rochat als Brennpunkt der Interessen und Absichten Bielis und Theresens. Theresens Hoffnung: als Ingenieur der Ölwerke, ihr Haßobjekt als Liebhaber ihrer Tochter. Bielis Sympathie als Liebhaber Theresens Tochter (er weiß, daß sie das nicht gern hat). Sein Feind als Verteidiger von Theresens Werk.

4. November

Kirche von Tuggen 1733/43:
Käsbissendach (charakteristisch für Zürichsee)
Sankt-Dionys-Kapelle bei Wurmsbach/Uznach
Walmdach
Geweiht 1490
An der Wand neben der Tür ein Känzelein, wackelige Stiege hinauf. Dionystag wann?
Kapelle Sankt Johann bei Altendorf
Kapelle Sankt Jodok bei Galgenen

Märgel (Mergel) wird von den Weinbauern gekauft und in die Rebberge geführt. Käpfnach Schieferkohle.

13. November

Für Detail Bohrturm, Diamantbohrer usw. siehe Lueger, «Lexikon der gesamten Technik», Band VIII, Seite 549.

Die Vertrautheit des Menschen mit sich selbst. Die Freude und das Entzücken, das man bei der Begegnung mit einem andern Menschen empfindet, hat seinen Grund darin, daß man sieht, wie vertraut er sich ist, wie er mit sich umgeht, seinen Körper gebraucht – wie er sich auf seine Art mit dem Leben zurechtfindet. Die gleiche Freude, die man an der Arbeit eines Handwerkers hat. Er ist einem fremd, er ist sich vertraut, man möchte so vertraut mit ihm sein, wie er mit sich selber ist.

«Tuggen»:
Rochat zu Bieli: «Ich habe es angekreuzelt, wo die Brände sind; was mich beunruhigt, ist, daß sie in einer immer enger werdenden Spirale sich dem Bohrturm nähern ...»

Die Sprache hat eine unhörbare, aber fühlbare Begleitmusik. Wir fühlen sie in der Art, wie die Tauben die Schwingungen fühlen, aber nicht die Töne. Bei jedem geschriebenen Satz daran denken!

18. November

Erst wenn ich schreibe, sehe ich es anders.

Meiner kurzen Erdentage flüchtiges Licht.

22. November

Zum Charakteristikum Maries. Vollkommene Vertrautheit mit der Natur – Flora und Fauna. Jene Einstellung, die die Bewohner einer Gegend zu ihrem Land haben – als Eigentum, als Lebensraum, als Erwerbsboden – sie hat sie auch, aber völlig ins Desinteressierte, Naturwissenschaftliche hinüber. Das ist der Punkt, wo sie sich als völlig moderner Mensch mit Rochat trifft, in der Geologie und im Segelflug. Ihre Erfahrungen mit Vögeln. Leitsatz: «Die Welt verliert nichts an ihrer Schönheit dadurch, daß man sie kennt.»

Wahre Dramatik, aktuelle: der Mensch und die Technik, sein Kind. Il a extrait, découvert, isolé les lois qui régissent le monde. Elles sont parfaitement inhumaines. Le mécanisme seul.

Choses à faire: Eine Fahrt mit dem Ledischiff (fait).
Besuch der Bohrstellen in der Westschweiz (fait).
Mit Fräulein Lydia Straumann, botanisches Institut, reden. Flora des Rieds.
Segelfluglager besuchen.

Bücher:
Jahrbuch des Zürichsees 1936
Geologische Wanderungen

Noll-Tobler, «Sumpfvogelleben»
Werk über den Segelflug
Ausbeutung der Streue
Lueger, «Lexikon der Technik,» Band VIII, Seite 549.

Begegnung Marie/Rochat. Seine Sorge. Erklärung der Derivation des Bohrers. Zeichnet die Kurve des Bohrlochs auf. Zeigt ihr die Bohrkerne.

Nicht vergessen: der alte Linthkanal und die Vagabundenfischer dort.

Die Rohrdrossel singt fast immer in hellen Mondscheinnächten (Noll, Seite 148), froschähnlich.

26. November

Flora des Linthgebiets / Niederschlagsmenge 1655 p und 155 Regentage

Gebüsche: Sanddorn
   Weiden
   Ahorn

Besenrieder (Molinietumwiesen) liefern Streu (Kaltbrunn für 120 Hektaren Streuland je 1000 bis 20 000 p. a.)

Seggen
Schilf
Sumpfpflanzen: Insektenfressendes Fettkraut
   (Pinguicula vulgaris L.)
   Wollgras (Eriophorum augustifolium Roth),
   silbergraue Samenhaare
   Studentenröslein (Parnassia palustris L.)
   Fieberklee, seinerzeit gegen Malaria
   Läusekraut (Pedicularis palustris L.)
   auf Torfgrund
   Sonnentau (Prosera Anglica Hudson),
   Insektenfresser
   Segge: Steife Segge (Carex elata All),
   bis 30 cm Wassertiefe
   Binsen von 1 m an

in den Gräben: Larchkrautpflanzen, Seerosen
Grabenränder: Wasserdost (Eupatorium cannabuum L.)
                Gelbweiderich (Lysimachia vulgaris)
                Weiderich (Lythrum salicaria L.)
                Wolfsfuß (Lycopus)
                Schwertlilien
Birke
Faulbaum
Eschen
Knabenkraut (Orchis)

                                          29. November
Exkursion nach Benken. Zu Fuß. Benken–Oberer Buchberg–Gießen–Benken–Ried–Uznach.
Das Summen kommt von der Freiluftstation Uznach/Grünau.

Marie berührt gerne Erde. Therese Kiesel.

Das Huhn, das die Katze verfolgt, bis sie auf den Baum flüchtet.

Rabichona (Benken). Sankt Meinrad 824–828.

Ölflecken gibt es in allen Gräben.

Im Ried: das Wandern auf den gemähten Polstern. Merkwürdige Farbe des Rieds. Gelbrot.
Entenseelein
Formation des Rieds
Schilf, Binsen, Seggengräser
(Verlandungsprozeß?)
Polster
Stehendes Wasser
Moos und Wasserpflanzen

Die wichtigsten Details sind jene, die man unterbewußt sich merkt.

Der Hochzeitszug der Felchen, sieben, acht hinter der Alten her, in der Luft – springend.

30. November

Durch das Ried gehen alle Menschen gleich, sie heben ihre Knie, die Gräser halten sie zurück. Man muß warten, bis ein Fuß abgestellt ist, festen Halt hat, dann erst kann man den andern heben.

Skizze der Linthebene vom Fußweg Benken–Gießen aus.

Uznach. Treffpunkt der Urschweizer. Sankt-Galler Oberland – Toggenburg – Appenzeller – Schwyzer – Glarner. C'est un carrefour, ein Kreuzungspunkt. Les signes de richesse cachée. Der Appenzeller, der das junge Mädchen zu einem halben Liter einlädt.

4. Dezember

Gut und wirklich dichterisch spricht Ramuz in seiner Rede (Schillerpreis) über seine Gestalten. Bauern wie die Könige Racines, das heißt außerhalb der Zeit. Exakt das, was ich mit Therese und Bieli beabsichtige. «Neue Schweizer Rundschau», November 1936. Diese Rede ist ein wahrer und wirklicher Trost für den schweizerischen Schriftsteller.

Das tragische Schauspiel, das der Mensch bietet, wenn er hingestreckt ist, von seiner Leidenschaft, von seiner Schuld, besiegt in einem Kampfe, in dem er den Gegner nicht kennt, die Regeln nicht und auch nicht den Preis, um den er kämpft. Und er ist da, besiegt, nur in seinen Augen ist zu sehen, daß er einen Auftrag hatte oder glaubte, einen Auftrag zu haben, den er nicht verstand.

5. Dezember

Le sage sait attendre.

La force de l'homme se voit dans l'attente, dans la patience.

La patience est la grandeur des humbles.

C'est un des plus grands spectacles que de voir la patience de la nature. La patience d'une plante qui se tourne vers la lumière.

L'impatience est presque toujours un signe de petitesse.

Die Geduld:
Die bescheidenste unter den menschlichen Tugenden ist die Geduld. Die Nächstenliebe, die Treue, die Großmut sind prunkvolle Tugenden; in jahrtausendaltem Ringen sind sie zum Kronschatz menschlichen Gutes geworden. Mit ihnen wagen wir es, unter die Augen des Ewigen zu treten; und hätten wir nichts als sie, um ihretwillen müßte, auch wenn wir sie nicht verwirklicht, sondern nur gedacht und gewollt hätten, uns in den Augen des ewigen Richters ein Preis zuerkannt werden, weil es uns gelang, uns von der übrigen Kreatur zu unterscheiden.
Mit der Geduld aber reihen wir uns in den Kreis der übrigen kreatürlichen Welt ein. In ihr sind wir eins mit ihr. (Wir teilen sie mit ihr, und unsere Versündigung an der Geduld ist die wahrhafte Versündigung an der Natur.) Die Sünde an den prunkvollen Tugenden ist, daß wir der Natur gehorchen; die Sünde an der Geduld ist, daß wir uns an ihr verfehlen.
In jeder Mißbill des Lebens ist uns Gelegenheit gegeben, die Tugend der Geduld zu üben, vor Postschaltern, auf dem Krankenbett, im Umgang mit den Menschen, in unserer Arbeit. Langsam steigt der Keimling aus der Erde, behutsam wendet sich das Blatt zum Licht, sachte entwickelt die Pflanze ihre Blüte, geduldig läßt sie die Frucht reifen, erfüllt fällt sie zur Erde, und ohne Aufhebens welkt sie, senkt sich und stirbt. Das Künstliche ist ihr fremd, nichts tut sie, schöner zu blühen, schneller zu reifen, sie wartet, läßt mit sich geschehen, was im Plane vorgesehen ist, sie will die Eile nicht, denn alles, Keimen, Blühen, Welken und auch das Sterben, ist ihr köstliche Gegenwart, sie erwartet nichts, sie ist, und damit soll es sein Bewenden haben. Nicht tritt sie hervor aus dem Kreise der Schwestern durch andere Schönheit, Besonderheit oder Eile in der Erfüllung, nein, im Gegenteil, sie will Schritt halten mit ihr, sie will gleich sein wie sie, ein bescheidenes Attribut des Ganzen und alles (geduldig) erdulden wie sie.

Die Geduld ist die Größe der Kleinen, ihr Stolz, ihre Würde («Neue Zürcher Zeitung» vom 15. Dezember 1936).

6. Dezember
Der «Plan», der mit dem Manuskript eingesandt werden muß, in der Form eines Briefes.

8. Dezember
Es gibt keinen Anblick, der des Menschen Dasein in der Welt besser zusammenfaßt, erschütternder symbolisiert als der Anblick des Besiegten. (A retenir pour Thérèse.) Ein Besiegter im Leben ist nur unser aller Vorläufer, denn einmal werden wir alle besiegt, hingestreckt und völlig vergessen sein. Daß wir es wissen und so tun, als wüßten wir es nicht, ist unsere Würde.

Wie vergeßlich macht die Kraft! Bewußtsein der Kraft ist ein kalter Rauschzustand – aber dahinter – nüchtern – wartet unser aller die Niederlage – das Bett, die Erde. Es gibt keine Trauer, die groß genug wäre, es auszudrücken. Was erstaunlich und bewundernswert ist, das ist das Verhalten des Menschen auf seinem Lebensweg in Kleinheit und Mißgunst. Würde er mehr daran denken, er würde größer sein, geduldiger leben, bescheidener – unter den Augen eines Gottes.

9. Dezember
Das einzige Mutige und Stolze, das der Mensch sagen kann, ist: Noch nicht.

«Wäre nicht zufällig der Nationalsozialismus aufgetaucht, dann hätten sich die seelischen Konflikte wohl anders geäußert, vielleicht in einer Brandstiftung.» Exposé Dr. Jörger im Prozeß Frankfurter. (Wichtig für Bieli.)

10. Dezember
Die Arbeit des Schriftstellers ist ein fortwährender Selbstreinigungsprozeß – womit aber nicht gesagt werden soll, daß dieser Prozeß das literarische Werk darstelle – sein Werk ist das Destil-

lat dieses Prozesses. Der Selbstreinigungsprozeß hat nur ein persönliches Interesse für ihn – es ist die Maschinenhalle, die Fabrik, nicht aber das Produkt seiner Tätigkeit. Viele Schriftsteller begehen den großen Fehler, daß sie auf der Stufe ihrer subjektiven Auseinandersetzung mit der Welt stehenbleiben, diese Auseinandersetzung interessiert die Welt nicht. Sie interessiert natürlich den Künstler, aber sein Werk soll frei von ihr sein; sein Werk sei die Frucht dieser Auseinandersetzung.

Wie lange lebt eigentlich ein richtiger Haß? Fast nie länger als ein Jahr!

Es ist waghalsiger, etwas auf dem Haß aufzubauen als auf der Liebe.

Was gefährlich am Haß ist, sind die Abwege, auf die er führt. Ein Labyrinth, dessen Anfang völlig vergessen wird.

Die Liebe stirbt an Befriedigung, der Haß am Vergessen.

11. Dezember

Excursion à Cuarny, à S. A. Neuchavaud, Lausanne, Chantier du Forage (Bohrstelle) Vingerhoets. No 1 à Cuarny. Chef-foreur M. Vandenweerden.

Le chef-foreur connaît la position au millimètre.

Comment s'appelle l'instrument qui pèse le poids du fuselage?

Bohrproben – Bohrkerne – Bohrpersonal – Bohrlochprofil. Kernfänger.

Stratameter = Bohrlochneigungsmesser.

15. Dezember

Es ist klar und offenbar, daß das Gemütsleben des Menschen sich in Rhythmen bewegt – aber das soll kein Anlaß sein, in den Wellentälern nichts zu tun oder zu wollen.

Ad «Tuggen»: 16. Dezember
Die Leute nennen den Bohrturm «Teufelskirche». Eine Kirche ohne Glocken, schwarz, von der aus man eine Verbindung mit der Hölle sucht. Der mystische = hexenhafte Charakter von Theresens Unternehmen.

Gefühl Theresens zu Rochat: Er gehört ihr, ist ihr Werkzeug, ihr «Mann», daraus entsteht, neben ihrem Haß der Liebe, die Eifersucht auf Marie. Außerdem realisiert, was ihr versagt war: die Liebe, das Liebesglück.

Bevor jemand tot ist, kann man nicht sagen, daß man den Rundgang um ihn beendet hat.

Nur um den Toten kann man ungestört herumgehen.

Gottfried Keller an Vieweg: «... da ich es für die Form eines solchen Produktes, wie das vorliegende ist, gut erachte, daß man, besonders von der Mitte an, kurz bei der Sache bleibt.» Berlin, 11. Mai 1850 («Corona», Jahr VI, Heft 5).

In der virilen Kraft beherbergt der Künstler in sich seinen Genius und seinen Feind. Keiner stirbt ohne den andern.

Die einzig vernünftige Demonstration in einer Welt, die man ablehnt, ist, so zu leben, wie man wünscht, daß sie sei.

20. Dezember
Es gibt für den Schriftsteller nur ein Gebot: sich immer und in jeder möglichen Weise der geistigen Seite der Dinge zuzuwenden, bewußt, mit Härte und ohne Nachsicht zu sich selbst. Denn nur so können sein Leben und seine Beziehung zu der Natur jene göttlich-harmlose, schöpferische Dankbarkeit haben, als die wir sie uns denken.

Der schöpferische Akt kann nicht erzwungen und nicht erlistet werden; aber es können die Hindernisse entfernt werden, die ihn verzögern – es kann dem ungeborenen Kinde eine Wiege bereitet werden.

In jedem geschriebenen Satz des wahren Schriftstellers muß sich jener Schock vorfinden, den wir fühlen, wenn eine Ahnung überraschend und unvermutet sich bestätigt, ausgesprochen findet. – Eine Art «Declic» (Herabfallen eines Plättchens beim Telephon), wenn die Verbindung zur Evidenz, zur Wahrheit festgestellt, erreicht wurde. Das ist das Geheimnis der Spannung. Fehlt das in einem Satz = nichts.

Die Beschäftigung des Schriftstellers mit der Technik seiner Arbeit ist objektiv auch für den Leser interessant – handwerklich.

26. Dezember

Der Mensch verschwendet in der Verzweiflung, er ist genügsam im Glück.

Der Verschwender ist verzweifelt, der Genügsame glücklich.

Wer verschwendet, ist verzweifelt, wer genügsam, glücklich.

«Tuggen»:
Der Schmetterling als altes Symbol der Auferstehung, der Unsterblichkeit. (Puppe.)

29. Dezember

Das Unglück schlüpft aus dem Mund und kriecht in das Ohr.

Man muß das Ohr des Menschen aufmerksam betrachten, denn es ist das Tor des Unglücks.

Das Ohr. Die Form des Ohres. Ein Höhlenloch in überhängenden Felswänden. Aus Fleisch und Knorpel. Wie ein direkter sichtbarer Eingang ins Hirn. Die Augen geben etwas von sich. Aber das Ohr ist starr und unbeweglich. Es horcht. Viele Frauen verdecken es. Schämen sie sich besonders dieses Organs, das seltsam nackt, Symbol der Neugierde ist.

1937

2. Januar

Von den Jahren, die vorübergehen im Ernst, bleibt nur das Spiel.

Was uns im Spiel geworden ist, ohne Absicht, müßig beinahe, es erweist sich als zeitbeständiger als so vieles andere, das wir mit Mühe und Fleiß uns abgerungen haben.

Das Unvollendete trägt unsichtbar an seiner Spitze die Vollendung; das Vollendete das Unvollendete.

Jener Punkt, den der Künstler erreicht, da er nur noch seinem Werke leben kann, gefeit ist gegen die müßigen Versuchungen der Welt, das ist auch jener Punkt, wo er in das Alter eingeht.

Es gibt Schriftsteller, die nehmen lieber den Vorwurf der Mittelmäßigkeit auf sich als den der Faulheit. Im Streben nach der Vollendung soll der Schriftsteller auch den Vorwurf der Faulheit und der Sterilität auf sich nehmen können.

6. Januar

Dieses Wunder: Jemand sagt etwas Schlechtes über einen Dritten, man ist innerlich damit einverstanden, aber der Mund zwingt sich, etwas Gutes zu sagen – und siehe, man denkt es bald auch; es entsteht Gerechtigkeit. Bei wie vielen Dingen genügt es, die contre-partie zu nehmen, um zu einem einigermaßen vernünftigen, menschlichen Standpunkt zu kommen.

Von Zeit zu Zeit sollte man bewußt alle Gewohnheiten gewaltsam unterbrechen: das Lesen derselben Zeitung, den Besuch desselben Cafés, den Verkehr mit denselben Personen.

Wie kann die Abwesenheit der Liebe zu den Eltern den Kindern zum Vorwurf gemacht werden? Wenn es einen Vorwurf gibt, doch nur den an die Adresse der Eltern. Es ist das Wesen der Liebe, daß sie nicht erzwungen werden kann. Sie ist kein Willensakt. Sie ist ein Induktionsvorgang.

Eine andere Sprache sprechen, lesen, verstehen zu können – das ist alles noch nichts – es ist nur die Vorstufe für das Ausschlaggebende: in einer andern Sprache denken zu können.

Man sollte die Niederlagen, die man erlitten hat, nicht verschweigen, sondern hinausposaunen, denn aus ihrem Publikwerden entsteht für den Besiegten das Positive, das Konstruktive, der Sinn des ganzen Vorgangs. Außerdem beweist das Verkünden einer Niederlage, daß man über ihr steht.

Nicht jeder, der sagt: «Ich verachte das», kann verachten. Verachten ist kein aktiver, mit Haßgefühlen gemischter Vorgang. Verachtung ist vollständige Indifferenz. Man kann nicht verachten wollen. Verachten ist kein Willensvorgang. Verachtung ist das Endprodukt einer Entwicklung, die man an sich selbst vollzogen hat. Der, der sagt: «Ich verachte», bezeichnet damit sehr oft nicht ein Gefühl, sondern ein ersehntes und manchmal, ach, so ein fernes, beinahe unerreichbares Ziel.

15. Januar

Die Jugend kann alles, nur nicht warten; das Alter kann nichts mehr, nur warten.

Es muß zu jedem Roman rein technische, unkünstlerische Verbindungsstücke geben. Hier rettet nur saubere handwerkliche Arbeit.

18. Januar

L'art de l'écrivain c'est la précision dans le rêve.

Es gibt Stunden, wo nichts im Menschen ist als das Erbarmen mit den Menschen.

Mir macht die Einsamkeit nichts aus, aber ich habe das tiefste Mitleid mit jenen, die sie nicht ertragen.

Der Eintritt des Begriffs des Alterns ist wie der Beginn einer großen geologischen Veränderung im Lebensraum des Menschen, wie das Aufsteigen eines Gebirges.

Von einem gewissen Punkt an ist das Rechnen, Zählen, Wägen, Bilanzieren des Alters der Grund menschlicher Geistestätigkeit.

19. Januar
«Tuggen»:
Kapitel V. Der Weg Bielis, als er Marie verlassen hat. Stationen: Die Meinradskapelle. Der Fischer Helbling. Nach Sonnenaufgang: Bahnhof Uznach. Sieht Therese den Frühzug nehmen.

20. Januar
Der Weg vom untern Buchberg bis nach Uznach ist ein Symbolweg. Er stellt im Raum seinen Weg durch die Zeit dar. (Das Leben in der Natur ist eine Beziehung an der Schwelle der Sprache.) Keines seiner Gefühle wird Wort, wird bewußt. Es findet keine Zweiteilung zwischen ihm und der Natur statt. Er ist innerhalb der Natur in der Weise eines Baumes – selbstverständlich, ohne Erstaunen – ohne Gut und Böse, Schön und Häßlich. Es fehlen der Begriff der Armut und jener des Reichtums – es herrscht hingegen jener des Besitzes, der Funktion. B. ist kein reflektierendes Wesen.

Kapitel V. Im golddurchrieselten Morgen kam Therese den Weg vom Städtchen herab, aufrecht in der Gestalt, mit geradem Nacken, und so, in der Entfernung, anzusehen wie das junge Mädchen, als das sie in einer lange entschwundenen Zeit über dasselbe Sträßchen gegangen war.

Kapitel VI. Abendstunde. Marie geht mit dem Faltboot die Seerosen für den Postmeister Güsch suchen. Im Heimwärtsgehen sieht sie Rochats Segelflugzeug, das über ihr Kapriolen ausführt, schließlich in ihrer Nähe landet. Rochat, lachend, mit welschem Akzent: Kommt ein Vogel geflogen. Den See herauf kommt das Ledischiff «Saturn». Das Segelflugzeug im Abendhimmel.

27. Januar
Der Wert eines literarischen Werks hängt, wie der Wert eines Stoffs, von der Dichtigkeit des Gewebes ab. Schleierhafte, leichte

Gebilde, die dem Auge einen großen Umfang mit seltsamen Formen darstellen, schrumpfen im Wasser oder im Feuer sofort zu einem kleinen, unscheinbaren Lumpen zusammen. Bei jedem Satz sollte der Schriftsteller daran denken. Denn der Satz ist das Gewebe, und vielleicht kommt es gerade auf diesen Satz an.

1. Februar

Die Ordnung im physischen Menschen erzeugt ein dem Glück benachbartes Gefühl. Die körperliche Harmonie ist die Vorbedingung für die psychische. Auch die sexuelle Gesundheit gehört dazu.

2. Februar

«Tuggen»:

Mit sachtsamen Stößen, kaum daß die Wasser unter ihren Rudern plätscherten, trieb Marie ihr Faltboot durch die stillen Haine der Binsen. Oben an den Spitzen, im Scheine der sinkenden Sonne, kreisten die Mücken, standen zitternd die Libellen. In großer Ruhe stieg die Kühle aus der Tiefe. Der stille Atem des jungen Mädchens war im Einklang mit dem abendlichen Wellenschlag, über dem der dichte Schuppenpanzer der Seerosenblätter sich leise hob und senkte.

Sie gewann das freie Wasser. Zwischen den Hügelketten dehnte sich der See wie ein breiter Strom dem Fest des westlichen Himmels zu. In der Spitze ihres Bootes lag die geheimnisvolle Pracht der Seerosen, die fleischfarbenen Stengel hingen über das Bord, und die Sonne glitzerte in den Gläsern der meergrünen Teller. Das Ledischiff «Saturn» kam durch den Abend herauf und zog in seiner Kiellinie eine goldprunkende Schleppe über den See.

Das Ganze so behandeln, als wäre die Gegenwart auf dieser Welt ein Übergangsstadium, ein Wartezimmer. Die Menschen kommen von irgendwo her und gehen irgendwo hin. Sie sind in einem Wartezimmer.

12. Februar

Korrodi zu mir wegen «Armut». «Riedland»-Fragment (Preisausschreiben NZZ): «Hat mir am besten gefallen von allen. Es ist natürlich kein Zeitungsroman. Wenn Sie wüßten, was eingeliefert wurde!»

De Traz, Robert: «Pouvoir des Fables». Übersetzungsauftrag des Departements des Innern. Tausend Franken, davon die Hälfte sofort.

17. Februar

«Tuggen»:
Das Reich hinter dem Spiegel. Das sonnenlose Reich des menschlichen Besitzes. Alles Gegenständliche ist da, aber ohne Sonne, scharf, schattenlos. Das Reich hinter dem Spiegel endet nicht. Betätigung auf der Oberfläche der Erde, der Kruste. Ganz in der Ferne die Bücher, in denen alles ruht. Keine Farben, nur Formen. Keine Menschen, nicht der kleinste Laut einer Melodie. Wie ist sie verlassen in diesem Reich. Eine geordnete Welt ohne Liebe.

18. Februar

«Tuggen»:
Gespräch mit Dr. Kägi, Uznach.
Ringelnattern, sehr viel, große.
Enzian, Iris, Fleischfresserli – Fettpflänzchen.
Die vierzehn Helfer aus einer Gemeinde, wenn jemand krank ist.
Einen Toten «versehen», Salz usw.
Moorfeuer.
Hochmoore auf dem unteren Buchberg, gefährlich.
Wildnis.
Maisegen. Passionsweg Grynau–Tuggen. Kapelle in Grynau.
Maiumgang.
Die Genoßsame. Viele arbeiten nichts, aber haben den Nutzen aus der Korporation.
«Tuggener, wenn's brennt, stehen nicht sofort auf; der erste, der kommt, wird verhaftet.»
Kirche in Uznach.
Der Sterbende. Der Stall zwischen den Latten des Bodens zittert, und mit ihm das ganze Haus.
Der Verwundete. Kollaps. Der Pfarrer. Schlägt die Augen wieder auf. Nein, nicht. «Das Versehen kostet Geld.»

«Tuggen»:
Die Betzeitglocken begleiteten den Eisenbahnzug auf seiner Fahrt. Von Zeit zu Zeit blickte Therese aus dem Fenster auf den See hinab, wo klein im blauen Abend, eine goldschimmernde Schleppe in seiner Kiellinie, das Ledischiff «Saturn» heimwärts fuhr. Vom Fuße des Buchbergs, bei den Steinbrüchen, lösten sich aus dem Schatten der Wälder die schweren Nachen der Männer, die ihre Arbeitsstätte verließen.
Aber unter den gebauschten Haaren, hinter der gewölbten Stirne Theresens brach sich das Bild des friedlichen Abends in einem dunkeln Spiegel, hinter dem ein tonloses Land begann, das ohne Ende war. Ihrethalben strebte die «Saturn», entladen, mit hohen Bordwänden, dem Heimathafen zu, ihrethalben klafften in den Flanken des Buchbergs die grauen Wunden der Steinbrüche, für sie senkten die Bagger im Binnensee ihre rostigen Becher unter den Wasserspiegel, weil sie es wollte, stand die schwarze Kirche des Bohrturms im Moor.
Einst hatte die kleine Melodie «Lieben und die Welt verstehen» durch eine frühe Landschaft ihres Lebens geweht. Als sie verklungen war, blieb die Ordnung zurück, aber es war nicht mehr die Ordnung der Liebe. Die Glocken geleiteten den Zug durch den Abend. Aber sie hörte sie nicht. Sie war eine taube Fürstin im sonnenlosen Reiche des menschlichen Besitzes.

Nur Menschen können arm sein. Ein Tier ist nie arm. Es ist unglücklich, es leidet, aber es ist nicht arm. Der Mensch hat den Begriff des Besitzes geschaffen, darum kann er arm sein, darum ist er arm. Besitzend oder besitzlos, der Mensch ist absolut arm, weil er den Begriff des Besitzes kennt. Dieser Begriff ist maßlos, selbst der reichste Mensch wird, am Inhalt des Begriffes Besitz gemessen, immer arm sein. Denn einen Besitz im Begriffe seines Wortes gibt es nicht. Besitz ist eine Sehnsucht und ein Verzicht. Denn alles, was ein Mensch besitzt, fällt außerhalb dieser Sehnsucht. Besitzen ist unmöglich; Zeit und Raum sind die besitzfeindlichen Dimensionen. Nur Gott kann besitzen.

Paris, 28 février

Das Vergnügen, über eine breitstufige, nur leicht ansteigende Treppe zu gehen. Plaisir royal.

Nachts im falschen Stockwerk in ein dunkles unbewohntes Zimmer treten!

Nur in den kleinen Städten kann das Laster wahrhaft groß werden.

Ich muß bis zum Ende des Jahres wie in einem Kloster leben.

Ecrire, c'est un plaisir. Toujours y penser.

Le sage évite les miroirs.

7. März

Nur wer um den Reichtum weiß, kann arm sein. Ohne Reichtum gibt es keine Armut.

Auch der Reichste kann nicht alles besitzen, die Freuden der Armen nicht.

14. März

Reihenfolge der Kapitel in «Tuggen»:
1. Kapitel: *Bieli* beim Holzsägen. *Helbling* findet die Leiche Güschs. *Rochat* fliegt über den See.
2. Kapitel: *Therese* auf dem Plätzchen. Helbling. *Therese* zu Hause. Besuch *Maries*.
3. Kapitel: *Maries* Heimkehr auf der Straße. Ihre Begegnung mit *Bieli*.
4. Kapitel: *Rochat* im Bohrturm.
5. Kapitel: *Bieli* in der Nacht und im Morgen. Begegnet Helbling. Sieht Therese, die abreist.
6. Kapitel: *Marie* pflückt Seerosen für Güschs Grab, begegnet *Rochat*.
7. Kapitel: Therese im Zug. Sieht Marie und Rochat.
8. Kapitel: Die Heimkehr der «Saturn». Die Schiffsknechte besprechen erstens die Brände, zweitens Güschs Tod, drittens die Petrolvorkommen.

Das Ledischiff «Saturn» fährt durch den Abend. Sie ist das Symbol der heimkehrenden Männer. Sie ist ein Tier, das Städte bauen hilft. Das Land bringt die Steine in die Stadt. Erleichtert fährt sie zurück. So viele Städte können die Menschen nicht bauen, als es Steine gibt. Aber in den Mauern der Häuser lebt das Geheimnis des Landes, der Erde, des Gesteins. Die «Saturn» ist unberührt von allem. An ihren eisernen Flanken brechen sich die Wellen, bringen den gefangenen Steinen den Gruß des anderen Elementes. Einmal werden sie diesem Ruf folgen. Das Feuer ist der Bruder und der Feind des Holzes, das Wasser jener der Steine. Einst werden die Häuser zusammenbrechen und in ihre Heimat, die Erde, zurückkehren. Die Fahrt der «Saturn» ist nur eine Etappe auf ihrem Weg von den Alpen in das Meer. Die Mission der «Saturn», den Steinen den Weg zu ebnen. Sie hat etwas von den Steinen angenommen. Sie hat Zeit. Etwas von der Ewigkeit und Unzerstörbarkeit der Steine angenommen.
Die Fische sehen das breite schwarze Gefährt über sich dahinbrausen, aber auch die Gesteine sehen es. Die Männer auf ihm haben etwas vom Schiff, etwas von seiner Fracht und etwas vom Element, das sie alle trägt.
Handorgel auf dem Schiff. Die kleine Küche, der Wein, der Hund. Der Mann an der Steuerbarre. Sie sind Zwischen-Menschen. Halb in der Natur, halb über ihr. *Sie* verstehen die Brände.

17. März
«Tuggen»:
Es ist notwendig, daß *Rochat* irgendwo sagt: «Die Gegend ist dem Untergang geweiht.»
wegen:
1. Melioration der Linthebene.
2. Fallenlassen des Vogelreservats.
3. Der neue Rapperswiler Damm bringt die Schiffe in den Obersee, mit Weekendzauber und Strandpyjamas.

Bieli: Es brennt gut, wenn das Petrol kommt. Abwarten. Ich will dir eine Fackel entzünden.
Dr. Kägi fragen, wann der Maisegen ist.

19. März
Nach seinem Tode besehen, sieht das Leben eines Menschen immer aus wie eine Dichtung – man sieht es wirklich verdichtet, zusammengezogen, abgekürzt, was das Wesen der Dichtung ist.

20. März
Der Mensch ist wie ein Kiesel im Strom. Des Kiesels Gewicht ist sein Schicksal. Ist er klein, wird er in Schnelligkeit davongeschwemmt und erlebt nur in Flüchtigkeit; ist er zu schwer, sinkt er auf den Grund und hat nicht teil an den Meeren, am Ziel. Aber hat er die richtige Schwere, so schwebt er, mit Sinken und Dahineilen in den wandernden Wassern, ist ihnen verbunden, ohne Eile und ohne Bremse. Er ist nicht tot mangels Gewichts, nicht tot zufolge großer Schwere, er hat das richtige Gewicht, er ist in Harmonie mit dem flüssigen Element, er lebt.

24. März
Jede Dichtung steht im Gegensatz zur materiellen Welt. Die materielle Welt ist zeitlich und örtlich begrenzt, die Absicht der Dichtung ist zeitlos und – an der materiellen Welt gemessen – zwecklos, nutzlos. Das ist ihr Sinn, ihr Ausweis. Sie ist, mit einem Wort, irrational. Zu jeder Zeit war die Mission des Dichters die eines Sprachrohrs. Infolge seiner besonderen Eigenschaft, im Besitze einer Summe von besonderen Eigenschaften, vermag er Nachricht zu geben von den göttlichen Festlichkeiten, bei denen er als bescheidener Gast geduldet war. Die Menschengemeinschaft hat ihn hervorgebracht, weil die Teilnahme an dem Schönen eine Sehnsucht von ihr ist. Der Dichter ist der Bote der menschlichen Sehnsucht nach dem Göttlichen, dem Bedingungslosen, dem Absoluten. Aus dem Gefühl der Bedingtheit der materialen Welt heraus sucht und sehnt sich der Mensch nach seinem Gegensatz, dem Unbedingten, Absoluten, Göttlichen.
Diese Idee sollte an einer Landesausstellung, an der sich der Schweizerische Schriftstellerverband beteiligt, zum Ausdruck gebracht werden. Eine solche Beteiligung einer Gemeinschaft wie die der unsern kann keinen andern Zweck haben, als die Notwendigkeit des Dichters für ein lebendiges Volk darzustellen und

damit des Dichters Ansehen und Würde zu heben, bewußt den Gegensatz zu betonen, zu dem der Künstler mit allen andern Zwecken und Zielen des Menschen steht.
Große Dinge, die großen Ideen können nicht anders dargestellt werden als durch Symbole. Jede Ausstellung findet in einem Raum statt. Die schweizerische Dichtung bedarf also eines symbolischen Raumes. Das ist das erste.
Ausstellungstechnisch bedeutet das, daß auf alles Kleine und Nebensächliche, auf alles Persönliche und vieles Einzelne, das den Grundgedanken einer solchen Absicht stört oder verschleiert, verzichtet werden sollte. Man kann, wenn man sich die Anzahl der Besucher, die Unzahl des Gebotenen vorstellt, nicht lapidar genug sein, wenn man diese Idee zum Ausdruck bringen möchte. Es kann sich hier nur um Personen, um Werke handeln, insoweit handeln, als sie sich zwanglos einfügen in den großen, grundsätzlichen Gedanken: die Irrationalität der Dichtung im Leben eines Volkes zum Ausdruck zu bringen.

25. März

Ein Symbol. «Olympischer Frühling.» In dieser Zeit mehr denn je. Die blaue Blume blüht auch jetzt. Gefühl des Besuchers; wie ein Theater, keine wirkliche Welt, eine irrationale.

In jedem den tragischen Helden sehen, der er in der Todesstunde ist.

4. April

Wieviel hätte ich nicht gekannt, wäre ich früh gestorben. Le miracle de la vie!

5. April

Satz an Satz. Tatsache an Tatsache. Auch das Lyrische, Gefühlsmäßige, impassible, descriptif. Jamais expliquer, analyser un sentiment! Le dire, et c'est tout!

6. April

Therese:
Der Anblick Maries und Rochats wirkt auf Therese wie ein Aufwecken. Die Dunkelheit vergeht, die dunkeln Vorhänge vor der Welt des Besitzes werden augenblickslang weggezogen, und

plötzlich befindet sie sich im Getöse des wirklichen Menschenlandes, mit seinen Leidenschaften, den menschlichen Angelegenheiten – der Liebe und der entschwindenden Zeit. Sie, der die Natur nur Zweck, nur Objekt war, befindet sich mit einem Schlage mitten in der Natur, wie in einer neuen Welt. Sie sieht, sie hört, sie fühlt, sie riecht, als hätte man einen Stein von einem Ameisennest gehoben – in einer selbstverständlichen Rückwirkung erlebt sie Bieli –, nur einen Augenblick, sekundenlang. Kapitel VIII nochmals schreiben. Der Anblick ihrer Tochter ist ein Blitzschlag in ihrer dunkeln Welt. Sie sieht die Fahlheit und die Verlassenheit ihrer inneren Landschaft, die umgeben ist von der summenden Bläue des wirklichen Sommerabends. Und diese grenzenlose und singende Hülle soll keinen anderen Kern haben als diese arme düstere künstliche Welt. Sie will diese Kernwelt, die ihr eigen ist, gegen den erdrückenden Ansturm der Umwelt, der All-Welt verteidigen, wie alle Menschen es tun, die die materielle Welt verteidigen; die arme äußere Welt ist die reiche Welt. Theresens Besitz ist ihre Armut. Der unbeteiligte, lächelnde Druck der Natur auf diese künstliche Welt. Sie schreitet unbeteiligt, selbstverständlich darüber hinweg. Sie hört den Satz Maries: Lieben und die Welt verstehen. Und jetzt erinnert sie sich, daß diese Melodie einst auch durch ihre frühe Landschaft geweht hat. Und ist verstummt. Sie ist der Feind dieser Melodie.

12. April

Tuggen – Therese:
Wenn das Zeitalter der Liebe vorüber ist, tun sich zwei Wege auf: das Eingehen in die Natur, das Herrschen über die Natur.
Therese: Das Gemeinsame in der Liebe und im Streben nach Macht und Reichtum: besitzen wollen. *Der Besitz tröstet.* Im Reichtum wird die Resignation – für sie – am erträglichsten, beinahe sieht es ja aus, als bedeute reich sein einen Triumph über die Liebe.

13. April

Die Fahrt der «Saturn». Gespräche.
Was für Handlungen finden tatsächlich statt?
Begräbnis Güschs.
Untersuchung der Brandfälle.

Neue Kapitaleinlagen Theresens in Schürf-Aktiengesellschaft.
Bieli. Kundschaftet beim Bohrturm. Er soll brennen, wenn Petrol
kommt. Begünstigt Maries Liebe mit R.
Rochat beginnt sich für die Brände zu interessieren. Studiert die
Karte. Sucht auf welsche, psychologische Art dahinterzukommen.
Macht nächtliche Ausflüge. Trouve par récupération l'habitation
qui sera victime du prochain incendie.
Therese, die Rochat trifft.
La rumeur populaire devine juste sans penser.
Auf der «Saturn»: Man sieht, wie alles von Außenstehenden angesehen wird.

Was ein Künstler tut, ist nichts anderes als an sich den Weg vom
Chaos zum Kosmos vollziehen – von der Un-Ordnung zur Ordnung. Aber er darf nicht vergessen, nur die Menschen haben das
Chaos vor die Schöpfung gestellt. Aber auch das Chaos ist in der
Schöpfung. Chaos ist außerhalb der Vorstellungswelt des Menschen. Was der Mensch als Chaos sich vorstellt, ist unverstandener Kosmos.

18. April

Gegen eines ist der Mensch machtlos: gegen das Mitleid. Es kann
kein Hassen, keine Feindschaft geben, wo nicht ein Bezirk im
Herzen der Feinde wäre, wo das Mitleid Wurzeln fassen kann,
denn jede Feindschaft, in der das Mitleid keinen Platz mehr hat,
ist nicht eine Feindschaft unter Menschen, es ist eine von Tier zu
Tier. Jenes sind die «starken» Herrscher dieser Welt, die das Mitleid nicht kennen. Sie sind Tiere unter Menschen, aber auch sie
sind – eben deshalb – des Mitleids der wahren Menschen würdig!

Des Menschen Fleisch, des armen Menschen Fleisch!
Des Menschen Geist, des armen Menschen Geist!

Wo ist er ärmer, an seinem Fleisch,
das unzulänglich ist seiner Lust,
oder an seinem Geist, dessen äußerste Funktion es ist, seine Grenzen zu erkennen?

Weder gewährt ihm das Fleisch Vergessen von seines Geistes Dürftigkeit, noch gewährt ihm der Geist Vergessen seines Fleisches Begehrlichkeit.

Nur aus der Erkenntnis seiner Schwäche erwächst dem Menschen die Kraft zur Größe.

Das Wehen der Versprechungen, der Atem der ungetanen Dinge um den einsamen und gefaßten Menschen!

Wenn ein Schriftsteller aufhört, vergleichend um sich zu blicken, ist schon viel erreicht!

19. April

Die Entschlackung des Seelenlebens. Wenn der Schriftsteller einen Feind hat, so ist es wirklich der: die Kleinlichkeit. Sein tiefster Wunsch sollte sein: Größe.

21. April

Gestern morgen ist Hugo Marti in Davos gestorben. Ich hatte am Sonntag noch, plötzlich von einer tiefen Angst getrieben, an den «Bund», Bern, einen Brief gerichtet, mit der Bitte um Weiterleitung an ihn. Wahrscheinlich hat ihn diese Botschaft nicht mehr erreicht.
Von Paris aus sandte ich ihm noch eine selbstgezeichnete Karte aus den Tuilerien und mit einer Ecke des Louvre darauf. Gesehen habe ich ihn zum letztenmal anläßlich der Versammlung des Schweizerischen Schriftstellerverbandes in der Frage der Mundart. Hiltbrunner, Flückiger und ich gingen mit ihm zusammen ins Bahnhofbuffet und aßen Schwarzbrot und Butter.

Denn er ist groß und gütig wie die Nacht,
die alles Wirrsal schlichtet und versöhnt
und mit der Ruhe rundem Reife krönt
den Sieger und Besiegten in der Schlacht.
Im stillen Glanz der Glut, die er entfacht,
zerspringt die Fessel, fällt das Pilgerkleid.

Und strahlend wächst das Herz. Denn alles Leid
zu lösen, hat er königliche Macht.
Hugo Marti, «Lieder vom Tode, IV»

Sein lieber Brief für den «Heiteren Lebensabend».

Kein Schmerz, in dem nicht die unabänderliche Gelassenheit der Sternenbahnen wie ein harter und ernster Trost wäre.

Der Schmerz des Mannes um den Mann ist anders als der Schmerz von Mann zu Frau. Sie waren Hüter an einem Horte, von dem sie nie sprachen. Und einer von ihnen ging fort, und der, der geht, und der, der blieb, jeder von ihnen weiß um das Geheimnis. Dem, der blieb, ist der Trost, daß der andere es nun gelüftet hat, auch wenn er es nicht mehr sagen kann. Mögest du glücklich sein in diesem Wissen. Kümmere dich nicht, daß du es mir nicht sagen kannst. Wir wollen in Geduld und Gelassenheit auch unsere Zeit erwarten.

Wenn jemand stirbt, stirbt vieles in uns, weil es Dinge gibt, die ewig stumm bleiben müssen, weil wir sie, als dem einzigen, zu dem wir von ihnen sprechen konnten, nicht mehr sagen können. Er war das Ohr, zu dem wir sprachen, er war der Mund, der für uns sprach. Nun er ging, bleibt vieles für uns unerhört.
Er trug eine beinahe elegante Gelassenheit für sein Schicksal zur Schau. Er war wirklich von unserer Generation. Das ist das besonders Tragische daran. Wie gerne hätte er noch das Ende des Wirrsals gesehen, in dem wir sind. Denn auch er wartete, wie wir alle warten in dieser Generation.

Der auf dich wartet, kennt dich lange schon
Und ist um dich in deinen stillsten Stunden,
In deinem Lachen und in deinen Wunden,
Und schreitet deinen Schritt und ist gebunden
In deines Blutes roten Zauberringen.
Er spricht in deiner eignen Stimme Ton.
Und wenn er singt, so wirst du ihn erkennen

Und wirst ihn Bruder und Geliebten nennen,
Denn deines Herzens letzte Wünsche brennen
In dem Gesang, den seine Lippen singen.
Hugo Marti, «Lieder vom Tode, II»

Liebe, verehrte Frau Dr. Marti,
am letzten Sonntag sandte ich noch, von einer schweren Ahnung getrieben, einen Brief an den «Bund» mit der Bitte um Weiterleitung. Es sollten nur ein paar Worte mehr sein, die ihm sagten, wie sehr wir alle an ihm hingen, und es war so eine Hoffnung dabei, daß, je mehr aus seiner Gemeinde es ihm sagen würden, um so mehr würde er Kraft haben gegen den, der «in seiner eigenen Stimme Ton» sprach, anzukämpfen. Aber ach, er war so vertraut mit dem, was jenseits unserer Zeit ist, daß nichts mehr ihn halten konnte. Ich höre, daß es ihm sanft gekommen ist. Es konnte nicht anders sein, liebe Frau Doktor, er war so wissend an der Grenze unseres Daseins. Bei allem, was er in unserem Tage tat, war der Ernst seiner Augen und das Lächeln seines Mundes der Abglanz eines Hortes, den er in einer anderen Welt hütete. Wie viele Dinge müssen nun in uns stumm bleiben, da wir sie ihm nicht mehr sagen können, denn er war ja nicht nur unser Mund, er war unser Ohr, das uns hörte wie selten eines.

Jener Schullehrer, der bei einem Todesfall statt eines Kranzes ein Buch sendet! Weil der Kranz sowieso ein Schwindel sei! Der richtige Augenblick, Originalität zu schinden!

22. April

Marti. Nun ist es schon drei Tage her, daß er nicht mehr unserer Zeit angehört. Ein Toter tritt aus der Zeit aus. Er liegt da und läßt die Zeit an sich vorübergehen. Wir defilieren an seinem Lager vorbei, und wir sind die Zeit.

Bieli kaut Tannenharz.

23. April

Ein Gedanke der Natur – ein Teil des Schöpfungsgedankens ist der Transport der Keime. Kartoffeln in Bergtäler mit Hilfe der Menschen. Sie verfolgen damit ihren Nutzen, sind aber zugleich

Werkzeuge im Naturhaushalt wie die Winde, die Insekten. Ähnlich verhält es sich mit der Übertragung der Krankheitskeime und Parasiten. Eine Krankheit wie die Syphilis, zum Beispiel vom biologischen, nicht vom pathologischen Standpunkt aus gesehen. Ihr Kampf um das Dasein. Ihre Tragik. Die Natur, unmenschlich gesehen.

Beobachtung: Der Heilungs- oder Regenerationsschmerz einer Brandwunde macht sich in der Morgenfrühe bemerkbar, nachher ein deutlicher Schub der Vernarbung.

Für «Tuggen»:
Die Natur, unmenschlich gesehen. Ihre Einsamkeit, Gelassenheit und Unbekümmertheit. Was uns an ihr Passivität erscheint, ist winziger Teil einer gewaltigen Bewegung.

Die Kleinheit allein läßt den Menschen leiden. Größe ist jedem gegeben, dem Kleinsten selbst.

Kunst muß heiter sein (seren). Ihr Objekt kann düster und tragisch sein, klein und unwichtig, aber gesehen muß es sein von jenseits. (Vorsicht vor der gemachten Heiterkeit; es gibt auch eine schriftstellerische Heiterkeit, die Krampf ist.)

Was geschieht mit uns in den Lücken des Bewußtseins (im Schlaf, im Halbbewußtsein, in der Langeweile)? Von außen gesehen, nichts anderes, als wenn wir brodeln von Gedanken – wir sind eingegliedert in die toten und die lebendigen Dinge der Natur – hier tut sich der Gegensatz auf zwischen uns und der Natur, denn es ist wohl das «Ich», auf das es uns ankommt. Beim vollendeten Aufgeben in der Natur antwortet auch sie auf den Ruf «Sch» (Bieli).

Das Nicht-Bewußtsein ist eine Fessel, gegen die der geistige Mensch ankämpft. Der ungeistige Mensch (es ist kein Werturteil) empfindet den Einbruch des bewußten Ich in seine Welt als Fesselung.

27. April
Es kommt für jeden Mann die Zeit, wo es vorbei ist mit der Verschwendung. Nicht Leere und Unfruchtbarkeit – aber vorbei der ungesichtete Überfluß. Es ist der große Augenblick im Leben eines Mannes, denn nun erweist es sich, was da ist, wirklich da, was blieb. Er war ein Geuder, nun wird er ein Verwalter. Er muß sich bescheiden mit dem ihm zugegebenen Teil. Jetzt muß es sich erweisen, wie viele von den ausgestreuten Saatkörnern keimfähig waren, und ihnen, jenen wenigen, die Würzelchen trieben, gilt seine Sorge und seine Obhut. Dort bei den Saaten ist fürderhin sein Platz, mögen oben an der Straße die Menschen mit Sang und Klang vorüberziehen. Wie der Bauer steht er auf seinem Feld, wohl mag er von Zeit zu Zeit anhalten in seiner Arbeit, sich auf seine Hacke stützen und hinübersehen – vielleicht mit Bedauern, mit Sehnsucht, aber die Gebärde seines Alters ist die, daß er sich zum Acker zurückwendet, seine Hacke ergreift und weiter arbeitet. Die Masse ist nicht sein Feld. Er ist einsam.

Auch das gehört zu eines Mannes Tragik: daß er nicht unter dem Mitleid zerbricht.

Der harmonische Mensch ist arbeitslustig.

Richtige Arbeit kann nur in Geduld entstehen.

28. April
Sich selber und der Menschen größter Feind ist der Menschenfeind.

Gespräche, aus denen man errät, was einer in der Tasche hat (Revolver zum Beispiel, kein Geld, eine Kündigung). Für die Comédie des imposteurs (siehe Heft IV vom 4. Februar 1937). Reden so um das herum. Der eine der beiden kann es aus den Reden erraten.

In jedem den Helden sehen, der auf dem Totenbette ist.
(Marti)

Die unheimliche falsche Heiterkeit gewisser Greise. Sie simulieren Heiterkeit, aber hinter ihren Augen sieht man, wie sie gehetzt sind.

«Antonio Adverso.» Der Mythos von der Geburt des Helden (siehe Freud – «Moses in Ägypten», «Imago» 1937, Heft 1).

29. April

Des entschwundenen Rausches tote Zeugen.

1./2. Mai

Aarau und Brestenberg mit dem Schriftstellerverein.

5. Mai

Uznach. 70 Kubikmeter Sand sind 100 bis 120 Tonnen. Die «Saturn» faßt 170 Kubikmeter = 340 Tonnen Blausand aus dem See, Schmerikon, für Verputz, Grubensand, Nuolen für Maurerarbeiten. Pro Fahrt zu zweit dreißig Franken. Über den Handablad früher schöner. Pritsche am Auspuffrohr. Breme = Anhänger – Ledischiff ohne Motor.
Dr. Kägi: Das Messer in der Türe eines Schwerkranken. Lorenz Bamert im Blindenhof, Gesundbeter. Vieharzt, Wartezimmer, neues Velo.

Mühle in Tuggen. Römische Fundamente, die ein Coiffeur ausgraben läßt. Burg Bibiton in Kaltbrunn.

Der trinkende Bauer, der nachts sein Pferd nimmt und herumreitet (im Ried). Der Autounfall. Der Föhn heult. Das stumme sterbende Pferd im Ried mit gebrochenen Hinterbeinen, einsam.

Im Herbst hausieren die Tuggener mit ihrem Heu im Toggenburg. Das Nichtstun der Genossen in der Korporation.

Das Streugras steht am höchsten im August, Ende Juli. Geerntet wird im September. Die einzige schwere Arbeit. Nicht lange liegen lassen.

Die Maiprozession. «Heilige Maria, Mutter Gottes, Gebenedeite unter den Weibern, bitte für uns.» Das Abendmahl.

A Paris, dans un hôtel, au milieu de la nuit, en rentrant, je me suis trompé d'étage, et j'entrai dans une chambre vide, obscure (la lumière ne marchait pas).

Das Pferd am Wagen Güschs ist das sterbende Pferd im Moor.

Geschichte von Dr. Amann, Autounfall der vier Jäger, die die Pacht nicht mehr erhielten. «Usrume.»

7. Mai

Inmitten der erzenen Klänge der drei Glockentürme steht das erzene Denkmal Waldmanns, er sieht aus wie Erz gewordener Klang.

Hast du gesehen, wie verzweifelt beinahe das Froschmännchen sich auf das Weibchen klammert? (Rochat zu Marie.)

Das unvergeßliche Bild, wenn das Ledischiff unter dem Rapperswiler Damm hindurch in den Obersee einfährt. Der Buchberg, an dem vorbei der See in ein geheimnisvolles Land einmündet.

Die Beschreibung der Kajüte. Der Kompaß mit der Petrollampe. Der Motor, der kleine Kochherd, die Pritsche. Stilli – der mit einem Meißel die Kutteln-mit-Tomaten-Konserve öffnet. Die andern Schiffe, der Obersee, der Buchberg, «Nummer sieben», die verlassene «Breme».

Mehrgewicht des geladenen Sandes bis zwanzig Tonnen, wenn es über Nacht regnet.

Der Schriftsteller muß sich mit einer Beschreibung ein Fest bereiten.

Une fête de précision et de simplicité.

14. Mai
Eine immer wieder kontrollierbare Beobachtung: Fixiert man einen bestimmten Ausschnitt des Blickfeldes und nimmt insbesondere irgendeine Farbe ins Auge, so wird, wenn man den Kopf heftig dreht und den Blick in ein anderes Gesichtsfeld richtet, sofort und automatisch die gleiche Farbe an einem anderen Gegenstand einem ins Gesichtsfeld springen. Maler. Durchnehmen aller Farben. Feinste Selektion der Nuancen.

Wenn man die Entwicklung der modernen Physik verfolgt, wo das Kleinste immer noch in millionenmal unendlich Kleineres aufgeteilt werden kann, wo kein Ende abzusehen ist und das Normal-Kleine uns wie ein unfaßbar Großes erscheint, so drängt sich einem die Überzeugung auf, daß es eine *andere* Art, die Dinge zu sehen, geben muß, eine Art, wo das Quantitative nicht mehr diese Rolle spielt wie im Auge des Menschen.

19. Mai
Therese steigt mit einem langen Hemde ins Bad. Bieli will ihr Haus anzünden. Der «Dom von Siena» leuchtet unter den Blitzen auf. – Unter dem Bett steht eine Kiste mit Papieren. Im Schlafzimmer, wo hochgenistet ihr Bett stand.

Das fortwährende Ringen des Menschen um eine gute Position zu sich selbst. Manchmal zu nah, manchmal schauerlich fremd.

Beim Einbruch der Nacht begann ferne hinter den Schwyzer Bergen der Donner zu grollen. In Theresens Küche lief durch einen langen Schlauch das Wasser in einen Zuber. Aus unsichtbaren Ritzen pfiff plötzlich ein erwachter Luftzug durch die Wohnung. Es war derselbe Wind, der die Glockenschläge der Kirchenuhr zerzauste, daß sie manchmal ganz nah und dann wieder ganz fern klangen. Sie verschloß die Türe sorgfältig, umwickelte den Klöppel der Glocke mit einem Lappen, ging in die Stube, bedeckte den Käfig der Elster mit einem Tuch. Dann saß sie einen Augenblick lang in der Sofaecke. Die Petrollampe stand auf dem Tisch. In der Küche floß mit nie enden wollendem Geplätscher eintönig das Wasser, die Vorhänge bewegten sich leise hin und her, sacht schlug der Rosenkranz an das Weihwasserbecherchen, und von Zeit zu Zeit rollte von ferne, verwischt manchmal und dann wieder getragen vom staubigen Gewitterwind, der Donner. Unter den Ziegeln am Dachfirst raschelte das Gefieder der Tauben. Wie tastende Finger glitten windgetriebene Blätter (mit leisem Zischen) den Scheiben entlang. Eine leere Blechbüchse rollte vom Winde getrieben der Hausmauer entlang. In den Eckfugen rieben sich die Balken aneinander.

23. Mai
Neid und Mißgunst sind das Krebsübel der Seele. Sie zehren an der Seele.

27. Mai
Tante Ida (Heß) der Frau B. von Büel ob Wald. Jedes Jahr macht sie ihre Rundreise und «besucht» die Verwandten, «Wattiswil», Thalwil, Zürich (Friedhöfe) – Rorbas – Freienstein – Bülach – Pfäffikon – Wald. – Geröstete Hafergrütze mit Speckmöcklein – geschwungener Nidel – Most – Kirsch. Macht Gedichte. Bei der Beerdigung am Taufstein, bevor der Pfarrer kommt. Bei Hochzeiten. Trägt heimlich Spezereien. Diese Strafe. Di Straf. Ihre Freude am Feuerwerk in Fluntern. Das Leintüchlein auf dem Kissen. Portemonnaie im Unterrock.
Dreißig «Haupt» Vieh. Per Zug in die Ferien in die Bündner Alpen. Im Winter wird geglast. Sie haben noch eine Glaserei.

Wie wird in katholischen Gebieten ein Selbstmörder beerdigt?

Die Handfläche der Frauen (Tastsinn) ist gröber als beim Mann. Die Frauen rühmen sich, «heiß» besser ertragen zu können als Männer.

Die Frage an den Menschen: Wann endlich willst du dich entschließen zu leben? In der Gegenwart zu leben, dich einzurichten, endgültig in dem Zeitabschnitt, der dir eingeräumt wurde? Wann? Dein ganzer Reichtum ist das bißchen Zeit, das du hast –

sonst gar nichts. Verstehe endlich das ewige Symbol der Tage, der Monde, den ganzen gewaltigen Mechanismus, den Gott geschaffen hat, um es dir einzuhämmern: die Zeit, die Zeit.

Wie in der Physik aus der Zertrümmerung des Allerkleinsten, des Atoms, neue Welten aus dem Dunkel emportauchen, so auch in der Dichtung. Aus der Analyse der Sekunde entsteht das neue Bild, das «wahrere» Bild, aus dem das Dasein des Menschen sich aufbaut. Diese Teile sind unwahrnehmbar klein – unausgesprochen aber fühlt ein jeder, daß sie es sind, die wir fühlen, leben.

28. Mai

Eventuell: Bielis Nacht, ganz von innen her gesehen. An der Grenze des Bewußtseins und des Instinktes. Mit kurzen, die innere Vision Bielis zeichnenden Sätzen des Autors.

Nie denkt er etwas. Sein Leib setzt sich in Bewegung, und er zögert nie, ihm zu folgen, nie denkt er darüber nach, was ihn in Bewegung versetzt. Was er tut, ist im voraus bedacht, seit Tausenden von Jahren schon. Er ist nicht neugierig, er ist willig und folgsam. Nicht ganz so. In seinem Innern sind Gefühle, die ihn treiben, Instinkte. Er vertraut sich ihnen an. Sie sind ein Floß, auf dem er dahintreibt. Es führt ihn durch die Nacht, den Strom des Lebens.

31. Mai

«Tuggen»:

Flammend und flackernd folgten sich ununterbrochen die Blitze. Nur kurze Pausen der Nacht störten den blaufahlen Tag mit seinen donnernden Horizonten. Er stand wie ein Damm im Regen. Jenseits der Krempe seines Hutes, von deren Rand die glitzernden Tropfen rannen, leuchtete fahl die Mauer von Theresens Haus. Unter dem durchweichten Stoff atmete sein warmer Körper ruhig, und das Wasser verlor seine Kälte. Seine Augen wanderten dem Haus entlang, von Fenster zu Fenster, hafteten an den Spalten der Jalousien.

(Er war ein williger Bewohner seines Leibes. Er zögerte nicht, ihm zu folgen, wenn er sich in Bewegung setzte. Er hatte ihn wie ein Floß durch die Nacht getrieben, und nun stand er da, und die Einsamkeit umwitterte ihn.)
Der Regen hörte mit einem Schlag auf. In sein abziehendes Echo wetterleuchtete es noch einmal müde auf, dann gewann die ruhige Nacht die Oberhand. Er stand noch eine Weile, dann ging er das Sträßchen hinab. Sein Fuß stieß an die leere Blechbüchse, die am Fuße der Mauer lag, sie rollte von neuem ein Stück weiter. Die Bäume flirrten im kühlen Wind, die Tropfen glitten zögernd über die Blätter hinab, die warme Erde schluckte sie. Bielis Kleid dampfte. Schon leuchteten trockene Flecken auf der Asphaltstraße. An den Rändern der zerzausten Wolken schimmerte das Mondlicht.

7. Juni

Der Wille ist frei (!?) Man kann es ja nachprüfen, man kann tun, was man will. Aber daß man es meistens nicht tut, was bedeutet das?

«Tuggen:»
Nur um den Toten kann man ungestört herumgehen. Es ist waghalsig, auf den Haß zu bauen.

«Tuggen»:
An schwülen Sommerabenden die Irrlichter, die «fürigen Mannen» im Moor. Die Kolben des Schilfs. Iris, Enziane. Orchideen. Die roten Algen. Blutregen.

8. Juni

Die kleinen Armbrüste der Schwalben.

Artikel von Hiltbrunner in der «Confoederatio Helvetica» großartig.

Die Männer kommen aus der Nacht, wo sie das Feuer löschten. Solche Morgen hat es immer gegeben, und dieses Tun verbindet sie auf einer andern uralten Ebene, die seltsamer und naturnäher ist als ihre Arbeit. Sie wehrten dem Element, der Zerstörung. Sie fühlten eine tiefe menschlich-männliche Verbindung, so wie früher, wenn die Männer in den Krieg zogen. Alles ist anders. Andere Gesetze, andere Beziehungen. Es ist unausgesprochen, aber sie fühlen es alle. Es entsteht nachher der Zustand eines gewissen Rausches, dann eine Art wohlige Erschöpfung. Ein Bereitsein den dunkeln Mächten der Zerstörung gegenüber, die Natur, das Element als Feind. Elle est puissante, terrible, mais l'homme la combat avec sa propre force: la patience. Der Kampf zwischen Natur und Mensch steht unter dem Zeichen der Geduld. Die Natur ist geduldig, der Mensch ist geduldiger. Aber beide haben ihre Zeiten der Ungeduld, der Ausbrüche. Fast jede Vereinigung des Menschen außerhalb der Familie ist eine Vereinigung gegen die Natur. Auch das Begräbnis Güschs unter diesem Gesichtspunkt.

Das Geschenk in den Beziehungen: große Ansprüche sich gegenseitig stellen.

9. Juni

Kapitel X. Es beginnt eine neue Erzählerart.

Der Korporal, der seine Uniform in Seewen abgeben mußte. Reitet mit dem Pferd im Ried herum. Das sterbende Pferd im Ried.

Gestern Vortrag René Königs in der Philosophischen Gesellschaft: «Technik und Magie bei den Primitiven.» Sehr aufschlußreich für mich. Rochat und Bieli. Die Frage nach der Definition. Richtung des Denkens bei der Magie vom Ich zum Es, bei der Technik vom Es zum Ich. Objekt, Subjekt. Eiffelturm, Wolkenkratzer. Die Technik ist nicht nur rational zu verstehen. Gebräuche in Fabriken usw. Weiteres Thema das Spiel. Zerstörung der soziologischen Grenzen. A creuser.

11. Juni

Der Bewunderte läuft seinem Bewunderer nach wie ein Hündchen, das um Zucker bettelt.

Wenn der Schriftsteller Kritik gehört hat, literarhistorische Abhandlungen, ästhetische Untersuchungen, wenn er sich mit ihnen auseinandergesetzt hat – so muß er sich zurückziehen, ganz in sich, alles vergessen, denn diese Analysen sind entweder lächerlich und ärgerlich oder geradezu Gift für seine Unbefangenheit.

Kapitel X. Die Ouvertüre ist nun vorbei, abgeschlossen, die Szenerie ist da, die Personen bekannt (einige Orte noch, Kloster Zion zum Beispiel), und nun setzt die Handlung ein. Ein neuer Erzählerstil. Die Aufmerksamkeit ist weniger dem Stabilen als dem Dynamischen gewidmet.

14. Juni

Viele Leute verstehen und erfassen das Wesen des Künstlers, aber sie sind hilflos und täppisch dem Kunstwerk gegenüber. Der Künstler sollte seinem innersten Instinkt folgen: Nie etwas Unvollendetes zeigen.

König Lear:
– Symbol: Gott Vater und die Undankbarkeit des Erzeugten (allgemeine Tragik).
– Persönliche Tragik: Er ist nicht Gott.
– Die Gemeinschaft und die Mängel des einzelnen (Cordelia büßt unschuldig – aber sie macht sich nachher schuldig durch die Invasion).

16. Juni

Jedes Werk muß eine kosmische Beziehung haben, ja bereits jeder Satz schon.

22. Juni

«Tuggen»:
Die Klosterfrau auf dem Wege: Sie war ihre Lehrerin. Die Klosterfrau kommt an den Schalter, ihr Bild im Rahmen des Schalters. Sie wartet auf dem Bänklein. Sie hat ein Päcklein aufgegeben. Margrit Winkler. Schwester Pia. Marie spediert die Gesteinsproben an das Geologische Institut in Zürich, kleine

kubische Holzkistchen, die ein Arbeiter gebracht hat. Rochats Schrift. In den Stunden, da der junge Briefträger Kägi über Land fuhr mit seinem Velo und die Post verteilte, war Marie allein in dem kleinen Postbüro mit dem kleinen Schalter. Es war ganz ruhig, nur der Morseapparat tickte von Zeit zu Zeit. Sie konnte durch das Fenster in das kleine Begoniengärtchen sehen, das hinter dem Hause war. Hinter den Staketen raste ein junger, läppischer Hund herum und schaute von Zeit zu Zeit zwischen den Zaunlatten hindurch in das Gärtchen wie in ein verlorenes Paradies. Gegen neun Uhr knirschte unter den großen Gummirädern des Postautos der besonnte Kies vor dem Hause. Der Chauffeur trat durch die kleine Seitentüre, lieferte den Postsack ab und nahm dafür einen andern in Empfang. «Adio», sagte er und ging davon. Dann hörte Marie das Schnurren des Anlassers, und während sie den grauen Leinensack öffnete und den Briefhaufen auf den Sortiertisch stülpte, fuhr der große, gelbe Wagen wieder davon. Sie trug eine weiße, bis oben geschlossene Ärmelschürze, ihr Gesicht war ernst und ruhig, während sie ihre Arbeit verrichtete. Der kleine Hund jenseits des Gärtchens winselte, manchmal hörte sie das verträumte Gackern eines Huhnes. Einmal fiel eine Klappe am Schalterbrett, sie zog den Stöpsel aus dem Tisch, stellte die Telephonverbindung her und ging wieder zurück vor die Brieffächer. Kaum war sie mit der Verteilung zu Ende, stand auch Kägi wieder da, mit offenem Uniformkragen, dem schmalen gebräunten Gesicht, die Mütze am Hinterkopf, Schweißperlen auf der Stirne.
«Sie können das Faltboot die ganze Woche noch haben», sagte er. «Ich muß schießen, Training für das Schützenfest.»

«Gern», sagte Marie und reichte ihm ein Bündel Briefe über den Tisch. «Für die Schürf.»

23. Juni

Das Huhn, das die Katze verfolgt.
«Es raucht noch immer», sagte Kägi. («Es ist unheimlich, diese Brände.») «Die Kommission steht immer noch draußen und stochert in der Asche herum.»

1. Juli

«Tuggen»:
Rochat: In Zürich ist das Studentenheim vis-à-vis dem Pfrundhaus.

Exkursion Uznach–Tuggen am 27. Juni 1937, Copie du carnet:
- Ein Fest auf der «Saturn», Rundfahrt. Der Föhn blies so stark, daß die Fahnen gegen den Fahrtwind standen.
- Am Sonntag vormittag um 9 Uhr, unter dem Geläute der Glocken putzte und ölte er die Kummete und das Pferdegeschirr.
- Les gens ne sont pas du tout surpris de vivre.
- Das Kloster Wurmsbach.
- Die Kapelle der heiligen Nothelfer in Grynau.
- Eine Faltbootfahrt Maries im Nebenkanal zwischen dem Schilf.
- Kapelle am Linthport. Gebet der lahmen Anna. Der angekettete Opferstock.
- «Mais will heiß und feiß haben.»
- Nelken, Erdbeeren und Lilien in den Gärten, Vergißmeinnicht in den Gräben.
- Gärtchen mit nur Kartoffeln.
- Möwen, die einen Sperber vertreiben mit Geschrei.
- Die Schwalbennester unter dem First; im Bahnhof.
- Das Entenseeli. Das Gekreisch der Möwen im Reservat.
- Die Ringelnattern. Die Frösche warten auf die Fliegen.
- Der graue Vogel im Ried.
- Was bedeutet das aufgespießte Insekt?
- Me wänd luege, was z Vesper git.
- Die Kühe, die bis zur Brust im hohen Sumpfgras wandeln, pflatschen unter den Hufen.
- On est gentil avec les hommes soûls.
- Marie zu Rochat nach einem Segelflug: Und davon hast du mir nie gesprochen!
- Rochat zu Marie beim Anblick eines Sperbers: Tu vois comme il fait pour monter? Die zwei Flügelschläge fehlen uns noch.
- Rochat zu Marie: Seit ich dich kenne, höre ich den ganzen Tag immer das Singen der Vögel.

– Marie: Und seit ich dich kenne, sehe ich in jedem fliegenden Vogel einen Segelflieger.

Kapitel XI: Bruch des Bohrers. Ingenieur Quirin.

Vraiment, je puis dire: je me couche et je me réveille avec mon roman.

2. Juli

Rochat hat eine Erfindung gemacht. Start des Segelflugzeuges mit einem Mann. Den Motor seines Motorrades ausgebaut. Zuerst hilft noch Baldegger.

3. Juli

Der Eingriff in das vegetative Nervensystem ist wie ein Eingriff in den Traum (unbewußt, willenlos).

Der Dachdecker, der das Spatzennest ausnimmt. Der einzig übrig gebliebene junge Spatz. Wirft ihn zu Boden. «Ich will ihn fliegen lehren.» Wer das sagt, mit dem kann man nicht reden.

Kapitel XI. Kegelbahn. Der Gemeindepräsident. Wie alle Gemeindepräsidenten ist er nicht eindeutig. Seine Stellung ist das Resultat von intimen Kenntnissen der Ortschaft, persönlichen Absichten, Wahlkämpfen, Kompromissen. Er ergreift nie einseitig Partei, überhaupt nie Partei. Auch Rochats Aufklärungsplan, seine Verdachte usw. erfüllen ihn mit Mißtrauen. Die Brände bringen eben trotz allem Geld in die Gemeinde, Arbeit, verschönern sie. Une indéfinissable complicité.

«Tuggen»:
Marie klöpfelt Rochat auf die Hand. Morsezeichen «Weißt du, was es heißt?»

Er lag da und fühlte das Klöpfeln ihrer Finger auf seiner Hand, ganz zart.

Daß das Herz warm ist, Mitleid und Liebe möchte, und der Verstand kalt und ruhig, gewiß, es ist ein schrecklicher Zustand, aber daß der Verstand sagt, hier ist Liebe und Mitleid am Platze, und das Herz schweigt, schweigt, gegen jede Vernunft, und bleibt kalt und grausam, das ist das Schlimmste, was uns begegnen kann (Marie und Therese).

Kein Glück kann von außen kommen. Was es an Glück gibt auf dieser Welt, ruht in uns, kann nur aus uns kommen. Unzufriedene Menschen sind nur mit sich selbst unzufrieden. Erziehung zur Zufriedenheit, zum Glück, dies ist die wahre Selbsterziehung, die einzig gültige Entwicklung des Menschen.

In jeder Sekunde des Lebens die maximale Größe erstreben. Nichts, keine Handlung, kein Wert ist zu klein, als daß dies nicht möglich wäre. So nur wächst ein Mensch in die Völle, reift er, reift er heran. Das Spiel selbst ist ein Ort dazu.

12. Juli
Die Intelligenz zeigt sich eher in dem, was einer nicht sagt, als in dem, was er sagt.

15. Juli
Edmond de Goncourt, Wache bei der Agonie und an der Leiche seines Bruders: ein großes menschliches Dokument.

16. Juli
Der Kaufmann D. repräsentiert, wie Therese, ein gewisses magisches Element im Kampf mit der Natur (Magie und Technik).

19. Juli
In der Niederlage wird der innere Fortschritt eines Menschen offenbar.

Viele Leute verderben einem die Freude an ihrer Rechtlichkeit dadurch, daß man es ihnen ansieht, daß sie es wissen.

Puisse mon désir de poésie pure annoncer une source secrète, qui voudrait percer l'écorce d'un monde secret et caché que je porte en moi!

Idée de la poésie pure, l'homme regarde, il ne fait rien que regarder, et par ses yeux il entre dans le monde incompréhensible et terrible.

20. Juli

Der Übermut des Gehirns.

Der arme Nachbar
eines unausgesprochenen Wortes,
das dich erlösen kann.

Gehört: «Bis in ä paar Jaare liit die au stiif mit offne Hände da!»

Was ist ein Sumpf? Der sich trocknende Boden eines Gewässers. Le fond d'une mer. Il y flotte encore un peu du mystère de la mer, invisible, mais sensible. (Unter jedem Sumpf liegt ein Lehmteller, ein Tonteller.)

Je älter ein Schriftsteller wird, um so tiefer stellt sich ihm das Problem der Sprache; um so schwerer wird ihm das Schreiben. Wie ahnungslos, schlafwandlerisch ist ein junger Dichter. Wie wachsam, wie aufmerksam, wie mißtrauisch wird man im Alter.

Die ewige Frage (siehe Artikel im heutigen Morgenblatt der «Neuen Zürcher Zeitung», «Tempel der deutschen Kunst»). Erhaben oder fanatisch, klassisch oder romantisch. «Chaque classique est un romantique dominé.» Es gibt aber auch eine Romantik, die sich klassisch gebärdet.

Die Kunst ist nicht das Leben. Die Kunst ist vor allem Ordnung.

31. Juli
Heute die Übersetzung «Pouvoir des Fables» an Dr. Naef abgeliefert. (Zwei Exemplare.)

3. August
Schmerikon. Haubensteißfüße auf dem See. Jungmöwen, braun. Der Schatten des Weihs auf dem Gras.

«Wie aus einer noblen Dame eine Pensionsmutter wurde.» Traum und Sujet.

Bei fallenden Tropfen ist nicht das Geräusch, sondern die Stille dazwischen schrecklich.

Traumzustand, wo alles klar obenauf liegt.

Die Steinbrucharbeiter, die den Schwänen Holz zum Nestbau bringen. Lehnen es zuerst ab, fauchen, dann begreifen sie es. Der Föhnsturm. Die «Saturn» nennen sie Satan.

Schwalbennester Bahnhof Uznach.

Spruch auf der gedeckten Holzbrücke über den Aabach:
Zwischen Zeit und Ewigkeit
Ist eine schmale Brücke.
Wir müssen alle drüber ziehn
und fragen bang, wohin, wohin?
Gott helfe, daß der Übergang
Uns führ' zum ewigen Glücke.

Die Großmutter, eine alte, dicke Frau, die das Stehruder eines Kahnes führt, mit zwei Töchtern und neun Enkelkindern.

s Eidechsli, Übername für ein Mädchen.

Das Spiel der Fische mit einem weißen Blütenblatt.

Genossengemeinde. Gesichtsausdruck der Leute, wenn sie dieses Wort aussprechen.

Die Bäume und die Büsche des Deltas, der Dämme. Die verschiedenen Grün, die sich vom Blau des Buchbergs abheben. Erlen, Nußbäume, Eichen, Buchen, Weiden, Pappeln (bordant, en bouquets) längs der Kanäle mit dem Fußweg und dem Damm. Schilf, Binsen, Brombeersträucher.

Das Blau des Wassers. Leicht schaumig, bewegungslos, topasblau, saphirgrün, seifig.

Die Enten im Dämmerblau.

Enten, Haubensteißfüße, schwarze Enten, Bleßhühner, junge Möwen, braun.

Das blühende Schilf. Violette Schleier über dem ockergelben Riedgras. Blühendes Gras.

Den Kanälen entlang, paysages à la Corot.

Das Loch im Wald über dem Steinbruch. Bastion. Der blaue See in der Tiefe zwischen den dunkeln Stämmen.

Die Schlucht à la Moritz von Schwind.

Wenn die Boote ankommen, funktionieren die Pumpen.

Das Entenpaar im Graben, friedlich.

Aussicht vom Buchberg auf Tuggen hinab. Moosbett. Immensee. Ockergelb.

Jupiter mit den vier Monden.

Töpfe mit Oleander, Leander, Lorbeer, Hortensia, mit Bänken dahinter, knapp an der Mauer. Die Leute sitzen da und schauen zwischen den Sträuchern hindurch.

Die Fische in der Sonne. Ihre Spiele über den bespülten Steinen.

11. August
Eine Spatzenmutter, an einem Auge blind, ihre Jungen fütternd. Spectacle touchant, à faire pleurer. Marie.

Damm in Schmerikon nennen sie den «Haken».

Haubensteiß, Junge mit Fischen fütternd, morgens und abends, unter dem Wasser auch.

Der Anker am Hutband.
Die Hasenschartige miezend – das merkwürdige «s s». Erinnerung an Christian Kappeler.
Es sind immer noch die alten Lieder aus dem Dienst.

Der Knall von Deckeln und Bierkisten.

Eine Ringelnatter, Frosch verzehrend, hält sich an den Heidelbeerstauden.

Die Füllhörner der Turner, fleischrote Gladiolen, gelbe Mimosen.

Ehrengäste, Kampfrichter. Organisationskomitee.

Übernamen der Dörfer:
Schmerikon: Seeräuber, Käfer.
Eschenbach: Frösche, Froschschenkeli.

Specht.
Badende Amsel.

Käser, Melker – Portland, Oregon, USA.
Schmucki.
Hofstetter Fritz in der Mühle.

Schützenkönig, Amerikaner.
Vatikan (nicht päpstliche Garde).

Linthport – Anneli.

Die Bienen mit ihren Vorratstäschchen im wilden Weinlaub, das verblüht, ihr Schlecken an den Stempeln herum.

Veränderung der Amerikaner. Spitzes Kinn, laufen anders, finden die Worte nicht.

Brandfälle in Benken. Motorradunglück – Fahrer gesteht in extremis im Spital.

Die Küche im «Rößli» in Sanktgallenkappel.

Förster: Wenn wir im Winter einsanken, im Eis, über dem Schlamm, so sagte man: Er «petrölelet».

Restaurant «Felsenburg». Kundi. Streit, Knabenschaften.

Ausblick vom Döltsch den Starkstromleitungen entlang nach Grynau.

Rehe im Wald, ruhig.

Wie Minzen unter der Eiche beim Linthport-Anneli.
16. August
Der Mann mit dem letzten Segel-Ledischiff, Kies ladend und führend, ganz allein.

Die Großmutter unter dem Vordach des Linthports – Anneli, Bilderbücher mit ihrem Enkelkinde ansehend.

Warum neunzig Witwen in Schmerikon. Aus der Zeit der Segel-Ledischiffe, mit ihren halbwöchigen Flauten und Schnapsorgien.

«Blausand». «Streuner» – ein Mann, der Streu erntet. «Triste» = der Heustock. «Milchgriffel», Kratzgriffel.

Literatur:
Binder, «Zur Kulturgeschichte des Zürichsees», Rentsch, Zürich.

Es entwickelt sich von selbst, am 1. August, der alte Schiffertanz im Hafen von Schmerikon. Organisches Aufleben.

Zeigen, wie das Nationalfest in der Schweiz mit der Arbeit beginnt.

Die Mädchen im Pyjama und die Motorbötchen, die heißen: «Je m'en fous!»

23. August

Das Fest in Schmerikon. Das Podium über den Ledischiffen. Die Musik auf der erhöhten Brücke der «Saturn». Die vier Trompeten gehen unter und sind doch hörbar. Rochat und Marie auf dem See. Die Höhenfeuer. Bieli entzündet seine Holzstöße. Sa fuite. Descend de feu en feu. Incendie chez le Gemeindepräsident. Das gestörte Fest. Der schaurige Ton der Feuerhörner. Die Turner (als Feuerwehr auf ihren Wagen). Die Heimat in Gefahr!

31. August

Der Atomkern, um den sich alles dreht, der Urkonflikt, die Urspannung. Zufällig ist etwas nur, wenn man es von außen, vom persönlichen Interesse aus, besieht, sinnvoll geordnet ist es, wenn man es unpersönlich sieht. So kommt es in diesem Roman weniger auf die psychologischen Gesetze an als auf die physiologischen, biologischen. Ganz allgemein gesprochen, ist die Psychologie im Roman etwas Neben-Sächliches, das «Sächliche» ist das allgemeine, aber unbekannte Gesetz des Lebens.

Vom Zentralpunkt aus gesehen, gibt es kein Zögern für das Verhalten der Personen. Die Kombination stellt sich von selbst ein, weil sie der Ausdruck der Gesetzmäßigkeit ist.

Umgekehrt: Das Ausbleiben der Kombination (oder deren künstliche Herstellung im Roman zum Beispiel) beweist das Fehlen des zentralen Punktes. (Persönlich kann ich mich ohne Zögern daran halten: Sobald ich versucht bin, bewußt etwas zu erfinden, stimmt etwas nicht, es gibt einen totalen Mißerfolg.) Es muß von «selbst kommen», und die Aufgabe des Schriftstellers ist: zu warten. Nutzbringend diese Wartezeit ausnützen ist: Immer und immer wieder, Tag und Nacht um den Abbruchpunkt kreisen, bis der Schlüsselsatz kommt, in dem embryonal alles enthalten ist. Nur was leicht kommt, ist gut, ist heiter. Schwere ist Zeichen eines Willens. Aber der Wille hat nichts zu tun in der Ausführung eines Kunstwerkes.

Bieli muß verstanden werden wie ein Künstler. Er will nichts. Er tut etwas.

9. September

Kapitel XVIII. Marie führt B.s Revierbuch (siehe Noll). Maßnahmen. Wachen, Streifen im Ried. La chasse à l'homme. La seule qui commence à voir clair: Marie. (Mais pourquoi, pourquoi?) Der Gemeindepräsident hatte keinen Verdacht gegen B. (Wollte Sie fragen, ob Sie nicht Verdächtiges im Ried gesehen haben?) Das Land ist dürr, ausgetrocknet, die große Gefahr.

Das Feuer zeigt dem Menschen, wie reich er ist, das Wasser, wie arm.

Der Regenbogen im Spinnetz.

Nur das, worauf wir zu verzichten bereit sind, gehört uns.

Der erste Schritt zur Besitzergreifung ist der Verzicht.

Daß Weisheit immer darin bestehen soll, daß man etwas unterläßt!

Es ist zu zeigen, wie langsam, aber beharrlich die Gesellschaft zu reagieren beginnt, um den Schädling auszumerzen. Eigentlich ohne Haß, mehr wie eine Ur-Pflicht.

10. September

Die Wirtschaft «Zum Wigott», am Kreuzungspunkt der alten Vagantenstraßen
1. Zürich–Walenstadt–Chur–Vorarlberg.
2. Ricken–Toggenburg–Appenzell–Sankt Gallen–Bodensee,

3. Näfels–Glarus–Linthal.
4. Wald–Turbenthal.
Nicht vergessen: das Gaster ist gemeinsames Untertanenland bis 1798 – Kanton Linth.

Das Unglück, die Gefahr, stellt unter den Gastergemeinden die Einheit wieder her, die sie geographisch, trotz den politischen Grenzen, sind.

Kunst ist nicht Vorstellung, sie ist Darstellung.

Die Geschichte eines Romans.

Der Jahrgängerverein. Die Klassenzusammenkunft. Moyens?

Von der Mitte her eng beim Sujet bleiben!

Wiprächtiger, Name der Schwester Pia.

Marie notiert den Abzug der Zugvögel.

Marie commence à se demander: Wer ist Bieli?

22. September
Adeline erinnert sich, daß Marie die Seerosen brachte.

Der Schmetterling als Auferstehungssymbol.

Beobachtungen im Ried im Monat August/September.
Kiebitzregenpfeifer.
Triel. 30. September 1915, seltener Herbstvogel.
Bogenschnablige Standläufer, 2. September 1912.
Bruchwasserläufer, Herbstzug 31. August bis 15. September.
Waldwasserläufer, unregelmäßiger Durchzugsvogel im Herbst.
Kampfläufer.
Flußuferläufer, vom See und von der Linth ins Ried.
Eine Kette Rebhühner.

Kornweihe, blaue und graue, Herbstzugvogel.
Baumfalke, Libelle fangend. 14. September.
Kuckucke.
Raubwürger, Wintergast,
Stare, suchen im Herbst, in großen Zügen, das Ried nach Futter ab.
Finken.
Buchfink, in den abgemähten Riedwiesen Futter suchend.
Grünling.
Feldlerche.
Blaukehlchen.
Riedwärter über den Sonntag.

Ein aufgespießtes Insekt, eine Maus gesehen.

25. September

Der Roman hat seinen Kumulationspunkt erreicht, leicht überschritten. Nun heißt es, eng und konsequent beim Sujet bleiben. Es kommen keine neuen Figuren mehr. Immer enger dreht sich das ganze Geschehen um den Kampf Bieli/Therese; immer deutlicher tritt der Kern zutage. Beide befinden sich in Gefahr, Therese und Bieli, beide wissen es. Beide setzen ihren Weg fort. Es ist wie eine Wette: Wer hält es länger aus? Wer von beiden weiß besser unterzugehen?

«Nehmen Sie die Feder und schreiben Sie.» «Erfinden während des Schreibens.» Alain. «Neue Zürcher Zeitung», 25. September 1937.

4. Oktober

Misericordia, das ist das Erbarmen und das Erbärmliche.

Exkursion vom 2. Oktober:
Netze vor dem Spalier, Kapuziner. Die Heustöcke wachsen. Das Skelett der Bäume erscheint. Herbstzeitlosen. Das Ried macht eine Entzauberung durch, die Größe der Menschen auf dem Ried. Nun sieht man die Leute von weit her. Traktoren, Ochsenwagen. Die Maisfelder sind abgeerntet, sie stehen wie vergessene Versatz-

stücke auf der Bühne. Die großartigen Himmel zur Erntezeit, die Tiefe. Kleine rechende Frauengestalten, ruhende Schnitter, Buben. La joie de leurs figures.

6. Oktober

Eine Entzauberung des Rieds. Das Eindringen der Menschen in die Kronen der Bäume, in die Stille der Kornfelder, emsig. Die Streuernte überzieht das Ried wie eine Krankheit.

Ameisenmenschen.

Bild der Ernte, à la Breughel. Das kahle Ried läßt die Leute weit hinaus sehen, blaue Schürzen, nackte Oberkörper. Il faut les nommer tous. Une sorte de coup de filet. Einen Start Rochats zeigen. Mais insensiblement tout mue, avance, imperceptiblement. Cela doit être vu grand avec beaucoup de détails précis. Les forêts qui se colorent. Heiter, heiter. Symphonique. Rochat zählt die neuen Ziegeldächer in der Ebene. Der Föhn. Die Jagd.

Der Metzger entkleidet die Gemsen, die Rehe.

8. Oktober

Er hat keine Träne mehr, denn er kommt aus der Menschennacht.

Das Werk hat seinen eigenen Entstehungsrhythmus, der Schriftsteller kann ihn nicht beschleunigen, aber er kann ihn zerstören.

Die letzte Eroberung eines großen Mannes, die er erringen kann: die Nachsicht der andern.

Ein Wesen lebt nur durch die Liebe, die es gibt.

Jeder Entschluß bedeutet ein Opfer, einen Verzicht; das macht ihn so schwer.

15. Oktober

Das folgende Kapitel, XXII, könnte die Überschrift tragen: die Menschennacht. Im Gegensatz zu Kapitel XXI wird gezeigt, was

Verwirrendes, Verschlungenes, Unausgesprochenes in den Menschen ist, wie es arbeitet, hervorbricht, eine Elementargewalt.
Marie wird Zeugin davon. Die Begegnung Theresens und Bielis.
Plötzlich sind ihr alle Menschen fremd, grauenhaft.

18. Oktober

Der freie Wille besteht, also ist der Mensch verantwortlich für seine Taten. Nur für die Gedanken ist er es nicht.

19. Oktober

Im Liebesleid mit Männern zusammensitzen und spotten über die Weiber.

Trost zusprechen kann mancher, trösten kann jeder nur sich selbst.

Friede und Heiterkeit sind in mir eingezogen. Selbstschutz der Natur.

21. Oktober

Beide, Therese und Marie, verstehen Bieli. Marie versteht ihn als Alliierte, Therese als liebende Feindin.

22. Oktober

Das Einstellen der Bohrarbeiten ist auch für Marie, wie für ihre Mutter, eine Katastrophe. Rochats Abreise.

Vom Kapitel XXII an hört das Beschauliche auf, es kommt nun langsam, dann immer rascher zur Auslösung aller latenten Konflikte.

Ein Kapitel, in dem die technische Situation in aller Klarheit dargestellt wird. Der Bohrer steckt in subalpiner Molasse.
Gas und Erdölspuren.

Naturgas:	460 Meter	Erdöl:	770 Meter
	1090 Meter		856 Meter
			1053 Meter

Die Wasserzufuhr wurde durch Zementation nicht rechtzeitig abgesperrt. Es gelang nicht, den Wasserspiegel zu senken.
Der Gasauftrieb ist ein Quadratzentimeter per Minute.
Bei 1634 Metern aufgegeben.
Diese Szene spielt in Rochats Büro, in Anwesenheit Maries, nachdem Rochat die Mitteilung erhalten hat. «Arbeiten einstellen, sofort mit dem Abbruch beginnen.» Es ist eines der letzten Kapitel. Von da geht die Nachricht zu Therese.

Approximativer Gang der Handlung. Marie geht zu Pia und erlangt Aufklärung. Sie begegnet Bieli, der ihr einen Grabstein zeigt, gleichsam als Rechtfertigung. Marie mit Rochat. Marie mit ihrer Mutter, elle accable Rochat. La mort de Thérèse. Bieli se livre à la Justice. Départ de Marie et Rochat. Episode à intercaler. Adeline et Thérèse. Ferner eine Begegnung Bieli/Rochat. Les deux types.

25. Oktober
«Gleich weit vom Empfindsamen wie vom Herzlosen.» Hofmannsthal.

Wie Bieli sein Projekt ausführen will, wird der Kran zum Abbruch des Turmes aufgestellt.

Der kleine Sarg Dieners – davonfahrend. Sein Auto.

«Tango diheim.»
«Bös inenand kneblet.» Redensarten.

Die Demütigung des Verlassenwerdens.

Die Dahlien sind schwarz geworden. Rauhreif. Jeder warme Atem gibt einen Dampf. Die Kaminfeger gehen im Städtchen umher. Die Möwen sind auf dem See. Die Bleßhühner. Der Boden der Landstraßen ist hart. Die ledernen welken Birnblätter. Die Nebelhörner der Schiffe. Die Lismer kommen ans Tageslicht, die Kappen mit den Ohrenschützern. Die braunen hochgeschlossenen Joppen. Die Kinder mit den bunten roten gestrickten Röckchen. Schuhe und Strümpfe erscheinen wieder, die Buben haben die Hände in den Hosensäcken und gehen leicht vornüber gebeugt. Hie und da eine Schleife. Die Scheiben sind angelaufen. Eisblumen. Die letzten Astern. Die Stechpalmensträuße, die Herbststräuße aus bunten Blättern, Föhrenzweigen. Laubsäcke, Holzsammeln. Allerseelen. Die dunklen Kleider der Frauen. Die Fußballspiele der lokalen Klubs. Der Ofen im Wartesaal von Uznach. Die Vorfenster. Die Holztüren. Dampf aus den offenen Stalltüren. Die ersten Schneeflächen, Mürtschenstock. Die Kohlenwagen. Die frühe Dunkelheit, das Lichtersparen. Die heißen Steine im Bett. Die muffige Luft in den Zimmern. Die Fäustlinge. Das gefrorene Ried. Die einsamsten, gefährlichsten Gegenden erschlossen. Das Knirschen angefrorener Halme. Die Ölflecke auf den Wassergräben. Die Fernleitungen summen.

30. Oktober

«*Das* ist wichtig: eine Frau, die einem das Suppenkesseli ins Gefängnis bringt.»

Nichts sitzt dem Menschen so locker wie sein Geheimnis.

1. November

Exkursion vom 31. Oktober:
Die verkohlten Reste der Riedscheuer. Das Aufwehen der Nebel über dem See. C'est comme une musique.
Die Maiskolben unter den Altanen.
Die Bohnenstickel liegen auf dem Boden hingestreckt, oder zusammengebündelt um einen Baum.
Die Kohlstrünke sind ins Kraut geschossen.
Die alte Linth – regungslos. Auf dem Linthkanal liegen die Schatten der Tannen und reichen bis auf den Grund. Die tauigen Rasenflecken im Schatten sind opalblau.
Die Ufer sind nun frei, weil die Spreu geschnitten.
Moos an den mannsdicken Weidenstämmen.
Der Kavallerieverein.

Lieber Gott, gib mir die Kraft, damit ich dieses dein Werk beschreiben kann; sentiment en courant sur la digue.

Auf der Brücke von Gießen sieht es aus, als käme die Linth mitten aus dem Mürtschenstock heraus.

Die Eichelhäher mit einer angebissenen Birne auf dem Baum.

Im Herbst kommt das Kesselartige des Rieds deutlich zum Vorschein.

2. November
Faust II, 1. Akt. Schatzmeister:
«Wer wird auf Bundsgenossen pochen,
Subsidien, die man uns versprochen,
wie Röhrenwasser bleiben aus.»

7. November
Wichtig: Therese versteht die Einsamkeit Bielis, die die ihre ist.

10. November
Glücklicherweise ist manchmal das Leben des Menschen edler als sein Gedanke.

Die Natur ist blind und grausam wie ein lüsternes Weib.

Zu einer Frau gehört Gott, damit sie ein Mensch wird.

Zur Natur gehört der Mensch, damit sie göttlich wird.

Im 7. Jahrhundert hat ein Mensch einen Gedanken in diese Gegend getragen. Ich habe ... Von da an lebte sie im Lichte Gottes.

12. November
Die größten Schwierigkeiten bei mir im Verkehr mit den Menschen kommen aus deren Überschätzung.

15. November
Die Möwen wanken manchmal auf ihrer Fluglinie wie Seiltänzer auf ihrem Seil.

18. November
Nicht dem Alter wollte ich Dich zuführen, aber der ewigen Jugend, die nur im Geiste möglich ist. Nun werden wir altern – jedes für sich. Ich habe keine Freundschaft zu Dir, nur Liebe, sonst nichts. Ist sie tot, bleibt nichts mehr. Ich wollte dem lieben Gott in Dir ein Gärtchen bereiten; es ist zerstampft, zerstört. Ich fürchte, es werde das letzte nicht sein. Es gibt keine Treue ohne Opfer. Die Treue ist des Menschen Würde, sein göttliches Legat; wo immer sie verletzt wird, herrscht Untergang. Ich bin nicht bitter, ich bin nicht schroff. Ich habe keinen Haß. Ich traure nur vor dem entschleierten Bild. Meine einzige Sorge ist die: daß Deinem Sohne diese Trauer erspart bleiben möge.   K.

Brief an T. am 18. November 1937.

1. Dezember
So mächtig der Mann sein mag, den du fürchtest und beneidest, wenn Gott dich leben läßt, kommt die Stunde, wo du ihn bemitleidest!

Ohne Treue ist der Mensch einsam wie ein Tier. Seine Gefährten äsen, während er stirbt.

9. Dezember
Im Westen, hinter der Bläue der Hügel, der Widerschein von Flammen, als warte dort eine neue, festliche Welt auf sie.

Pia, von der Terrasse des Klosters Zion.

Helbling, l'épitaphe.

Es ist einfach – jenes große Geheimnis, das hinter allem Bewegungslosen ist. Der Saturn gleitet, fährt durch ein stilles, bewegungsloses Land, wie durch ein Geheimnis. Für diese Welt gibt es keinen Abschied. Nur wir gehen, das Land bleibt. Es blickt auf uns herab, sieht unser Treiben und Gehen, so wie wir den Tanz der Mücken sehen. Es war vor uns, es bleibt nach uns. Unsere Würde ist: es zu wissen, aber auch unser Schmerz, unsere Tragik – wir sind göttlichen Ursprungs.

Die Hochzeit der Augen. Créer.

Die Ahnung des Ungeborenen.

13. Dezember

«Riedland» beendet.

24. Dezember

Was aus dem Roman verschwinden muß, ist das Autobiographische.

1938

27. Januar

Der Mann in einem gewissen Alter: er ist hinter das Geheimnis des Lebens gekommen. Er durchschaut alles, jede Zeitungsnotiz. Jeder Leitartikel zeigt ihm die Triebfeder, das Spiel der Interessen, das Antlitz dessen, der es schrieb, was bezweckt ist damit, offen und geheim. Die Vorahnungen seiner Jugend bestätigt.

23. Februar

Frauen sind oberflächlich, vom Manne aus gesehen.

Was von außen kommt, ist nichts, nur was von innen kommt, zählt.

Das menschliche Herz ist wehrlos gegen die Hoffnung.

«Träumelnd.»

Die Qual des Klanges,
der jungen Parze bitterliches Weinen.

Les plus grandes souffrances viennent de l'imagination.

1. März

Artikel 7 des Geschäftsreglementes des schweizerischen Nationalrates. Die Eidesformel lautet:
«Ich schwöre vor Gott dem Allmächtigen, die Verfassung und die Gesetze des Bundes treu und wahr zu halten; die Einheit, Kraft und Ehre der schweizerischen Nation zu wahren; die Unabhängigkeit des Vaterlandes, die Freiheit und die Rechte des Volkes und seiner Bürger zu schützen und zu schirmen und überhaupt alle mir übertragenen Pflichten gewissenhaft zu erfüllen, so wahr mir Gott helfe.»

Alle sind durch diesen Eid miteinander verbunden.

Ein weihevolles Aufrauschen wie von einem Vorhang. Das ist seine Empfindung. Bemerkt eine Veränderung in sich. Si quelquefois il a rusé, en ce moment au moins il est pur, touché par une nouvelle lumière. Il est homme de bonne volonté, et pense qu'il est dommage d'avoir dû atteindre cet âge pour en arriver là.

«Die Liebhaber des Vaterlandes sind ergraute Männer.»

Im Vaterland findet der menschliche Wille des Fortlebens Erfüllung. Das Vaterland ist die letzte fühlbare Grenze des Ichs, was weiter draußen ist, ist schon Du, Es. Das Vaterland als Symbol des «Wir».

Das Erlebnis Vaterland, nicht die Ideologie.

Auch im einfachen Haushalt ist das Materielle, das Budget usw., doch nur das Symbol für den Willen, für das Ideal, das dahinter steht. Man muß sich diesen kleinen Sachen mit Ernst und Sachlichkeit widmen, aber die Quelle dieses Ernstes ist das andere, Jenseitige, das dahinter ruht.

10. März
Der Blick des Kindes gibt den Dingen erst ihr ehrfürchtiges Alter.

Entwurf zum Brief an E. L.
Ich möchte es nochmals, auf diese Weise, schriftlich, als ein Wort, das immer und ohne daß irgendein anderer Mensch es zu wissen braucht, zwischen uns sein soll, Dir sagen, wie es gemeint ist. Ich tue es deshalb, damit Du es weißt und Deiner Sache sicher bist, daß nie daraus für Dich eine Belastung oder das Gefühl einer Verpflichtung, einer Verantwortung entsteht. Du sollst so frei und so unabhängig bleiben, wie es nur ein Mensch sein kann. Ich muß Dir das sagen, immer wieder. Daß ich da sein will, hinter Dir, wenn Du mich brauchst, Dich einsam fühlst oder Angst hast vor dem Leben, bedeutet nicht, daß ich etwas erwarte oder erhoffe, etwas will. Ich finde meine tiefste und stillste Erfüllung darin, daß ich bereit sein darf, Dir, ohne zu zählen, ohne zu markten, geben, zu Füßen legen darf, was in meinen beschränkten Kräften möglich ist. Es ist wahr, ich habe Dich gern, auf eine unvernünftige, grenzenlose Art, aber Du mußt nicht erschrecken darob, Du sollst es sehen und daran vorbeigehen, Deinen Weg. Du sollst Dich darauf beziehen, wenn es Dir nützen kann, Du sollst es vergessen und nicht wissen, wenn Du in die Ferne des Lebens blickst, das sich nun vor Dir öffnet, denn in meinem anderen Teil habe ich genug der Nüchternheit und der Vernunft bewahrt, um zu wissen, wie es von außen anzusehen ist. Vielleicht mußt Du dieses noch wissen: daß es für mich so ohne jede andere Erfüllung bleiben muß, immer, als eine Unabänderlichkeit, fügt meinem Gefühl eben jene Größe hinzu, die es für mich zu diesem Erlebnis macht. Alles in mir nimmt nur für Dich Partei, im Guten und im Bösen. Ich bin nicht Richter über Dich. Ich glaube an Dich ohne Bedingung. Es ist eine menschliche Nähe und Wärme beinahe jenseits der Liebe zwischen den Geschlechtern. Ich

möchte Dir helfen, wenn ich kann, wenn Du willst, zu jenem Menschen zu werden, den ich in Dir fühle, an den ich glaube. Ich hoffe, daß Du diese Erfüllung in Deinem Berufe findest. Aber auch wenn es sich herausstellen sollte, daß es nicht Dein Beruf ist, daß in der Zukunft andere Erfüllungen sich auftun und zeigen, auch dann bin ich da und will einsetzen, was ich einzusetzen vermag, damit Du sie erreichst.
Ich möchte, daß es Dir immer gegenwärtig ist, daß Du auf Gedeih und Verderb einen Freund hast, ohne Tauschgeschäft, ohne Gefühlsduselei, denn sieh, ich hätte kein Recht, von dieser Freundschaft zu reden, wäre sie mit einer verschwiegenen Absicht und nicht in voller Freiheit entstanden.
Es war wie eine Krankheit. Ich bin diesem Gefühl ausgeliefert, sehenden Auges, all den intimen Demütigungen und Niederlagen, die es zur Folge hat. Ich habe mir eine Haltung zurechtgelegt, ein Programm, ich verfolge es, ein Programm, dessen Hauptpunkt der Verzicht ist, und manchmal, in kurzen Minuten, ziehe ich einen bittersüßen Stolz daraus. Aber ich bin einsam, unaussprechlich einsam.

11. März 1938
Österreich besetzt:
Der Mensch beugt sich über das bedruckte Blatt und liest:
Erstens: Es gibt vierzig Milliarden Sterne in der Milchstraße.
Zweitens: Es gibt zehn Milliarden Milchstraßen im Universum.
Das Blatt zerreißt unter seinem Blick, der Tisch zerbricht, der Boden birst, und er blickt erschauernd in die unfaßbaren Abgründe hinab, die sich zu seinen Füßen öffnen. Die Zeit zählt nicht, der Raum hat kein Maß, wir treiben dahin auf der Rinde eines erkalteten Gestirns. Alle Toten, die je auf dieser Erde wandelten, nehmen wir mit, wir können sie nicht von dieser Erde werfen, in den Weltraum hinab. Sie klammern sich an diese Erde wie wir. Wir alle hängen an dieser Erde, Tote und Lebende... Der Mensch schaut auf von seinem Blatt, blickt seinem Hund ins Auge und fühlt seine Einsamkeit im lautlosen Wirbelsturm der Sterne.
So fern es scheinen mag: es ist das Gleichnis der Schweiz.
Wir sind einsam geworden. An der Sprache zuerst. Auch wenn es

die gleichen Worte sind, die wir sprechen, sie haben ihre Bedeutung gewechselt jenseits der Flüsse und Berge, die unsere Grenzen sind. Weil die Ideale gewechselt haben. Wir halten eine schützende Hand vor ein kleines Flämmchen, das wir vor uns tragen durch den Wirbel der Zeiten. Furchtbares Abenteuer der Menschheit zwischen den kalten Sternen. Furchtbares Abenteuer der Schweiz, die das Flämmchen durch die Zeiten trägt.
Sollen wir Angst haben, Sorge und Kummer? Wir können nichts tun als aufschauend uns in die Augen blicken, wo der Glanz unseres armen, lieben, freien Lebens sitzt, miteinander weitergehen, gläubig zwischen den kalten Sternen, des wirkenden Gottes lebendiger Beweis.

Jedes Warten lähmt.

Staatlich denken. Die Kunst des Zusammenlebens.

Der Künstler und der Verbrecher leben außerhalb der Gesellschaft. Deshalb kann der Künstler mit allen verkehren.

Die Lüge ist auch eine Form der Schöpfung.

26. März
Ein einsames und freudloses Leben. In diesen Zeiten ist der Künstler schutzloser als die Angehörigen anderer Berufe, wo in der Ausübung Regelmäßigkeit und Disziplin gefordert wird.

Die Lust des Gebens und Schenkens eines Liebenden, die Lust, davon zu reden.

Die Sehnsucht nach dem zeitlosen, nutzlosen Werk, wo nicht mehr die leiseste intellektuelle Anstrengung zu spüren ist.

28. März
In deinem Antlitz, das noch unvollendet ist,
Der Wimpern zarte Schatten auf dem Rund
Der Wangen, Trauer kindlich um den Mund –

Verbirgt sich jene, die du noch nicht bist.
Die Tiefen schweigen spiegelstill und grün,
Der Morgen singt mit Macht im blauen Raum,
Du hebst die Wimpern über deinem Traum
Und siehst den weißen Vogel zögernd ziehn.
Besser:
Der Morgen singt mit Macht im blauen Raum,
Die Tiefen schweigen spiegelstill und grün.
Du siehst den weißen Vogel zögernd ziehn
Und hebst (senkst) die Wimpern langsam über deinen Traum.

29. März

Der Ton ruhig, gelassen, römisch, ohne Komplikation eine ganz einfache, schlichte Erzählung, glasklar. Alle Dinge beim Namen nennen. Das Unaussprechliche dahinter – des Mannes Scham. Würde in der Erzählung. Auch die lyrischen Dinge kalt, selbstverständlich, ohne billige Sentimentalität. Alles Konstruierte vermeiden. Jeden Aufschrei, jede Romantik. Wie ein Stein. Kein flottantes Wort. Kein Doppelsinn. Die Impressionen verarbeiten, deutlich, nicht «schlierfen», sans rature. Ruhe, Ruhe, Gelassenheit. Kein «Irgendwie».

1. April

Haben die Demokratien keine aktive Werbekraft?

6. April

Die Freiheit ist kein Zustand, sondern ein Gefühl.

Alphorn. Elektrizität.

Große psychische Erschöpfungszustände wecken die Begierde nach geistiger Schöpfung.

11. Juli

Ein möglicher Anfang für «Innis»:
Elf Jahre nach der Katastrophe – sieben nach den Konferenzen von Rouen und Ermatingen – waren nun endlich im sogenannten

Berner Schlußabkommen zwischen Deutschland, Italien und Frankreich die neuen Grenzen festgelegt worden. Die Teilung der Schweiz war vollzogen, ihr staatliches Schicksal besiegelt. Sie hatte aufgehört zu sein. Der Kampf dieses Volkes war nutzlos gewesen. Das Granitkörnchen war zermalmt worden von den Zahnrädern eines blinden und tauben Geschicks (Maschinerie). In den Ebenen des Thurgaus, des Glattals und an der unteren Emme standen die ausgedehnten Kornfelder der Soldatenfriedhöfe mit ihren weißen Kreuzen in der Sonne als einziges Zeugnis der großen Feldschlachten, die hier geschlagen worden waren. In vielen Alpentälern, dort, wo jene in der neueren Kriegsgeschichte so berüchtigten Schweizernester inmitten der allgemeinen Invasion noch ausgehalten hatten, erhob sich meistens nur ein weißes Holzkreuz und trug nichts als eine römische Ziffer, einen schrägen Strich und eine arabische Zahl, und das wollte besagen, daß von den Kompanien, Zügen und Gruppen nicht ein Mann lebend davongekommen war, der letzte Füsilier und durch alle Chargen hinauf über den Fourier und den Küchenchef bis zum Hauptmann ruhten alle einträchtiglich nebeneinander und übereinander in den Felslöchern, die ihr Massengrab waren.

Von Norden her kommend, aus der Richtung von Altkirch, fiel in der Nähe von Kleinlützel die neue deutsch-französische Grenze in das Gebiet der ehemaligen Schweiz. Sie zog sich bis zur Hohen Winde, bog dann westlich bis zur Montagne du Droit, folgte hierauf dem Grat des Chasseral, überquerte bei Sankt Blasien den Neuenburgersee bis zum Flüßchen Broye, zerschnitt den Murtensee bis Mönchwiler. Laupen war nun ein deutsches Grenzstädtchen. Dann folgte sie dem Tal der Sense bis zum Jaunpaß, überquerte die Saane bis zum Oldenhorn hinauf, bog dort von neuem nach Osten, folgte den Gipfeln der Berner Alpen, senkte sich hinunter nach Leuk, um dann, den Graten des Weißhorns, der Dent Blanche über das Matterhorn hinweg beim Monte Rosa, dem höchsten deutschen Berg, die Dufourspitze zu erreichen...

12. Juli

Experimentelles Dispositiv, den Geruch eines fallenden Tropfens einer odoranten Flüssigkeit aufzufangen: Glasröhre, durch die ein

Tropfen herabfällt, ohne Flüssigkeit zu hinterlassen, und hierauf Analyse der Luftsäule, durch die der Tropfen hinabfiel.

Dieses Volkes Kraft.
Die gerade Nackenlinie der Turner.

25. Juli

«Innis»: betrachtet jeden gesunden Zahn als ein Aktivum im Volksvermögen.

Ein Gräblein steht und blüht
Und steht und trotzt der Zeit...

... die Armut seines Geistes kündet.

Diese gute Beobachtung von Turgenjew in der neuen Generation, das Wandern der Sonnenflecken auf einer sich nähernden oder entfernenden Person.

5. August

Abandon du projet utopique. «Innis»: Den Teufel nicht an die Wand malen.

Jene Leute, die zerstören, auflösen, vernichten durch nichts als ihre Gegenwart.

Creuser pour pénétrer jusqu'à l'idée des choses.

9. August

Man kann natürlich über etwas schreiben, was man nicht gesehen hat, aber das Neue, Eigene kommt natürlich nur dazu, wenn man es gesehen hat.

Nach jedem neuen Roman erhebt sich die Frage: Wie schreibt man eigentlich einen Roman? Jeder Roman ist vor allem ein neues Formproblem. (Erste Begegnung mit dem Formproblem, mit dem «Wie», ist die Führung des Tagebuches.)

Jeder Roman hat die ihm gemäße Form. Jeder Roman verlangt die ihm gemäße Arbeitsmethode.

In Zeiten der Depression: jene Tendenz, jede kleinste körperliche Unbehaglichkeit zu einem Symptom einer unheilbaren Krankheit auszudeuten. Das ist der negative Teil einer konstruktiven Phantasie.

«Innis»:
Was fehlt, ist das außerordentliche, erstaunliche Element. Es kann zum Beispiel auch in der übergroßen Einfachheit liegen – in der Naivität des Ausdrucks und der Darstellung, die der Ich-Roman zuläßt. Oder in der Furchtlosigkeit, einen Gedanken bis zum Ende durchzudenken und auszusprechen.

Zwei wichtige Bewegungen des Schriftstellers: sich hinabbeugen wie ein Arzt über einen Kranken und zurücktreten mit erhobenem Pinsel wie ein Maler vor seiner Staffelei (pour voir le détail et l'ensemble).

Wonach ich mich sehne, das ist die Einfachheit. An das sollte man sich in den schwierigsten Situationen immer wieder erinnern. Bevor etwas einfach geworden ist, innerlich, im Geist, sollte man es nicht aussprechen und nicht niederschreiben. Ein Weg zur Einfachheit ist die geduldige Analyse. Geduld, Beharrlichkeit und Mut, ein gutes Rezept, eine gute Formel. Warten können, bis der Mut sich einstellt.

In Zeiten der Sterilität sollte man nicht gegen sie ankämpfen, sondern warten, geduldig sein wie eine Pflanze, die auf den Regen wartet.

Schau nicht in den Spiegel, wenn es dir schlecht geht!

Die Hand sagt dir deines Körpers Gesundheit.

Wie ist jedes Ansehen schal, das nicht auf eigenes Verdienst gegründet ist. Es ist wie durch Glücksspiel gewonnenes Geld, ohne inneres Gewicht, nur zu flüchtigen Genüssen geeignet.

Um ein richtiges Bild von sich zu bekommen, ist es manchmal ganz gut, sich selbst und sein Leben von außen zu betrachten. In der innerlichen Betrachtung ist zu oft ein Richter der Betrachtende.

Das sind die schlimmen Zeiten eines Menschen, wo die Kommunikationen unterbrochen sind, jene zu den andern und jene zu sich selbst.

Objektiv sein gegenüber dem Menschen, den man liebt, heißt lieblos sein.

10. August

Die Schweiz ist eine Präzisionsmechanik. Jeder gesunde Zahn hat darin seinen Platz, jeder gesunde Zahn fehlt ... sagt Innis.

Der Gedanke der Präzision, der Exaktheit in der Schweiz. Genau, gründlich, Qualität. Die natürliche Organisation. Das Verhalten der Menschen zueinander ist Organisation. Gesellschaft ist Organisation.

Der Zahnarzt hat etwas Uhrmacher-Ähnliches. Solid, präzis – Gefühl für das «Klappen», Kenntnis des Details. Gefühl für das Detail.

Der Begriff der Gesundheit: Abgesehen davon, daß er die Voraussetzung für alle Ziele im höhern Sinne ist, ist er auch Selbstzweck, eine Evidenz, die keines Kommentars bedarf.

11. August

Die unfehlbare innere Stimme des Schriftstellers, die ihm sagt, wenn er sich von der «Wahrheit» entfernt. – Nichts ist diesem Gefühl gleichzusetzen, als wenn er sich mit sich selbst in Harmonie befindet – mit sich einig ist.

In gewisser Hinsicht gleicht die Arbeit des Schriftstellers der Tätigkeit eines Dirigenten. Besonders schwebt mir Furtwänglers dämpfende und vorwegnehmende Bewegung seiner linken Hand vor – diese kleinen, zarten Berührungen in die Luft hinein, mit denen er ein entschlafenes Instrument wieder erweckt.

Präzise Fragen zu stellen ist leichter, als präzise Antworten zu geben. Das ist der Sinn des sozialen Aufstiegs: in die Region derer zu kommen, die präzise Fragen stellen.

Das schauende Auge und das deutende Auge... Der Dinge Deutung dehnt den Raum. Ein Blick, der beginnt, die Dinge in die geistigen Bezirke hineinzustellen, in die sie hineingehören.

13. August
«Innis»:
Ich will eine ganz einfache Geschichte ganz einfach erzählen. Von innen gesehen will ich zeigen, wie sich in Innis ganz langsam aus Indifferenz in der Not der Zeit die Schweiz aufbaut bis zu ihren letzten Hintergründen, wie ein Volk, wie jedes Volk in seinem Beginnen die göttliche Idee zu realisieren versucht. Der Hintergrund der Politik ist die praktische Philosophie eines Volkes. Es ist schwer, die Zusammenhänge zu sehen. Was der einzelne tut, ist egoistisch, was die Gesamtheit tut, ist schon mehr.
Je einfacher und je unkomplizierter es erzählt ist, um so klarer kommt es heraus. Ohne Hast, gelassen, mit Wärme.

Die Kröten an den Chorstühlen – die häßlichen Gedanken.

20. August
Nur in der Freiheit gedeiht der Mut.

In der Liebe ist der Gebende der Beschenkte!

Das Problem der Reife ist ein Problem der Freiheit. Solange ein Mensch nicht den Mut hat, zu sich selbst, auch zu seinen Schwächen, zu stehen, so lange ist er nicht reif. Die Freiheit des Menschen bedeutet eine Vollendung. Die Demokratie als ein Versuch dieser Vollendung. Es ist ein religiöses Problem.

Freiheit und Souveränität dem Animalischen gegenüber, dem Laster.

Jede wahre Aussage trägt um sich eine Aura, die sie kostbar macht. Und sei es das Kleinste.

Die Wahrheit gibt der Rede des Mannes ihr Gewicht.

Die Wahrheit einer Rede gibt ihr die innere natürliche Ordnung; eine andere gibt es nicht.

«Sage die Wahrheit, es vereinfacht das Leben.»

Nur die Freiheit gebiert den Mut zur Wahrheit.

Es ist gut zu atmen in der Nähe eines wahren Menschen.

Die Jugend ist wahr, deshalb ist ihre Nähe manchen Menschen so schrecklich.

Alle Angst kommt aus Unwahrheit, Verlogenheit.

Einsamkeit schützt vor Lüge nicht. (Zu sich selbst.)

Die Jugend der diktatorischen Staaten weiß nicht, was sie verliert, verloren hat.

22. August
Das Ganze entwickelt und komponiert nach symphonischen Sätzen, mit Motiven, die aufgenommen, abgewandelt werden.

«Die Symphonie der Freiheit.»

24. August
Im ersten Werk will man alles sagen, nachher will man etwas sagen.

25. August
«Es ist ihm gelungen, die Grenzen der menschlichen Dummheit noch weiter hinauszurücken.»

29. August
Die Krankheit als Regulativ des Lebens. Alles deutet auf das eine hin: Die Natur will das Maß (besser: die Ausgeglichenheit) in allen Dingen.

Das Gesicht der Freiheit hinter den Manifestationen der Menschen.

Wer für die Freiheit kämpft, ist immer schuldlos.

30. August
Das Alter durchschauert den Körper wie Wellen, die von weit her kommen. Sie ebben ab, kommen wieder, in immer rascherem Rhythmus.

9. September
Schau nicht in den Spiegel, Mann!

Eine Station, die im Leben des Mannes überwunden werden muß: die Eitelkeit. Die Hälfte aller Männer sind unverständlich, wenn man dies nicht versteht.
Die Vollkommenheit einer Seele hat als Begleiterscheinung jene Resignation auf physische (ästhetische) Vollkommenheit, die des Jugendlichen Kennzeichen ist.

Den Tod in der inneren Freiheit «erleben».

Eines der ergreifendsten Beispiele hierfür sind wohl die «Duineser Elegien». Bei Rilke ist es ein fortwährendes Ringen um eine Beschwichtigung, um eine würdevolle Haltung angesichts des Todes, eine fortwährende Entäußerung. Immer klarer tut sich bei ihm das Provisorische des irdischen Leibes kund und der Wille, das Wesentliche, das Tröpfchen Destillat eines menschlichen Lebens, herauszusondern, zu exteriorisieren, es auszudrücken, auf das Papier zu bringen und dadurch zu bleiben, sich selbst zu überleben.

Die größte Furcht des Menschen und sein schreckliches Spiel damit: sich selbst nicht gegenwärtig zu sein.

Der reife Mensch begibt sich in die Liebe wie in eine grausame und süße Forderung.

2. September

Angesichts des Unrechts und der Gefahr ist die Versuchung, die Kunst in den Dienst der Aktualität zu stellen, besonders groß. Aber auch die einer großen Flucht.

6. September

Ist der Roman nicht immer ein Kompromiß?

Der Kristallkern eines Romans beginnt erst zu leuchten, wenn man zurücktritt – nachher, nach der Beendigung der Lektüre. Das ist die Bangnis des Romanschriftstellers: ob es wohl unter den Lesern einige gebe, die um des Details willen nicht das Ganze vergäßen.

Ein Roman ohne Banalitäten, gibt es das? Ist die Banalität nicht gerade notwendig? Das Lumpenkleid des heimkehrenden Odysseus.

Die Odyssee zu lesen läßt den Romanschriftsteller sich an seine Mission erinnern: die Größe.

Schauen allein genügt nicht, man muß durchschauen. Schauen ist Reportage, Durchschauen ist mehr.

Die Schweiz ist ein uhrwerkfeiner Mechanismus, ihre Feder ist die Freiheit. Sie ist ein Unternehmen des Willens.

Es ist gut, daß Stockungen und Schwierigkeiten entstehen, denn sie erinnern an die Fragwürdigkeit menschlichen Werkes.

Wenn alles gut geht, wird Gott vergessen.

Immer mehr verlieren sich in einem Leben göttliche Worte, der Anruf absoluter Werte. Es ist des Schriftstellers Mission, sie über das Schäumen der Jugend hinüberzuretten in jene Zeit, da die andern zu schlafen, zu vergessen beginnen, da sie verschüttet, eingeschüttet werden im erfolgreichen Tag.

7. September

«Die Träume des Mannes.» Reichtum als ein Fluchtmittel. Zeigen, worum die Wünsche gehen. In den Wünschen, in ihrer Analyse zeichnet sich das Idealbild des Mannes ab, auch sein Wert. Jenseits der erfüllten Wünsche wird er harmlos. Wieviel braucht es, bis er harmlos wird? Je weniger es braucht, um so besser kann er die menschlichen Werte in sich entwickeln.

8. September

In jedem großen Gefühl ist Mitleid.

Das Mitleid als Grundgefühl.

9. September

In jedem Roman muß etwas von einem Epos enthalten sein. Ein Held, der aufbricht, geht, wandert, etwas erlebt und der am Ende, mit den Erlebnissen, Erfahrungen, Erduldungen behaftet, nicht mehr derselbe ist wie am Anfang. Es geschieht etwas mit ihm, und er ist schuld daran. Dieser Held muß mit Liebe, mit liebevoller Strenge und ohne Sentimentalität auf seinem Weg begleitet werden.

13. September

Der Mann, der sich über die Ziehungsliste beugt.

Einmal schreiben: Ein Tag. Ein ganz banaler Tag vom Morgen bis zum Schlafengehen. Ganz von innen her gesehen. Schritt halten mit der Zeit. Die Zeit auskosten. Es gibt keinen Tag, in dem nicht alles drinnen ist. Ein Tag ist das Symbol eines Lebens. So eine Niederschrift kann nur ihre Spannung und ihren Wert aus der Wahrhaftigkeit heraus gewinnen. Das Ganze ist wie eine

Symphonie. In der Disposition müßte zuerst der ganze äußere Ablauf des Tages gezeigt werden. An diesem Tage muß etwas passieren. Abwechslungsweise der innere Monolog und die Darstellung dessen, was geschieht. Der Autor interveniert nach Art des antiken Chores. Die Disposition, Stunde für Stunde. Das Finanzielle, das Liebesleben, das Poetische, das Philosophische, Religiöse, der Patriotismus. Die äußerste Aufmerksamkeit wechselt ab mit Stunden vegetativen Dahinlebens. Die Inseln im Tag. «Die Schriftsteller überhüpfen so viel. Sie verdichten, ziehen zusammen, dichten. Das, was die Substanz des Lebens ausmacht, geht verloren», denkt er – Innis. Die Furcht, bis an die Grenzen zu gehen. Die Langeweile. Das Getriebensein von etwas, dessen Ziel man nicht kennt. Unbefriedigt sein, das Tummelfeld schwarzer, unangenehmer Gedanken.

15. September

Jene Monate der Konzeption (zwischen zwei Arbeiten), wo so nichts läuft, wo so ein zögerndes Tasten stattfindet, ein Warten, wo die Entscheidung für das nächste Werk fallen soll, sind die aufreibendsten für einen Schriftsteller. In dieser Zeit ist es schwer, ein Mann zu sein, ohne Zagen, mit Zuversicht. – Und dann: Die Verantwortung wächst von Werk zu Werk. In diesen Zeiten sind die vollendeten Arbeiten die Kinder, die den Vater unterstützen.

Ohne irgendeine Hoffnung kann der Mensch nicht leben. Sie ist der Motor.

20. September

Es ist zum zweiten Male, vor unseren Augen, passiert, daß eine Armee, eine Regierung, ihre Pflicht nicht getan hat – – so müßte ein Aufsatz beginnen.

23. September

Verliert er Gott, wenn der Mensch sein Auge in die unendliche Sternenwelt hinauf wendet?

Daß die Deutschen sich nicht fürchten vor der Angst, die sie säen!

24. September
Was für ein Panzer ist die tägliche Gewohnheit, der konventionelle Verkehrston mit den Dämonen der inneren Welt.

Wenn die innere Welt wankt, so ist es manchmal der Panzer des äußeren Lebens, der sie aufrecht- und zusammenhält.

Die Schwere einer Zeit lehrt uns: immer zum Äußersten bereit sein, die Bilanz eines Lebens zu ziehen, dem Schlimmsten vorauszueilen, nackt zu sein.

Diese in der ganzen Welt von Deutschland gesäte Panik und Angst, auch im eigenen Volk, muß einmal mit einer furchtbaren Katastrophe zu ihren Urhebern zurückkommen.

Wenn die Leute sich an die Angst gewöhnen, werden sie Amokläufer.

26. September
Eine Arbeit kann mich nur reizen, wenn ich das Gefühl habe, Neuland zu betreten. Und solange diese Forderung in den tastenden Vorträumen nicht erfüllt ist, kann ich nicht beginnen. Die Zeit der Konzeption, vor Beginn eines Romans, trägt vor allem den Stempel der Suche nach einer formalen Aufgabestellung.

Würde die Schweiz aufgeteilt, die Schweizer wären wie das Volk Israel.

Das menschliche Abenteuer: das kurze Erwachen zwischen den dunkeln Jahrmillionen. Wir kommen aus dem Dunkel und gehen in das Dunkel. In diesem kurzen Erwachen ist uns diese Chance gegeben: Gott zu finden, organisch zu werden, oder wieder in das geistlose Unorganische einzugehen, aus dem wir gekommen sind. Dies ist der Sinn des freien Willens. Dies ist der Sinn der «Auferstehung».

Es muß ein Augenblick im menschlichen Leben kommen, wo alles abfällt, was des Tages ist. Aber nicht erst in der Todesstunde!

Ein Schriftsteller wird immer, mag er es wissen oder nicht, vom Symbolgehalt seines Werkes geleitet. In der niederen Kategorie ist dieser Symbolgehalt eine Lehre, in den höhern wird er eine Anklage, in der höchsten wird er zu einer halb tragischen, halb heiteren Neutralität (moralisch, romantisch, klassisch?).

Nur das Vollendete kann einfach sein.

Einfachheit ist der Ausweis der Reife.

Der Weg vom Einfachen ins Komplizierte, den die Wissenschaft einschlägt, ist nur scheinbar didaktisch, der wahre Weg geht vom Komplizierten ins Einfache, analytisch, durchschauend. Dasselbe gilt von der Kunst.

Das Komplizierte darstellen, aber das Einfache wissen.

Daß nichts zusammenhanglos ist, darauf beruht die Kunst.

Die Differenz zwischen einem von außen und einem von innen gesehenen Leben.

Auch in den großen Ereignissen besteht der Trick des Schicksals (wie im Leben des einzelnen) darin, in eine Erwartung, eine Hoffnung und damit in eine Angst hinein manövriert zu werden.

30. September

Die Feinde der Freiheit: Wohlleben. Angst.

1. Oktober

Zuviel gesprochen wird von der Nutzlosigkeit eines Kampfes. Ein Kampf ist nie nutzlos. Wer Nutzen von einem Kampf erwartet, versteht den Sinn eines Kampfes nicht. Sein Geistiges. Je nutzloser ein Kampf ist, um so eher erweist es sich, daß es ein Gut auf der Erde gibt, für das es zu sterben gilt: Freiheit.

3. Oktober
«Innis»:
«Die Gesundheit eines Volkes ist die erste Voraussetzung für seine Selbstbehauptung!» «Einfache Lebensweise – Unabhängigkeit in der ‹Fremdenindustrie›.»

4. Oktober
Zum erstenmal ein Los; zum erstenmal im Versatzamt. Die kleinen Lügen, die kleinen Schulden, die Flucht vor den Gläubigern. Angst vor gewissen Straßen und Plätzen. Zu gewissen Zeiten nicht zu Hause. Früh fort. Der Hunger. «Dieses ist leider keine erfundene Geschichte.»

5. Oktober
Jener Übergang im Menschen, wo er das Schicksal nicht mehr individuell empfindet, sondern «politisch».

Die Schweiz muß uns genügen! Die Schweiz ist der bisher am besten gelungene Versuch, das menschliche Leben zu organisieren.

Die Konzeption eines Kunstwerkes muß groß sein, sei das Sujet noch so bescheiden.

Diese lange Pause zwischen dem Abschluß eines Werkes und dem Beginn einer neuen Arbeit! Das beinahe schmerzhafte Loslösen aus einer Atmosphäre, die man geschaffen und in der man gelebt hat. Es ist, als sei etwas tot und man müsse ein neues Leben beginnen. Dazu kommt, daß man auf das Echo angewiesen ist, das die beendete Arbeit auslöst.

7. Oktober
Was den Schriftsteller reizt, das ist die extreme Situation, jene, die in einer scheinbaren Verzerrung gestattet, allgemein Gültiges darzustellen.

Manchmal aber, im Interesse des Mutes und der Zuversicht, ist es besser, nicht zuvorderst in den Winden zu stehen! Manchmal gewinnt der Besorgende, Vorausdenkende wieder Kraft am Anblick jener, die es nicht tun.

Ein Verkehrsflugzeug in den Schweizer Bergen verschollen wie in einer Wüste. Das gibt der Welt Nachricht von der furchtbaren Natur, die sich mitten in einem übertechnisierten Europa erhalten hat. Und das gibt der Schweiz Zuversicht. Geht aus den Städten hinaus, in die Alpen – von dort her kommt die Kraft. Nicht immer im Mittelland denken, mehr in jenen schrecklichen unbezwingbaren Wüsten, die unser Zentrum sind. Die schweizerische Jugend gehört immer wieder in die Alpen. Wir sehen sie, von der Quaibrücke aus, im Abendschein und vergessen, wie schrecklich sie sind. – All das ist: Innis. Bei seinem Studienaufenthalt denkt er über all dies nach. Herr über die Alpen sein. Dieses strategische Ziel.

Das Dilettantische der andern, sobald es um die Berge geht! Wie die Schweizer zum Meer.

Der Feind des großen Werkes ist das kleine Ich.

In der Überwindung seines Ichs bahnt sich der Schriftsteller den Weg zum großen Werk.

8. Oktober

Das Sterben des Lichts. Das muß das Schrecklichste sein am Sterben bei Bewußtsein: das Vergehen des Lichts.

Der Heroismus dieser Zeit besteht im Wartenkönnen.

Es kommt nicht auf Glück oder Unglück an. Es kommt auf das Format an, mit dem man es erträgt.

10. Oktober

Der Ausspruch Albert Steffens von der Katharsis des Schriftstellers zwischen zwei Werken, in der Periode der Unproduktivität, hat auf mich so einen tiefen, brüderlichen und kameradschaftlichen Eindruck gemacht.

*R*uhe, *R*einigung, *R*ückschau.

Das größte Wunder ist doch immer dies: wie ein Gedanke, ein Wort auf den komplexen und komplizierten seelischen und physischen Organismus des Menschen wirken kann.

Des Künstlers Heimat ist die Ruhe, das Fernsein vom Kleinen, Täglichen, unmittelbar Eilenden. Er soll es erdulden, über sich hinabrieseln lassen, aber mehr als seine Epidermis soll es nicht berühren.

Wenn der Künstler sich in eine subjektive Hoffnung, in den Haß, die Eifersucht oder die Angst hineinmanövrieren läßt, ist er verloren. Die Gelassenheit sei sein Mantel, seine Würde sein Schutz.

12. Oktober

Ein Mann überblickt sein Leben: es ist also wahr geworden. – Der seltsame, geheimnisvolle Augenblick, wo etwas Gedachtes, Gewünschtes, Gefürchtetes Wirklichkeit wird. Der Berührungspunkt zweier Welten.

Wenn Ästheten Weltgeschichte machen. Nero. Lawrence. Ihre Unmenschlichkeit (nicht Grausamkeit). Sie sind keine Menschen. Viele Maler sind so. Das ästhetische Weltbild ist unmenschlich wie die Astronomie.

Lockung: ein Maler tritt in das Leben ein. Er ist von aller Philosophie, Religion unberührt. Sein verzerrtes Weltbild. Die Dummheit und Beschränktheit. Die einseitige Ausbildung eines Organs. Die für sein Schaffen notwendige Naivität führt zum Versagen in geistigen Dingen. Die Maler sind pseudogeistig. Der Porträtist. Angekränkelt durch die Psychologie. Die unterste Stufe davon ist der Photograph (Kunstphotograph). Hier hat die Technik ihren Einbruch ganz vollzogen. Geschichte eines Malers, der Photograph wird.

Die Parallelgeschichte: Eine noble Dame, die eine Zimmervermieterin wird. Drei Parallelgeschichten. Innis, der Maler, die Zimmervermieterin. Der gemeinsame Nenner: das Heraustreten aus der Ordnung und das Zurückkommen in eine andere Ordnung.

13. Oktober

Es gibt im Hinblick auf das Werk keine vergeudete Zeit. Es gibt Sätze und Worte, die nur auf dem Dung verlorener Jahre wachsen konnten.

14. Oktober

Die großen Angelegenheiten eines Lebens erfüllen sich immer ohne Zufall. (Das, was wir Zufall nennen, ist einfach die zeitliche Komponente, die zeitliche Auslösung eines bereits gediehenen Ereignisses.) Man kann nichts hinzufügen einem Leben, nur das zur Geltung bringen, was schon da ist.

Ein gutes Bild für das, was in einem Leben vorgeht, ist die Schachpartie. Nicht das Spiel als Symbol, oder wie die Partie steht, gespielt wird, sondern die Tatsache, daß zwischen zwei Zügen *eine beliebig lange Zeit liegen kann,* daß alles durchgedacht werden kann und daß dennoch die in der Partieanlage liegenden Notwendigkeiten sich erfüllen.

15. Oktober

Einmal, in einem Werk, Kraft und Dämonie des Hasses. Der Urhaß, so wie ihn die Juden jetzt zu spüren bekommen.

Der Schriftsteller soll nicht nach der Bedeutung seines Werkes fragen. Wahr geschrieben, wird es mit allen jenen Bedeutungen und Symbolen beladen, die das Leben einer geschauten (durchschauten) Wirklichkeit verleiht.

21. Oktober

Gegen die Angst und gegen die Eitelkeit kann der Mensch nicht mit der Vernunft ankämpfen, sondern nur mit einer gewissen brutalen Selbstverachtung.

22. Oktober

Der Haß ist das gleiche unergründliche Rätsel wie die Liebe.

Der Mann mit der hohen Stirne. Aber in seinem Rücken «blattert» der Stoff seiner Joppe, so krampfhaft hat er die Schulterblätter zusammengedrückt. Und seine im Rücken ineinander verschlagenen Hände sind weiß. All das straft die Heiterkeit seines Gesichts Lügen.

Sobald ein Künstler in die Falle des Erfolgs tritt, ist er verloren. Wieviel Kraft vergeudet er damit. Sich nicht in das Kleinliche hineinmanövrieren lassen! In den Ehrgeiz, die Eifersucht, den Haß. Ungestraft straft man nicht das kleine Gelichter. Sich zurückziehen.

24. Oktober

Diese Tage, wo wie ein Schleier über dem Bewußtsein liegt ...

Ein Kennzeichen guter Epik: wo wie eine Art Verzögerung eintritt, nicht durch Worte, durch die Bilder, durch die Symbole, *durch den Ablauf von Nachdenklichkeiten.*

Wir reagieren auf das Deutsche mimosenhaft oder wie Lackmuspapier auf Säure.

25. Oktober

Jedes Tier, das man sieht, scheint einem von Urbeginn an da. Nie denkt man bei einem Vogel, einem Reh, «geboren 11. April 1936». Denn das Tier bringt am reinsten Nachricht aus der Urzeit (oder gar bei einem Insekt!).

Mieux vaut se taire après «Riedland» que de publier quelque chose que j'écrirai avec moins d'enthousiasme et d'intensité.

27. Oktober

Das Bewahren der Dinge. Vom Wert der Dinge, den man erst später erkennt.

28. Oktober

Dieses Gefühl, daß das Innerste eines Menschen unantastbar sei, daß er tief in sich etwas herumträgt, an das er selbst nur in begnadeten Minuten herankommt, und daß es dies ist, auf das es ankommt. Und von allen Menschen allein ist es der Künstler, der sich ausschließlich diesem widmen darf.

29. Oktober

Das Eintrocknen des Menschen bei Geldmangel. Das Ausbleiben der Bedürfnisse. Das Schrumpfen der Bedürfnisse.

31. Oktober

Immer begehrlicher dieser tiefe Wunsch: fort aus der Stadt, fort, in die Stille, niemand als Gerda um mich und endlich vordringen in die Regionen meines Ichs, wo das Werk meines Lebens liegen muß. Nichts zurücklassen als die vereinzelten, fest verankerten Bojen der sicheren Freundschaften. Wie unverrückbar ist ein Schicksal.

Der stille, ewig unausgesprochene Teil einer menschlichen Biographie.

Und von nun an gibt es nichts mehr als «das» Werk, fern der Welt.

2. November

Die kleinen Gegenstände, die die Menschen aufbewahren, sind wie Bojen, an die sie ihre Erinnerungen und ihre Hoffnungen anbinden.

Es ist immer seltsam und unbegreiflich, was die Menschen wollen; ihnen selbst unbegreiflich.

Und wenn es für einen Menschen nur einen Menschen auf der Welt gibt, der sein Verhalten versteht und würdigt, so ist es genug.

Jeder Mensch ist der Keim aller Menschenhoffnungen – aller Menschheitsideale.

Die Schriftsteller sollen doch bei ihrem Metier bleiben!

14. November
Die Anstrengungen, die Versuche des Menschen. Wie jeder seinen Weg sucht, sich mit dem Problem abmüht, so abmüht, daß er schließlich überhaupt vergißt, worum es geht, und völlig sinnlos, wie ein Insekt, Hälmchen herumträgt.

Der schwarze Schwan, der lange Zeit immer jene Bewegung machte: mit dem Schnabel Grünzeug aus dem Wasser zu heben und es hinter sich zu werfen. Anzeichen der Brütigkeit? Und jetzt, im November, hat er tatsächlich, seit vielen, vielen Jahren zum erstenmal, Junge.

In den Stunden und Tagen der Nervosität vergißt man bezeichnenderweise, daß das verdüsterte und angstvolle Weltbild eine Projektion von uns ist. Was in diesen Zeiten fehlt, ist das Gefühl für die richtige Proportion.

Ich merke immer deutlicher, wie jede Form der äußeren Aktivität und Veränderung in mir Widerstände zu überwinden hat.

15. November
Gute oder schlechte Gedanken, Ängste und Freuden durchwandern den Körper wie Strahlen. Sie durchschießen ihn, sie wechseln ab in Wirkung und Qualität, und es ist fast keine Möglichkeit für den Menschen da, auf sie zu reagieren, wie er will. Das, was er an Widerstand gegen Negatives aufbringt, ist lediglich eine andere kometische Hilfe.

Die Verlangsamung und die Abkürzung (Raffung) eines Gedankens (eines Eindrucks) sind unbewußte Kunstmittel.

Die Frage des Termins sollte für einen Schriftsteller nicht zu früh gestellt werden. (Sollte er sich nicht zu früh stellen.)

17. November
Das Haus am Seilergraben. Der Hausierer. Das große Los. Das Haus ist wie eine Arche. Des Nachts, wenn die letzten Geräusche

anschlagen. Der Tapezierer Siegrist. Der Astrologe mit der Lampe... «schwamm wie eine Arche durch die Nacht». Der reiche Lumpensammler, Hundezüchter, sein Sonntag, die Schwägerinnen. Zylinder mit Feder.

19. November

Sich aus der Umklammerung der Aktualität befreien! Die Aktualität ist eine Falle, eine Versuchung.

21. November

Tage, wo der Mensch Vergeudung mit den Stunden seines Lebens treibt.

Was nachher geschieht, wenn das Buch geschrieben ist, das soll den Schriftsteller nicht interessieren. Arm soll er sein und von Mildtätigkeit leben und undankbar sein.

Ein Werk kann nur in der souveränen Unbefangenheit entstehen.

24. November

Der Zyniker: Wie ihr euch auch lieben mögt, einst werdet ihr über Möbelstücke miteinander streiten.

Wie läßt der Streit einen tiefen Blick in die menschliche Seele tun!

28. November

Unbeirrbarkeit des Menschen – seine imponierende Eigenschaft. Ein Mensch, der seinen Weg geht. Sein Schutz: die Treue – das gegebene Wort – das gehaltene Wort.

29. November

Der junge Mann mit der theatralischen Mimik.

2. Dezember

Ein Buch als ein Befreiungsversuch. Was jeder unter Freiheit sich vorstellt. Reichsein ist nur ein Aspekt davon, wie Macht. Jene Freiheit, die in der völligen Unabhängigkeit vom Urteil anderer besteht. Jene Freiheit, die man nur in der Armut findet. Jene Freiheit, wo der Tod überwunden wird. Wege zur Freiheit: die Arbeit, der Glaube, die Aufopferung, der Verzicht, die Beschränkung. Feinde der Freiheit: Haß, Neid. Alles menschliche Unglück kommt von der Unfreiheit. Die Vielfältigkeit des Menschen durchschauen in dem, was er tut und will. Die Freiheit durch die Wissenschaft: ethisch. Die Kunst: der menschliche Schrei, das Formwerden seines Traumes. Die Mittel, die er besitzt, bekommt, erwirbt. Jeder Genuß ist mit dem Freiheitsgefühl verknüpft. Die Freiheit ist *das* Problem des Menschen. Im Tiere wird es erst in der Gefangenschaft akut. Solange es in der Freiheit ist, ist es harmonisch, problemlos. Die politische Freiheit ist nur ein Teilproblem daraus, das in besonderen Zeiten besonders sichtbar wird.

Die Menschen in ihrem Kampfe um die Freiheit zu sehen löst eines aus: Mitleid.

Die Dankbarkeit des Schriftstellers zu seinem Werk!

6. Dezember

Mut hat er noch – doch ihm fehlt der Übermut.

Kein Wind weht dich so böse an wie der Haß.

8. Dezember

Nur das Nebengeleisige, Unerwartete, Abseitige, Ungedachte, Unausgedachte kann Gegenstand der Dichtung sein. Das Kaum-Beachtete, das am Rande gerade noch schimmernd Wahrgenommene. Auf einem gewissen Punkt des Tastens und Träumens angelangt, muß sich der Schriftsteller hüten, zu tief in der logischen Maschinerie eingefangen zu werden.
Damit etwas voll wird, ausgefüllt, ist es nötig, einen nicht zu großen Rahmen zu spannen.

Was mich immer wieder reizt, das ist der Konflikt des Naturwissenschafters. Tiefer und ernster wird nie um Gott gerungen als

in der Naturwissenschaft. Der Trieb zur Wahrheit ist göttlich –
selbst wenn er zur Zerstörung Gottes führen sollte. Es ist ganz
einfach der Urkonflikt des Menschen.

Alles bisher über «Innis» Gedachte zusammenfassen.
Innis, der Maler, der Mediziner, die Zimmervermieterin. Gleichsam als hauste in diesem Käsbissen von Stadt ein Dämon, der Dämon. Im kleinen Rahmen alles, die ganze Welt. Das Haus am Seilergraben. Aus den Mansarden schauen sie heraus, als suchten sie Gott. Das Symbol, von der Universität bis zur Zähringerstraße. Eine Welt, ein Inferno, ein Himmel. Das Hotel am Limmatquai. Der stufenartige Aufbau. Die kurze Luftlinie. Das Central, der Bahnhof. Der Uni-Turm. Das alkoholfreie Restaurant «Tanne». Der Seilergraben, der symbolische Abgrund.

9. Dezember

Die Vorstellung von Wellen im Weltraum, die wir nicht wahrnehmen können mit den begrenzten Mitteln unserer Sinnesorgane: In den Welträumen singt und braust es, aber wir hören es nicht. Wir tappen blind und taub umher.

Die Heere: Aufgespeicherte, andern Zwecken als der der Begattung zugewandten Männerkraft. Freiwillige Abstinenz, Mönchen gleich. Unbeachtete Organisation der biologischen Kräfte eines Volkes. Verbot der Weiber in der Armee. Uraltes Opfer.

12. Dezember

Langsame topographische Fixierung eines Romans. Aus der Topographie ergeben sich allmählich die symbolischen Beziehungen. Es hat sich ein Dämon eingenistet, so sieht es aus. Dieses Einnisten eines Dämons im Raum ist eigentlich das Erscheinen eines Dämons in der Zeit (vergleiche die Gegenwart). Das Erscheinen eines Dämons heißt nichts anderes als das Anklingen gleicher Saiten in allem. Der Dämon der Freiheit. Wie das Gefühl der Freiheit im ganzen Käsbissen vibriert. Alle Lösungen. Die Verbindungen mit der Außenwelt. Der einzelne sieht es nicht. Der Schriftsteller übersieht alles und reduziert es schließlich auf einfache Formeln. «Die Symphonie der Freiheit.» Von der Universität bis zur Limmat herunter, ein Pfeil, ein Strahl. Der Gifttropfen und die Reaktion darauf. In der Darstellung: an einem Ort beginnen und das langsame Übergreifen. Ein Gedanke fällt in die Welt. Exakt. Ein Bursche läuft fort. Interpretation der neuen Handlungen.

16. Dezember

Einer blickt zu den Sternen auf und erlebt Gott, ein anderer verliert im astronomischen Studium den Glauben an Gott.

Der Schriftsteller muß daran glauben, daß das Werk in ihm wächst, während er «schläft», denn anders ist seine Tätigkeit nicht zu erklären.

Konklaven, Enklaven der Ruhe im menschlichen Leben. Ohne sie ist keine schöpferische Arbeit möglich. Dazu braucht es rücksichtslose Ellbogenarbeit.

Das Wesen des Werks ist dem Bau des Atoms zu vergleichen; ein winziger Kern, Elektronen, die in großer Entfernung darum kreisen – und das Wichtigste daran ist der leere geladene Raum zwischen ihnen.

Bäume im Nebel: das Röntgenbild einer menschlichen Lunge – oder die Darstellung eines Blutkreislaufes. Man erkennt im Stamm, in den Zweigen und Ästen so am besten ihre Funktion als saugende Adern, verästelte Lymphen. Sie saugen, pumpen Luft aus der Luft, Säfte aus der Erde.

19. Dezember

Der Kondukteur und Führer des Seilbähnchens.

Der Mensch als Gefäß, als Durchgangsstation von Wellen, Strahlen, Empfindungen. Aufnehmend und sich selbst beobachtend. Die Serie. Analogie mit dem Wienschen Verschiebungsgesetz. Der Mensch als Spektrum. Allgemein: wie die naturwissenschaftliche Erkenntnis im Psychologischen eine Analogie liefert.

Der Aufbau und die Konstruktion der Schweiz in der Vorstellung seiner Bewohner.

Ungestraft mischt ein Schriftsteller sich nicht in der Menschen Geschäfte.

Dieses seltsame, veraltete, altertümelnde Getue, wenn es sich um Literatur handelt.

20. Dezember

Und der Wein panzerte ihn mit Zuversicht.

Ein Mann, bewußt des eigenen Maßes.

22. Dezember

Es gibt keine große Entscheidung, in der nicht eine Stelle vorkommt, wo das Große der Entscheidung in einem In-die-Hände-Gottes-Legen besteht.

23. Dezember

Im Grunde genommen hat der Mensch nur einen Feind: seine Kleinheit. Auch in der künstlerischen Konzeption ist alles zuerst eine Frage des Formats. Nur für den, der groß zu sehen sich vornimmt, fügt sich das Detail in den richtigen Platz ein und gewinnt es seine Bedeutung.

Frei sein heißt gefeit sein vor dem Kleinen.

Die Urform des Romans ist das Epos. Der Roman muß heroisch sein, und er muß eine straffe, schicksalsbedingte Handlung haben, weniger zufällig als das Leben. (Der Zufall schafft das Unbehagen im Roman.)

Ein Teil des Lebensgefühls besteht im Aneignen, im Anteilnehmen, Assimilieren an die Umwelt; aber ein anderer, ebenso wichtiger Teil besteht in einem fortwährenden Lösen, Abschiednehmen, im Wissen des «zum letzten Male sein». Jede «Handlung» besteht daraus, und zwar so: Zuerst kommt das Lösen und dann das Erwerben.

27. Dezember
Zwischen Künstlern und bürgerlichen Menschen muß es immer zu einem Bruch kommen in ihren Freundschaften.

Aussteuern – eingesprengte Fossilien des Geschmacks. Nach vierzig Jahren. Einsprengsel.

Die Nebenteufel.

Bei jedem Geschenk, das du erhältst, bete, daß in seiner Spur nicht noch anderes mitkomme: der Vorwurf der Undankbarkeit, der Reue. Geschenke verändern die Beziehung zwischen den Menschen im Guten und im Bösen.

Das Vakuum der Aktualität ist das Vakuum des Hasses. Saugt an.

28. Dezember
Bei jedem geplanten Roman stellt sich immer von neuem das Problem der Form, das um so wichtiger wird, je mehr Erfahrung man hat.

29. Dezember
Des Menschen Anstrengung für Frieden und Ruhe ist etwas Achtbares, Heiliges beinahe.

30. Dezember
Getragen werden von der Erwartung, der Hoffnung und dem Vertrauen der anderen.

Ein Gedanke, der sich mir immer deutlicher aufdrängt: Man kann und soll nicht listen. Mit Tricks und Klugheiten werden die großen Ereignisse weder aufgehalten noch gefördert. Echte Schwierigkeiten können weder umgangen noch vermieden werden. Sie müssen konsumiert, sie müssen erfüllt, sie müssen überwunden werden.

1939

2. Januar

Alles, was ich nun tue, hat das Ziel, mein Leben jenem unvorstellbaren Ideal anzugleichen: ein einfaches Leben zu führen – und in ihm die Aufgabe zu erfüllen, das Werk.

Der Mensch kann sich nur durch eines gegen Mitleid und Verzagtheit panzern: durch das, was er als seine Aufgabe erkennt.

3. Januar

In den großen Depressionsperioden sind die Ehen am meisten gefährdet. Alles hängt dann von der Ruhe und der Zielgewißheit ab.

Der Mann im Zinksarg, über Bord geworfen, ein Bild menschlicher Einsamkeit.

4. Januar

Das Sujet für den kleinen Filmentwurf nicht vergessen: Der Kranzschütze. Novelle. Emil Hegetschweiler.

Das Durchschimmern der Sonne an den Spitzen der Randfedern einer Möwe.

Immer an jenes Wort von Rilke denken: Keine künstliche Berauschung. Nur jene durch das Werk.

5. Januar

Die Sprengung des Roman-Rahmens. – Der Roman ist ein Epos, die Kapitel sind die Gesänge. Joyce im «Ulysses» versuchte es. Die alte Forderung von einem Helden, von einer heldischen Begebenheit taucht immer wieder auf. Gewiß, auch das Einzelschicksal, das bescheidene, ist des «Besungenwerdens wert», aber in der Art, wie der Sauhirt in der Odyssee, vernünftig eingegliedert auf seiner Stufe. (Zum Wetzen der Feder, zur Erwahrung des Geahnten würde es mich reizen, eine Novelle – etwa den Kranzschützen – zu schreiben, in diesem Tone, nach diesen Forderungen.)

9. Januar
Dieser große, oft schöne Augenblick im Leben eines Mannes, wo er tut, was er ankündigte, drohte.

10. Januar
Es ist wahr: Der Dichter tappt im dunkeln. Eine neue Form des Romans finden – für jeden Roman seine Form finden. Der Roman ist ein Kunstwerk. Also gibt es keine Wirklichkeit. Er veredelt. Die genaue Beobachtung ist gut und notwendig, aber sie hat keine naturalistische Funktion, nicht eine nur beschreibende – sie drückt etwas aus, was nur im Plan sichtbar wird, im höheren Umkreis.

Die Veränderung des menschlichen Gesichtes bei der Wahrnehmung eines Vorteils – das rührend erbärmliche Gesicht eines Königstigers, wenn der Wärter mit dem Blechkessel vorbeigeht.

Wie wenige Menschen wissen, im Wünschen und Verzichten Würde zu wahren.

11. Januar
Ich fühle es, nach dem «Riedland» *kann* ich keine andere Art von Romanen mehr schreiben als solche, die sich ein wenig der reinen Dichtung nähern.

Die exakte Beobachtung ist mehr als beschreibend. Sie drückt mehr aus. Sie drückt das aus, was hinter der Welt ist.

«Innis»:
Wie ein banales Haus – Seilergraben – zu einem Haus der Poesie wird.

13. Januar
Der Roman ist in voller Evolution. Das Formproblem des Romans.

Sehr oft kann man eine Welt intensiver darstellen durch einen Blinden, einen Tauben, durch Hinwegnahme von etwas, zum Beispiel keine nächtlichen Szenen. «Verschweige die Nacht.» Das Verschweigen der Nacht.

«Was in jenen hinteren Zimmern vor sich geht, will ich nicht wissen.» Innis. Seilergraben.

Der ältere Herr, der mitturnt. Er macht alles am besten, ist der Beste. Die Jungen sind nachlässig, er gibt sich Mühe. Die mitleidige Anerkennung der Jungen.

16. Januar

Laß endlich den wispernden Chor fremder Stimmen in dir verstummen.

18. Januar

Der Romanschriftsteller kreiert nicht nur das Gesicht der erzählten Person, sondern er wandelt auch den Leser zu jener Figur, an die er sich wendet: er kreiert auch den Leser. Dieses vom Dichter Gemodeltwerden des Lesers ist für ihn, den Leser, ein Glücksgefühl: «in der Hand des Schöpfers».

20. Januar

Die Hände, die sich an der Flamme wärmen, schützen sie auch!

Wer an Gott glaubt, schafft ihn.

21. Januar

Nachwort Emil Staigers zu seiner «Oedipus-Rex»-Übersetzung. Groß gesehen. Tiefe Hinweise auf das Wesen des Romans, wenn auch nicht ausgesprochen. Auf die Dichtung überhaupt.

Das kleine ungeduldige Vorwegnehmen von Freuden genügt gerade zur Zerstörung.

27. Januar

Unausgeschlafen ist man der Wahrheit näher, ist man wacher. Man ist der Wahrheit «schmerzhaft» nahe.

Die Bewegung der sich wärmenden Hände: Schutz der Flamme, empfangendes Hinhalten, aber auch ein leichtes Abwehren (Brenngrenze).

30. Januar

Reizvoll ist das Aufsuchen jener beiden Gestalten – des Erzählers, des Lesers – in verschiedenen Werken:
Homer, Grüner Heinrich, Aus meinem Leben und anderen. Einer Studie wert.

Diese beiden Gestalten befinden sich in jedem Gespräch, in jedem Dialog. Mit diesen Gestalten wird gerechnet, an die wendet man sich.

Die Krisen der Menschen:
– Die Ordnungskrise. Ordnung in das Leben bringen. «Refaire» sa vie, vivre selon un certain idéal.
– Materielle Krise. Geld. Besitz.
– Ehekrise. Eros.
– Alterskrise. Gesundheit.
– Religiöse Krise. Wissen, Erfahrung und Glaube.
Schnitt durch einen Menschen, wie durch einen komplizierten Berg mit verschiedenen geologischen Lagen, Schichten, Verlagerungen, Verschüttungen. Ein Mann, der sich darüber klar werden möchte. Erdwunden, die Einblick gewähren. «Die Erde möchte zur Ruhe kommen.» – Von einem zentralen Ereignis aus gerät das ganze Gebiet ins Rutschen, sucht ein neues Gleichgewicht.

Die Gespräche gehen nicht in die Tiefe. Sie wehen über den Menschen hin wie Winde über die Erde. Aber wenn die Bäume geschüttelt werden, so fühlt es doch manchmal die Erde am Ziehen der Wurzel.

Gefahr der Naturwissenschaft: Sie ist im Stadium der Technik, der technischen Kniffe, der materiellen Intelligenz – daß sie des geistigen Organismus noch nicht Herr werden kann, noch gar nicht an den Geist denkt, sich geradezu bewußt vor solchen Versuchungen abschnürt, sich von ihnen isoliert, weil sie Trübung befürchtet. Eine Geisteshaltung ausdenken, die alle möglichen Resultate und Erkenntnisse vorwegnimmt. Dann würde man natürlich sehen: Alle Naturgesetze zusammen reichen nicht aus, die

Welt zu erklären. Aber daß es Naturgesetze gibt, beweist einen einheitlichen Ursprung – einen geistigen Urgrund.

1. Februar

Die Ruhe ist des Geistes Lot.

3. Februar

Der enger werdende Pendelausschlag im Alter.

4. Februar

Was hast du mit deinem Leben gemacht? Wie hast du es verwaltet?

6. Februar

Solange der Mensch noch jedes Mißgeschick als eine Etappe zu einem Ziel auffaßt, ist nichts verloren.

Wie derselbe Vorgang, je nach der Stimmung, in der man sich befindet, Ursache des Glücksgefühls und Ursache des Unglücksgefühls sein kann. Gerade als ob man durch bunte Gläser eine Landschaft betrachte.

Das Alter beginnt in dem Augenblick, wo man anfängt, von der Substanz zu leben, geistig und körperlich.

8. Februar

Ich habe diese Nacht mit dem Engel gerungen. Die Gedanken des Menschen sind grenzenlos. Und es ist erstaunlich, wie kühl und vertraut der Mensch angesichts dieser Gedankengaloppaden und Orgien bleibt (Zuschauer).

11. Februar

Der Zufall als Problem. Der geheime Rhythmus des Geschehens. Ein geheimes Gesetz.

Eine Veränderung in mir aus der Erkenntnis, daß es Listen und Lavieren nicht gibt, daß alle Dinge sich auf eine unerklärliche, unausweichliche Art erfüllen – daß man alle härtesten Einwände verfolgen und durchführen soll, daß auch sie dann noch Argumente dafür werden.

13. Februar
Jedes Jahrhundert hat seine besonderen literarischen Probleme.

14. Februar
Zusammenhang zwischen Liebe und Treue. Die Liebe wird durch die Treue erhalten. Jede Treue erfordert Opfer – und Verzichte. Diese Verzichte müssen gebracht werden für den größeren Zustand.

Mit dem Zerfall der Ehe beginnt der Nihilismus.

Das Buch der ehelichen Treue. Die Treue ist die Glasur. Die Treue muß nicht einmal vom moralischen Standpunkt aus begriffen werden, sondern von einer Art lebenswichtiger Solidarität – einem zweisamkeitlichen Egoismus heraus. Alles vermeiden, was das Alleinsein trübt und fliehen läßt.

Halte die Treue, und die Liebe bleibt treu.

Moralisten des Wortes, Moralisten der Tat. Im Worte sucht man die Ordnung, die Strafe, die Demütigung – in der Tat hat man die Gnade.

15. Februar
Eine Taube, die sich vom First des Großmünsters löst. Zwei Pferde, die Hufeisen gegen den Bauch, so traben sie.

20. Februar
Im Drama ist es die rücksichtslose, augenfällige Kraft und nicht die Subtilität, die nötig ist.

Bei der Novelle: die Wellenbewegung, die zweite Welle vor dem Ende, wo alles noch einmal in Frage gestellt scheint.

Bei der Novelle: das Anekdotische. «Der Materialverwalter.» Außer dem Allgemein-Typischen ist die Anekdote – als Kulminationspunkt – das Wichtigste. Gegen den Geist der Zerstörung. Der Staub auf den Dingen, die Motten.

22. Februar

Das einzige Abenteuer der Sterne.

1. März

Lecture: Jeans.
Manchmal ist es mir, als müßte der neue Weg der Naturwissenschaft, die Welt zu sehen, auch eine andere Art der künstlerischen Darstellung in sich schließen. Diese vierte Dimension des Raumes, die Zeit, gibt es dafür ein Gefühl, gibt es eine Möglichkeit, diese Dimensionalität sichtbar, fühlbar zu machen? Das neue, moderne Weltbild kommt ohne Geist, ohne Idealismus nicht aus.

4. März

Gott ist ein murmelnder Quell *in* uns.

Es bedarf des Menschen, damit Gott erscheinen kann.

13. März

Durch unsere Augen blickt Gott die Dinge an.

16. März

Heirat.

18. März

Gott ist in uns. Daß wir ihn im All sehen müssen, ist unsere Projektion.

20. März

Unendliche Sehnsucht nach Ruhe und Ordnung im eigenen Hause, die einzige Basis für stille Arbeit.

17. April

Der Hals des Schwans, alle seine Funktionen (Essen, Flug, Liebe, Reinigung). Wie eine Funktion Sprache wird.

Wie der Frühling die Landschaft modelliert, durch Farben plastisch gestaltet.

Wiesengräte mit vereinzelten Obstbäumen, Profile von Häusern, die Wolken darüber, feine, unsichtbare, dahinterliegende Landschaftsflächen spiegelnd.

18. April

Die neuen Berufe. Der Radioreporter. Alles Gesehene in Worte umwandeln, anschaulich machen.

Die Intelligenz ist die Schnelligkeit, mit der ein Gedankenraum (ein gedanklicher Raum) durcheilt wird, plus die Fähigkeit, diese Reise in Worten darzustellen oder durch Taten darauf zu reagieren.

Eine Reihe von richtigen, exakten Beobachtungen, zusammengezogen, konzentriert, durch einen unvoreingenommenen Geist filtriert und durchleuchtet, das ist das Technische der Dichtung.

25. April

Ein Mensch ist ein Punkt, zwei Menschen bilden eine Linie, drei schon einen Raum.

Das große Glück liegt in der materiellen Anspruchslosigkeit. Dieses Glück besteht in einer stillen Freude, wie nach einem Erfolg, nach einem Sieg – dem Sieg über die Materie. Materielle Anspruchslosigkeit, freiwillige, ist ein Sieg des Geistes. Der Aufwand, bis der Mensch zur materiellen Anspruchslosigkeiut gelangt, bis zum Verzicht, ist groß, ist ein langer Weg, ein Kampf.

Der unermeßliche Reichtum eines einzigen Blickes in die Welt!

Das Positive dieser schweren Zeit: die tiefe, gründliche, nichts ersparende Selbstbesinnung unseres Volkes.

Für den Schriftsteller bestehen, wenn er sein Werk beginnt, keine Probleme – sie entstehen, wie im Leben, während des Werkes.

26. April
Erfahrungen eines Lebens: Man erreicht nichts mit List. Das Durchmausern eines jeden zu einer vorbestimmten Gestalt. Die Ausführung eines unsichtbaren Umrisses.

Die Vorstellung der Verwüstung im geistigen Leben bei Veränderung der Lebensumstände und fortwährender Beschäftigung mit materiellen Dingen.

In der Stadt: Die Leute bringen vom Gärtner Erde in einem Stück Zeitungspapier.

27. April
Eine Anzahl Berufe des ewigen Hin und Her. Der Wagenführer an der Seilbahn. Kondukteure, Flugzeugführer. Die Funktion des Verkehrs. Allgemein: der Rhythmus der Arbeit. Die Schwierigkeit, sich den Rhythmen zu entziehen. – Das unheroische Leben. – Blick auf die Welt, ihre Rhythmen, die Tätigkeit der Menschen. Der Schwindel mit den biorhythmischen Tabellen. Das allgemeine Gefühl der Rhythmen. Der Astronom. Die rhythmische Monotonie.
Was herauskommen soll: der Rhythmus der Welt. Minutiöse Darstellung einiger Berufsrhythmen. Rudern. Gehen. Fischen. Lieben. Der Puls des Lebens. Diesem Rhythmus setzt der Mensch sein geistiges Leben entgegen. Dieses ist arhythmisch – abenteuerlich. Jedes Kunstwerk, jedes Gemälde ist der Kampf mit dem Rhythmus, die Störung des Rhythmischen. Die Lyrik. Erinnerung an den Kohelet, Abschnittstitel.
Geboren werden und sterben
pflanzen und ausrotten
würzen und heilen
brechen und bauen
weinen und lachen
klagen und tanzen
Steine zerstreuen und Steine sammeln
herzen und ferne sein von Herzen
suchen und verlieren

behalten und wegwerfen
zerreißen und zunähen
schweigen und reden
lieben und hassen
Streit und Friede
In einem ersten Kapitel: ein Zusammenfassen, ein Aneinanderreihen einer großen Anzahl von menschlichen Tätigkeiten, die einförmig, rhythmisch, monoton den Tag des Menschen darstellen.

28. April

Der monotone Rhythmus des Kohelet. Der Platz dieses Buches im Gesamtwerk der Bibel. Was an dem Menschen interessiert, ist nicht sein Absonderliches, sondern sein Allgemeines. Nicht handelt es sich darum, jenes zu zeigen, was Sonderbares ihm geschieht, sondern jenes, was allen geschieht – allerdings immer auf neue, unvermutete Art.

Jedes beginnende Werk stellt Sinn und Ziel eines Werkes – aller Werke – immer wieder von neuem in Frage.

Gibt es eine Möglichkeit, die Chronologie – das Hintereinander der Zeit – zu durchbrechen?

29. April

Die feinmechanische Schweiz. Die Liebe zum Detail.

23. Mai

«Sie liebten die Tiere nicht, machten sich nichts aus Musik, nichts aus schöner Sprache.»

24. Mai

1902 bis 1910. Ein junger Mensch fühlt das Heranwachsen einer furchtbaren Zeit.

29. Juni

Montfaucon, Saignelégier, Les Enfers – die weidenden Pferde mit ihren Füllen, im Dorfleben, auf der Weide unter die Menschen gemischt, vor dem kleinen Schaufenster. – Einen ähnlichen Schock wie beim «Riedland». Un homme qui vient. Mais qu'est-ce qu'il cherche, qu'est-ce qu'il veut? Il aime le cheval – il est malade du cheval.

15. Juli

Vermeide Streit mit kleinen Leuten, denn er macht dich selber klein.

16. Juli

Nachsichtig, nicht kleinlich, freundlich, gefällig sein – das wird von Dummen stets als Demut, Angst, Unsicherheit ausgelegt.

Kein Fliehen aus dem Raum, kein Fliehen aus der Zeit – beides ist der Tod. Ein Mann will die Überwindung des Todes lehren. Leben wie ein Tier, ohne Vergangenheit und Zukunft. «Die Pferde von Saignelégier.» Das Leben eines Pferdes. Die Trauer eines Pferdes. Seine Einsamkeit. Sein Aussterben. Wir alle sind Pferde.

17. Juli

Die Pferde wiehern in der Nacht. Sie sehen durch uns hindurch, sie gehen an uns vorbei – als seien wir nicht. Mit dem Tier stehen wir in Verbindung mit dem göttlichen Geheimnis. – Das Galoppieren der Pferde in der Nacht. Das Auge eines Pferdes ist wie der Hafen zum Meer der Unendlichkeit. Was die Pferde mit uns teilen, ist die Trauer. Wenn die Hengste steigen, wild, traurig und verzweifelt.

1. August

Traum: Ein Paar am Stilfserjoch, August 1914. Grenzbesetzung, Soldaten – und dann ist alles ein Film, den man dreht.

5. August

Jeder fühlt es: Es gibt ein Leben zwischen – außerhalb – der Zeit. Ein Teil von uns hat «keine» Zeit.

7. August

Der böse Nachbar – das ist nicht ein Mann, das ist eine Atmosphäre.

9. August
Was würde sich ändern, stände die Zeit still? Es wäre die Ewigkeit – aber auch der Tod, nicht das Leben.

14. August
Zwei Männer, die sich hassen, ein Paar, das sich liebt. Die Zeit steht still. Zwischen zwei Sekunden. Im ersten Akt schlägt eine Uhr. Im dritten Akt schlägt sie immer noch. Was war dazwischen? Eine Sekunde, ein Jahr? Was würde sich geändert haben? An allen wäre die Ewigkeit vorbeigegangen, und was hätten sie gemerkt, was hätte sich geändert? – Ein Abgrund für die einen: ewiger Haß, ein Himmel für die andern, ewige Liebe.

19. August
Wie kannst du wissen, ob du nicht einst das von dir Befürchtete erwünschest und umgekehrt?

Er las «lebensgefährlich» (Berühren der Drähte) als «Lebensgefährtin».

Um Freude am Leben zu haben, muß man eine gewisse innere Überlegenheit anstreben. Ohne Distanz und der Vorstellung des freien Willens ist Lebensfreude nicht möglich.

Wie schwer ist es manchmal, ein geistiges Leben zu führen! Es gibt Zeiten, die einer einzigen Verschwörung gegen ein solches Leben gleichen.
Humor ist geistig. – Humor ist die populäre Form geistigen Lebens.

Der dunkle Hintergarten menschlicher Empfindungen: Haß, Furcht, Angst, Feigheit. Wahre Tapferkeit, Mut, kann nie etwas Äußerliches sein. Sie sind, wie der Humor, etwas Geistiges.

Wer Furcht hat, bei dem ist das Innenleben nicht in Ordnung und nicht in Harmonie.

Die positive Machtsphäre des Menschen ist begrenzt, weil sie an reale Qualitäten gebunden ist, die negative – zerstörende – ist unbegrenzt, weil sie ihre Kraft aus den negativen Qualitäten bezieht: Dummheit, Gottlosigkeit, Dünkel, Neid usw.

Deshalb hat die Furcht (Angst) so etwas Lähmendes, weil sie uns hilflos vor dem Ozean menschlicher Unzulänglichkeit erschauern läßt. Dem, der in uns ist, und jenem, den wir bei den anderen ahnen.

Des geistigen Menschen Schwäche im Kampf mit den andern Menschen ist eben seine Geistigkeit, denn eben sie wendet sich zuerst gegen ihn selbst; seine eigene Unzulänglichkeit ist – vor jeder Auseinandersetzung – erster Gegenstand ihrer Kritik.

21. August

Das zeugende, bestimmende, männliche Prinzip jedes Werkes ist die Handlung – ihr weibliches, leidendes die Empfindung. Eher auf das Empfindungsmäßige verzichten als auf die Handlung.

Ein Mann kommt nach Saignelégier. Seine Besessenheit, seine Verrücktheit ist die Zeit. Im Auge des Tieres – des Pferdes – will er gesehen haben, daß die Zeit stillsteht. Es muß auch für den Menschen einen Zustand geben, in dem die Zeit stillsteht – ein Zustand ohne Zeit. Zuletzt glaubt er daran, er könne die Zeit aufhalten, anhalten. Und weil er es glaubt, wirkt er auf die andern. Nun tritt ein Zustand ein, in dem alle, die mit ihm in Berührung kommen, während eines Aktes daran glauben, daß die Zeit steht. Was geschieht nun?

22. August

Wenn ein Mensch sich fortwährend und immer auf die Menschenrechte berufen muß, dann steht es schlecht um ihn – um seine Stellung in der Welt. Die Juden müssen es.

Die Zeit – das Urproblem. Es ist, als würden die Menschen um das Geheimnis der Zeit ringen. Die Zeit enthält recht eigentlich das Geheimnis der Wirklichkeit. Die Zeit, das Unentrinnbare.

Sich von der Zeit befreien. Die Menschen erdauern, erleiden die Zeit. Etwas dauert, das heißt, etwas vergeht. Das Bedürfnis nach Einteilung. Die Zeit wird empfunden als etwas mit Anfang und Ende und gleichzeitig als ewig. Unsere Zeit und die Zeit Gottes. Für Gott gibt es keine Zeit. Die Zeit, des Menschen Armut, die Zeit, sein ganzer Reichtum. Herr der Zeit, Herr seiner Zeit.
Der Gegensatz zur animalischen und vegetabilen Welt. Die Werke des Menschen tragen den Stempel seines Ringens um das Geheimnis der Zeit. Seine Unternehmungen deuten das Definitive an. Seine Tragik: von seiner Beschränkung zu wissen. Sein Übermut und seine Demut.

In den «Pferden»: Was tust du? Ich baue ein Haus. Du bist ein Pilger und baust ein Haus? – Ich baue ein Pilgerhaus. – Du kaufst Erde, und nie wird sie dein Eigentum. Alles ist Miete: Macht, Reichtum, Eigentum, dein Leben selbst ist nur gemietet, das Feuer gestohlen, die Luft selbst entweicht deinem Körper, dein Blut vertrocknet, verflüchtigt sich. Nichts ist dir. – Daß ich, schon dem Verfall geweiht, diese flüchtige Zeit geliebt habe, das ist mein Eigentum, das ist mein Anteil an der Ewigkeit.

Die Zeit aufhalten, was mag das heißen? Zeitlos sein, ohne Erwartung, ohne Hoffnung, ohne Liebe, ohne Haß? Ein Baum sein, ein Pferd. Ein Pferd ersehnt die Heimkunft. Dazu habt ihr es erzogen. Ein Pferd ersehnt die Freiheit – das Zeitlose, das Erwartungslose, die Völle, die Runde, das Ruhen in sich.

Schönheit ist Zeitlosigkeit. Wen Schönheit erhebt, «hat» keine Zeit. – Die Zeitlosigkeit hat zwei Seiten
Hoffnungslosigkeit – Schönheit
Stillstand der Gefühle – Sein

Wer die Schönheit empfindet, ist ohne Zeit, ohne Hoffnung, ohne Angst, er ist.

So leben, daß der Zustand der Zeitlosigkeit uns jeden Augenblick überraschen kann. Was dann ist, bleibt. Spannungsmoment: In welchem Zustand wird sie uns überraschen? (Oder in welchem Zustand wird der Tod uns überraschen – oder das ewige Leben?) – Hängt es von uns ab, ob das, was wir Tod nennen, der Tod wirklich sei, oder die Seligkeit?

Die versprochene Zeitlosigkeit ist für die einen eine Drohung, für die andern eine Verheißung. Einer ist da, der lebt zeitlos, für ihn ändert sich nichts.

Es muß eine Situation sein, wo so recht das Abenteuerliche des ganzen Unternehmens sich demonstriert. Es muß eine selbständige Handlung da sein, die gelöst wird eben durch das Abenteuerliche des zweiten Aktes. In Wirklichkeit durch sich selbst.

26. August

Die Seelen sind frei, zeitlos. Ein Akt der freien Seelen. Spaltung der Persönlichkeit in das, was zeitlich, und das, was ewig ist.

Das Erstaunen eines Menschen angesichts der kleinen Händel, die er führte (im zweiten Akt). – Das hat mich beschäftigt, gefesselt? Das? Gegenstück: Indifferenz – statt Liebe.

29. August

Friede – Freiheit – Ruhe – die Grundlagen künstlerischen Schaffens? Mit andern Worten: das Paradies.

30. August

Im Zögern eines einzigen Wortes hat die «Zeitlosigkeit» Raum.

Der Dichter gibt alten, bekannten, abgebrauchten Worten neues Gewicht, neuen Inhalt.

Eine Sage – die Pferde haben die Seelen der Toten in sich.

«Nun sind wir zeitlos – wie – wie die Pferde.»

Die Pferde: Immer war unser Schicksal an jenes der Menschen geknüpft.

1. September
Diese Forderung, die Probleme der Zeit darzustellen, die aus den nichtkünstlerischen Kreisen kommt, wie soll man ihr begegnen?

2. September
Krieg. Weltkrieg.
Daß es Millionen von Menschen gibt, die innerhalb ihres Lebens zweimal eine solche Katastrophe erleben können!

Die Zeit heilt, aber sie ist auch grausam – denn sie läßt das Grausame vergessen.

Was es diesmal besonders unheimlich macht, ist dieses schaurige «déjà-vu».

3. September
Jene, denen in dieser Zeit Aktivität beschieden ist, entrinnen dem Chaos leichter als meditative und kontemplative Menschen. – Reaktion des Menschen: etwas tun. Ameisenmentalität. Die Organisation erregt das Denken, die Vernunft selbst. Ameisenmenschen. Der Punkt, wo die vernunftgeborene Organisation vernunftwidrig wird, wo aus dem Vernunftmenschen ein Reflexmensch wird, das ist der Krieg.

Das erste ist die Disziplin des Geistes, die sich lockert. Diese erste Bresche gilt es auszufüllen.

Das «déjà-vu» bezeichnet, soviel ich mich erinnern kann, in der Psychologie einen ganz bestimmten Vorgang. Man erlebt eine Situation und hat gleichzeitig das bestimmte Gefühl, sie zu kennen, sie ganz genau schon einmal erlebt zu haben. Es ist ein unheimliches Gefühl, das Gefühl, als fließe ein zeitloser Strom an einem vorbei.

4. September
Die ewige Gegenwart –

Es gibt in dieser Zeit nur eine einzige vernünftige Reaktion des einzelnen Menschen: den Sinn mehr und vertiefter dem geistigen Leben zuwenden, Ordnung und Disziplin in das Chaos des Denkens und Fühlens hineinbringen. Sich selbst Haltung beweisen. Sich nicht fallen lassen. Den Geist ehren, dem Zeitlichen das Ewige entgegenstellen. Enthaltsamkeit.

5. September

Im Lichte von Ereignissen wie diesen wird einem bewußt, wie schablonenhaft alle Worte sind, die das Schreckliche beschreiben – ausdrücken wollen. Aber es sind nicht nur die Worte. Der Mensch steht in diesen Zeiten verzweifelt vor der eigenen Unfähigkeit des Gefühls, der Empfindung. Wohl gebraucht er Worte wie «Abscheu», «Verachtung», «Haß», «Niedertracht», «Schuld» – aber er fühlt, daß diese Ausdrücke seinen wahren Gefühlen nicht Rechnung tragen; sie eilen ihnen voraus. Sie sind große Wände, Kulissen vor der Kleinheit, Beschränktheit seiner Gefühle. Was er empfindet, sind: Neugierde, kleinliche Befriedigung seiner Rachsucht, Besorgnis um sein Wohlergehen, eine gewisse Sensationslüsternheit, Angst vor Langeweile und Einsamkeit, die Erkenntnis seiner eigenen Unzulänglichkeit, seine Bereitschaft, sich im Unvermeidlichen so häuslich wie möglich einzurichten, sein Bedürfnis, sich in das organisierte Chaos einzureihen. – Nur die unmittelbare, tangible Realität vermag ihn aufzurütteln; solange alles nur Nachricht, mittelbares Ereignis ist, ist er gleicherweise abgeschlossen von den Ur-Instinkten wie von Stratosphären des Geistes. Er hat eine dünne, zähe, wohlbehütete Hautblase um sich.

Angesichts der Nachricht von Ereignissen arbeitet das Talent des Schriftstellers in entgegengesetzter Weise als sonst. Natürlich ist, daß er um das winzige Reale die Aura des Irrealen formt; jetzt sieht er inmitten der Aura, inmitten des Irrealen, der Nachricht, den realen schrecklichen Kern. Deshalb leidet er mehr als die andern.

In der realen Welt sieht er ihre Nachricht – ihre Botschaft –, jetzt, in der Welt der Nachrichten, sieht er die Realität.

Eine Welt der Nachrichten. Der Dichter in der Welt der Nachrichten.
Die ewige Gegenwart.
Das organisierte Chaos.
Die Welt der Nachrichten – eine Welt der Pseudodichtung.

6. September
«Chevaux.»
Die einen leben in einer Welt der Nachrichten – ohne Realität, die andern leben in einer Welt der Realität – ohne Nachrichten.

Der «zeitlose Zustand» ist der Zustand der ewigen Botschaften; der zeitliche Zustand der der Realität. (Zeitlos = ewige Gegenwart.) – Ich will euch ewige Gegenwart geben, wie sie die Tiere, die Pflanzen haben.

Mit der ewigen Gegenwart verschwindet das Tragische, Menschliche aus der Welt. Der Mensch wäre heimatlos in der Welt. Des Menschen tragische Würde ist das Bewußtsein seiner Zeitlichkeit. Er weiß um seine Vergänglichkeit. Wüßte er sich ewig-zeitlos, er verlöre alles Errungene. Er verlöre Gott. – «Was fange ich mit den ewigen Sternen an?» «Was fange ich an mit diesem organisierten Chaos?» «Ich bedarf der Zeit, damit ein Kosmos werde aus dieser Welt, damit ein Gott sei, meine Sünde und meine Vergebung, damit ein Anfang und ein Ende sei, ein Oben und ein Unten. Die Zeit ist ein Maß, unser Maß; maßlos zu leben vermag ein Mensch nicht. – Maßlosigkeit ist Heidentum. Die Heiden können und wollen nicht sterben.»

All das ist Wirrnis und Kreislauf – chaotischer Gedankenregen, und dennoch, ich fühle es, dahinter verbirgt sich etwas, was gesagt werden will – oder, besser noch: was gesehen, dargestellt werden will.

Diese Spekulationen sind wertlos, falls nicht hinter ihnen die Vision auftaucht.

Die Menschen sind nicht für die Ewigkeit gemacht; ihr armer kleiner Körper ertrüge sie nicht – aber noch weniger ihr Geist. Das ist das Kennzeichen des menschlichen Geistes: daß er zeitlich denkt. An jeder Stelle, wo ein Mensch steht, ist der Rand der Welt. Die Zeit fließt vorbei.

Der Unterschied zwischen dem, was man sich vorstellt, und dem, was eintritt. Ein Tod: die harte Grenze der Realität.

In das Räderwerk der Hoffnungen und Erwartungen hineingezogen werden – das ist Menschenleben – menschliche Gegenwart. Den Mechanismus anhalten bis zur zeitlosen Gegenwart... Nichts als die Gegenwart.

Brienz, 13. September

Der Ruf des Werks. Es ist, als ob alles, was verkümmert, gedemütigt in einem Menschen ist, sich irgendwo in abgemessenen Zeitläufen ansammeln würde, wie in einer Retorte, um dort eine Reaktion durchzumachen, aus der dann, als Endprodukt, das Werk entsteht.

Ein immer wiederkehrendes schweizerisches Landschaftsbild: Über die Giebelgräte eines Ziegeldachs hinweg ein See, dessen beide Ufer sichtbar sind.

15. September

Der Begriff Zeit ist der Kreuzungspunkt aller menschlichen Probleme. Es gibt eine Flucht in die Zeit und eine Flucht aus der Zeit. – Wenn die Zeit stillsteht, gibt es keinen Fluchtort mehr. Ist das nicht das Erlöschen des Bewußtseins überhaupt?

Was bei allen großen «historischen» Ereignissen charakteristisch zu sein scheint, ist die Einstellung der sie erlebenden Zeitgenossen, es handle sich um ein Provisorium, um etwas Vorübergehendes. Gerade der Hinweis, es sei ein historisches Ereignis, deutet darauf hin. Historische Ereignisse sind tatsächlich erst mit großem Zeitabstand bemerkbar – manchmal sind es kleine, von der

Mitwelt kaum beachtete Vorgänge (Gabelungen, bifurcations). Die Gabelung ist klein, unbeachtet, die Straßen sind anfänglich noch fast parallel – aber ihre Konsequenz sind zwei verschiedene Himmelsrichtungen.

Radio: Jeder Kubikmeter Luft um uns ist mit Nachrichten geladen, und wir können sie alle auffangen, wenn wir das Instrument dazu haben. Genau so mit dem Dichter. Auch er lebt in einer Welt von Nachrichten, in einer Welt von Ausstrahlungen. Dieses seine Aufgabe: sein Instrument in empfangsfähigem Zustand erhalten, Nebengeräusche trotzdem hören. Trennschärfe bewahren. – Aber richten, verdichten muß er diese Nachrichten selbst, sie gruppieren.

17. September

Nichts besteht im Wirbel dieser Ereignisse als die Erkenntnis unserer eigenen Schwäche.

18. September

In diesen Zeiten sieht man es deutlich, daß Glauben und Denken – Religion und Philosophie – immaterielle Organe des Menschen sind. Ohne sie ist der Mensch nicht – ohne sie hat er nur die Form eines Menschen.

«Chevaux»:
«Auch sie (die Pferde) leben in einer Welt von Nachrichten – sieh ihre Augen an!»

Katalog der Niederlagen. Titel.

«Der Kinoklavierspieler.» Novelle um 1920:
Die neuen Berufe: Autoverkäufer. Staubsaugerverkäufer. Radioverkäufer. Kinoverleih. Reklameberater. – Les déchets des autres professions. La nouvelle armée. L'armée de la Révolution française en exemple.

Es ist ein Gegensatz – eine Realität: wildweidende Pferdeherden und das Radio in den Häusern. Die ganze Spanne der Welt liegt darin.

Die Herrschaft des Menschen über die Welt wird immer größer, aber – und das ist ihr Preis – die Welt wird immer kleiner. Jeder Herrschaftswille ist unersättlich, weil mit jedem Herrschaftsbereich die Welt kleiner wird. Besitz schreit nach neuem Besitz, denn Besitzenwollen ist eine Bewegung, kein Ziel. Der Besitz-Wollende sieht kein Ziel, er schließt die Augen vor dem Ziel. Das Ende der Besitz-wollen-Bewegung ist der Schwindel (vertige).

«Chevaux»:
Zeitpunkt 1920. Ende des Krieges; die neuen Erfindungen. Die Ära des Friedens. Einer berichtet von den Friedhöfen. «Pluszeichen.» Die Pferde kommen heim aus dem Krieg. Entlassen. Statt vor Kanonen vor Pflügen. – «Ils ont l'horreur dans leurs yeux.» La grippe – la peste. – Die Pferde der Apokalypse. Sie durcheilen schnaubend den mit Nachrichten erfüllten Raum.

Sie stellen das Radio auf. Nicht die Worte erschüttern sie, sondern die Nebengeräusche, das Pfeifen und Brausen. Die Weltenwinde. «La terre se frotte contre l'univers.» «So ist die ganze Welt vom Brausen der Sphären erfüllt, nur hören wir es nicht.» «Die Pferde hören es!»

«Was meinst du, daß die Pferde denken, wenn sie vor unsern Schaufenstern stehen?»

Am Ende des Krieges zwei Tendenzen: die Mystik – die Technik.

18. September
Eine Erfahrung, die die Jugend noch nicht kennt: die Entfremdung. – Auch sie ist eine Wirkung der Zeit. («Chevaux.») Die tragische Ahnung der Entfremdung. Kaum sichtbar gabeln sich die Straßen – aber es sind keine Straßen, es sind stählerne Schienen ohne Weichen. Zuerst noch scheint es, sie gingen parallel, aber dann fängt eine an zu steigen oder zu sinken oder abzuschwenken, oder ein Zug fährt schneller als der andere, oder alles zusammen. – Die «Weiche», auch ein technisches Wort mit einer seelischen Beziehung wie «Trennschärfe».

Der Augenblick in einem Leben, wo die Menschen symbolische Bedeutung bekommen – zu Repräsentanten werden: die Reife – das Alter. Die Fähigkeit, in Gesichtern zu lesen.

Was solche Zeiten für den Schriftsteller so schwer macht, das ist die Unmöglichkeit einer geistigen Erregung. Die geistige Erregung des Schriftstellers muß individuell – originell – die seinige sein; teilhaben, teilnehmen müssen an der allgemeinen Erregung drückt ihn nieder. Seine schöpferische Lust liegt in der Einmaligkeit, in der Einsamkeit – im Neuland – im Niemandsland. Wohl wendet er sich an die Gemeinschaft, wohl ist sie ihm notwendig, aber er will Bote sein.

19./20. September

In diesen Zeiten haben es die bildenden Künstler besser als die Schriftsteller. Sie können mit den Händen arbeiten, während das Arbeitswerkzeug des Schriftstellers – der Kopf – zugleich noch als Empfänger der Nachrichten aus der Umwelt dienen muß. Dem Schriftsteller fällt die Begrenzung schwer. – Wenn ich an die Zeit von 1914 bis 1918 denke, so sehe ich, daß es dieselbe Hilflosigkeit ist, dieses selbe Herumtasten im Chaos, nur daß mit dem Alter die Gefahr deutlicher erkannt wird.

Die immense Sehnsucht nach dem alles absorbierenden Werk.

Die Träume in den Katastrophenzeiten. Jetzt wird wieder viel geträumt. In der verdunkelten Welt sind keine traumlosen Nächte mehr.

Dieser Wunsch nach Inventar. Bilanz, Übersicht. Nie so dringend und nie so schwer wie in diesen Zeiten, wo der einzelne machtlos in das Geschehen des größeren Kreises hineingezogen wird. Am schwersten wohl für den Künstler.

Verbot der Jagd. Krieg bei den Menschen, Friede bei den Tieren.

Weisheit Schopenhauers: Wie sich bei der Lektüre seiner Aphorismen zur Lebensweisheit, zu seinen abstrakten Fällen für den Leser sofort konkrete Beispiele einstellen. Ich könnte jedesmal am Rande Namen einsetzen und erlebte Situationen.

Der Krieg stellt die natürliche, grausame Hierarchie der menschlichen Beziehungen wieder her. Beute geht dem Geiste voran. Freundschaften werden auf den zweiten Rang verwiesen.

Der Krieg ist immer das Unbekannte; jede erste Zeit eines Krieges besteht immer darin, daß man sich von Analogien und vorkrieglichen Zukunftsphantasien befreien muß.

21. September

Manchmal muß man sich fragen: Gibt es ein zuverlässiges, beständiges menschliches Gefühl? Die stärkste Liebe, der tiefste Haß, der gelbste Neid können nicht ununterbrochen in derselben Intensität erhalten werden. Sie haben ihr Leben, ihre Zeit, ihr Wachstum und ihr Vergehen. Alles, was der Mensch fühlt, ist wie eingebettet in eine animalische Masse der Indifferenz. Die Natur kennt keine Gefühle. Das Raubtier ist nicht grausam oder feig oder freiheitsliebend usw. Das sind alles menschliche Qualifikationen, die nur vom Menschen aus gesehen ihren Sinn haben. Sie sind ethisch. Das Tier hat nur Instinkte, Triebe. Es verteidigt sein Sein. Ein Tier haßt nicht, liebt nicht. Es ist Menschenwerk, aus den Instinkten Gefühle gemacht zu haben. Das Erlöschen der Gefühle ist ein Zurückfallen ins Animalische – das muß selbst wahr sein auf die zu bekämpfenden Gefühle, wie Haß, Neid usw. – Im Alten Testament ist der Haß noch menschlich legitim. Gott haßt, straft usw., er hat menschliche Gefühle. Es ist des Christentums absolute Neuigkeit, die Sichtung der menschlichen Gefühle vorgenommen zu haben. Der Haß soll nicht in der animalischen Indifferenz erlöschen (zum Beispiel durch Vernichtung des Haßobjektes), sondern er soll durch die Ausbreitung der göttlichen Sphäre überwunden werden. Das ist vollständig neu in der Geschichte der Menschheit. Deshalb ist Jesus kein Mensch. Sein Verhalten ist nicht mehr menschlich, sondern übermenschlich. Der Begriff der Barmherzigkeit ist vollständig neu. (Nicht Erlöschen des Hasses durch Stillung, sondern Überwindung des Hasses.) Es hat in der vorchristlichen Ära Überwindung des Hasses auch gegeben – mit dem Effekt Großmut, Würde usw., aber es war nicht dasselbe. Es war ein animalisch-traumhaftes Ablassen von der wehrlos gemachten Beute, aber es war nicht bewußte Überwindung, es war nicht von einem göttlichen Prinzip gesteuert.

22. September

«Chevaux»:
Mysterium und Technik im Radio vereint.

In der Konversation: Vor dem Krieg. Vor welchem?

Kriterium der Literatur: Das Frische, «Anpäckige», der Fluß, «pas traînant». Das Morose, Hinschleichende ist negativ. Unbefangenheit, Naivität. Mitten hinein, viril, männlich. Un peu de dureté, «style romain». Abkürzung, Zusammenziehung, Verdichtung, formelhaft, «frappé».

Kennzeichen eines Kunstwerks: Es ist immer Kreuzungspunkt, es ist nie ein Problem allein. Darin ist es treu dem Leben: ein Unglück ist immer das Rendezvous einer Unglücksfamilie. Ein Zerstören der Harmonie bringt alles in Fluß, stellt alles «in Frage». Aber es braucht einen durchdringenden Blick, im entstandenen Wirrsal den eigentlichen Konstruktionsfehler zu entdecken. Der erste, Anstoß gebende Unglücksfall ist meistens nicht die Ursache, sondern die letzte – darum sichtbare – Folge des Fehlers. Darin besteht die ganze dramatische Technik. Die Kette der Vorfälle hinaufsteigen bis zur Ur-Sache. Es gibt deren nur ganz wenige.

23. September

Nichts ist schwerer zu erreichen als das Normale.

Ein normales Leben zu führen ist ein höherer Zustand, als ein außerordentliches Leben zu führen. – Aber jeder Charakter hat seine eigene «Normalität». Daß «normal» etwas Schwieriges ist, tut sich schon aus dem Wort kund, denn Norm ist ein philosophischer Begriff. Eine persönliche Aufgabe: die subjektive Norm herausfinden.

Das astronomische Massengesetz gilt auch in der menschlichen Beziehung. Jeder einzelne unterliegt ihm – und zwar nicht nur psychisch, sondern auch physisch. Eine Mobilisation beweist es. Im Militärischen: Massen binden Massen. – In diesem Zusammenhang erscheint die Demokratie die perfekte harmonische Lösung zwischen Individualismus und Gemeinschaft. Die Oszillation zwischen beiden ist ihr normales Leben.

24. September
Der Aufbruch der Menschen nach den unerforschten Zentren in ihnen. Die gegenläufige Bewegung von Seele und Leib.

25. September
Diese absonderliche Vorstellung, als ob in diesen Zeiten jemand sich hinsetzen könnte und ruhig und gelassen seine Werke schreiben.

26. September
Schopenhauer: Die menschliche Seele besteht aus zwei Teilen, einem temporären und einem ewigen. – – Wie die Zeit stillsteht, wird der ewige Teil sichtbar. Er hat andere Wünsche als der temporäre Teil. Die Menschen bekommen ein anderes Gesicht und ein anderes Streben. Sie blicken fremd auf ihre täglichen Wünsche; sie verstehen sie nicht mehr. Nur erweist es sich, daß die Liebe ein Teil der ewigen Seite der menschlichen Seele ist. Der paradiesische Zustand. Von allen bewegt nur eine Liebende sich normal. – Wie sie es nachher, beim dritten Akt, nennen: Es hat uns verzaubert. All das gilbt nicht. Trait: Plötzlich kommen aus dem Radio Sphärenklänge. Nachher: Es war die Station X mit Beethovens Neunter. – Nur die Pferde haben sich nicht verändert. – In diesem Akt ist es wie das letzte Gericht: Die Vordersten sollen die Hintersten sein. – Während er erzählt, schlägt die Uhr – der Vorhang fällt; und wie er aufgeht, erzählt er weiter. Die Uhr steht. – – Das Entscheidende ist die Legende, die Handlung.

– Der zweite Akt hat eine Handlung, die am Ende die gleiche Situation herbeiführt wie am Anfang des zweiten Aktes.

27. September
Dahlien an lautlosen Stengeln wie Papierblumen.
Sacha Guitry, le Maurice Chevalier de la littérature française.

Das euphorische Gefühl des Reichtums, wenn die Reserven angegriffen werden.

28./29. September
Der Mensch bewegt sich in einer Welt von Nachrichten, die er verschiedentlich interpretiert. Er folgt Rufen, die von außen und von innen kommen. Er erleidet Leid und Mitleid. Er lehnt sich auf und resigniert. Er legt sich eine Erklärung zurecht. Es ist ihm gefährlich, zu weit an die Grenzen seines Bewußtseins und seiner Kenntnisse vorzudringen. Manchmal scheint es, es bestehe zwischen den Menschen eine stille Vereinbarung, daß man von diesem und jenem nicht spreche. Ihre Revolte gegen jenen, der es tut. – Dans les «Chevaux»: Sie fühlen den Kosmos. Von den Sternen: Unsere Zeit ist nicht ihre Zeit.

Die Zeit ist die unendliche Punktreihe latenter Möglichkeiten. Jede Sekunde ist alles oder nichts. Wir rasen dieser punktierten Linie entlang, immer gewärtig einer Gabelung, einer Weiche. – – Die Zeit rast von der ewigen Zukunft her an uns vorbei in die ewige Vergangenheit hinab. Sie ist der Wind, der unsere Gesichter gerbt. Die ewigen Sonnen strömen Zeit aus. – Die menschliche Vermessenheit, die sich ein Lichtjahr ausgedacht hat.

Die Botschaften des Seienden, die Botschaften Gottes und die Natur, die Pferde. Sie, die Pferde, erleiden die Natur und uns, die wir keine Natur mehr sind. Wir sind den Pferden Gott, unverständlich wie er, und sie erdulden uns, wie wir ihn erdulden.
Die Pferde erdulden das Schicksal wie in der antiken Tragödie die Menschen die Götter. In uns das Drama von Gut und Böse und beide als Einheit im Kosmos.

All das ist Wissen und Vorarbeit des Autors. Nichts davon wird ausgesprochen im Drama. Es wird nur gewußt, vorausgesetzt. Und dann erst beginnt es. Es ist der unsichtbare Zettel – das Drama ist der allein sichtbare Schuß. – Es ist das, was Drama trägt. – Das Metaphysische ist kein Sujet des Dramas – es ist nicht das Subjekt – es ist das Objekt.

«Hier auf dem Gipfelplateau der Welt, unter den Sternen weiden Pferde. So muß es sein.»

Diese Unverantwortlichkeit unter dem Befehl ist der Schlüssel zum Geheimnis zum Wesen des Soldaten und des Mönchs. General und Kirchenhaupt sind ihre Antennen im Gebraus der Nachrichten. Es sind Antennen, die ganz bestimmte Nachrichten aus dem Wirrwarr der Botschaften aussieben.

Die Milchstraßensysteme der Rauchringe.

30. September

Wir haben nur einen Organismus, in dem das Leben sich spiegelt; alle seine Darstellungen gelangen nur auf einer einzigen Bühne zur Aufführung. Diesen Ort, die Situation zu finden, das ist eben die Aufgabe des Dramatikers. Die dreidimensionale Bühne («auf einer anderen Ebene») ist das Eingeständnis seines Unvermögens. Alles, was den Menschen wirklich bewegt, muß sich darstellen lassen. Es darstellen zu können, das ist eben Kunst.

«Chevaux»:
Der Einbruch, das Sichtbarwerden des Kosmos, der kosmischen Zusammenhänge, in einer kleinen Gemeinschaft. «Die Einrichtung der Zeit.» «Was ist die Zeit? Und gäbe es keine Uhren, keine Menschengesichter, gäbe es dann eine Zeit? Die Zeit ist eine Erfindung der Menschen. Wir leben in der Ewigkeit, aber wir ertragen sie nicht. Deshalb haben wir sie zerstückelt, in die Zeit zerstückelt. – Zeitlos leben wie die Pferde. – Sich so verhalten, als gäbe es Zeit, das war erstes Menschen-Tun. Jenes Wesen,

das zum erstenmal Zeit empfand, das war ein Mensch. – Ganz früh hatten weder Zeit noch Tod diese einschneidende Bedeutung auf das Denken der Menschen. Der Glaube wuchs aus dem Urgefühl der Zeitlosigkeit. Die Vertiefung des Bewußtseins macht den Glaubenskampf immer schwieriger. Je mehr der Mensch Mensch wird, um so schwieriger ist sein Weg zu Gott. Die Kultur ist ein Versuch, das Zusammenleben der Menschen zu regeln – aber die (technischen) Kulturgüter sind Hindernisse auf seinem Weg zu Gott. Nur die Kunst überwindet diese Hindernisse. – Von zwei Seiten ist des Menschen Gottesgemeinschaft bedroht: von der Natur her (in der Ahnungslosigkeit) und in der Kultur (durch das überspitzte Bewußtsein, durch das zu bewußte Mensch-Sein); die Kunst ist zwischen beiden. Sie sucht die dreifache Harmonie: Mensch–Natur, Mensch–Mensch, Mensch–Gott.

Das Bemühen eines jeden Menschen, einen Standpunkt zu finden, wo er unverwundbar ist. Wo anders als bei Gott?

«Chevaux»:
Die Symbole: die Pferde – das Radio – der Sternhimmel, und zwischen ihnen die Menschen.
Die Pferde: zeitlose Natur.
Radio: zeitbedingte Kultur.
Der Sternhimmel: Kosmos und Gott. Die Wand, auf der sich der in den Menschen wohnende Gott projiziert.
Kräfte: eine Menschenfamilie (mit allen Stufen). Der Radiohändler. Jener, der die Pferde sucht. Ein Mädchen, das glaubt.

Brienz, 1./2. Oktober

Es scheint fast ausgeschlossen, daß nicht jeder Künstler in solchen Zeiten eine Zäsur in seinem Schaffen erleidet.

«Chevaux»:
«Da streckt ein jeder so ein rundes Ding – genannt Kopf – in den Raum hinaus und empfängt Nachrichten. Fast alle seine Sinnesorgane sind in diesem Instrument vereinigt.»

Dietikon, 31. Oktober

Mobilisiert. Seit vierzehn Tagen von Brienz zurück, beschlossen, die Wohnung aufzugeben, neu gemietet im Neubühl, das Aufgebot, gestern eingerückt, heute typischer Dienstsonntag, zurückgeblieben, alle andern im Urlaub. Einsamer Spaziergang, Sammlung, Angewöhnung. Mangel an Lektüre; fast unfähig, über Nächstliegendes hinauszudenken. Persönliches Wohlbefinden wird sehr wichtig genommen; andererseits große psychische Befreiung, wäre nicht die Sorge um Hüxlis Alleinsein. Eingereiht sein, anonym sein im Kreise aller ist sehr gut. Eine Bedingung für das seelische Gleichgewicht; in solchen Zeiten wenigstens. Ein Gefühl der Verantwortlichkeit, das in der bedingungslosen Bereitschaft liegt.

Die Kenntnis von Mann zu Mann: die unerschöpfliche Quelle. Es ist wie das Aufladen eines Akkumulators, aber das Aufgeladene erscheint tropfenweise, in veränderter Gestalt, aber immer à propos. Dieses «Zur-rechten-Zeit-Erscheinen» ist das typische und unfehlbare Kennzeichen, daß die Verarbeitung beendet ist. Dieses Erscheinen läßt sich nicht kommandieren. Die Bereitschaft für die Erscheinung, für das Auftauchen, ist die Haltung des Schriftstellers. «Bereit sein ist alles.»

Eine Quelle des Nachdenkens ist immer das Verhalten des nächsten Mannes. Die Ausdrucksweise ist primitiv, undifferenziert, das Allgemeine eher meidend, aber der Grund des Urteils ist differenziert. Es braucht Geduld und guten Willen, die Nuance zu erkennen, vor allem aber das Gefühl vollständiger Egalität.

Die sogenannte Sprache des Volkes: Sie besteht, wie die Zeichnung, zu einem großen Teil im Weglassen, im Vereinfachen; de «Ruß», de «Schwab», de «Franzos», de «Adolf». Bei Wortreichen kommen dieselben Formeln immer wieder. Die Mitteilung liegt eigentlich nicht zwischen den Formeln, sondern in der Art der Anwendung (Temperament). Die Sprache als Mittel, das Temperament zur Darstellung zu bringen.

Neubühl, 19. Dezember
Seit acht Tagen entlassen. Sehr schweres Vierteljahr. Die Vorstellung des Fraglichen, Provisorischen auf die Spitze getrieben.

Heute, im Halbschlaf: Die Landschaft der Dummheit. Lust, einem männlichen, wild-grimmigen Humor die Zügel schießen zu lassen.

20. Dezember
Lesen heißt: mit fremden Augen sehen, mit fremdem Gehirn denken, mit fremden Ohren hören. Schreiben heißt: mit eigenen Augen sehen, mit eigenem Kopf denken, mit eigenen Ohren hören.

Bei jedem Buche, das entstehen will, steht bei mir ganz am Anfang das formale Problem. Die Art des Buches. Diese Frage beschäftigt mich am Anfang immer mehr als alles andere. Es sind Bücher da, aber sie können nicht geboren werden, bis sie die ihnen zugehörende Form gefunden haben. – Aber letzten Endes ist das formale Problem auch das Problem des Inhalts – weil der Inhalt die Form bestimmt.

Man hat nie die Summe seines Wissens und seiner Erfahrungen gegenwärtig. Oft muß man sich im Reden blindlings darauf verlassen, daß sie sich einstellen.

Jede Dichtung beginnt mit dem Chaos. Es zu ordnen, das ist die Dichtung.

Jener Mitrailleur Rüegg in seinem asozialen Verhalten im Zug. Er ist gesellschaftsfeindlich. Reinkarnation des «Mal» und dennoch Mitleid erregend, in seiner Einsamkeit, seiner Beschränkung. Seine Geschichte, hineingestellt in die Geschichte des Zuges, als Kollektiv.

25. Dezember
Die Sprache ist das Instrument der Lüge; das Instrument der Wahrheit ist die Tat. Der Schriftsteller soll mit der Sprache um-

gehen wie Gott mit den Menschen: daß es eine Ordnung gibt, aus der sie nie hinausfallen können.

29. Dezember

Was man im Alter an Inspiration verliert, gewinnt man an Klarheit.

In klarer, männlicher, einfacher Weise sagen, was zu sagen ist. Das Nebulose, Anklagende, Leidende, Wehleidige ist zu bannen. Die Sprache sei kostbar wie Korn, man muß sparsam, haushälterisch damit umgehen. Im Dienst hat es mich immer wieder aufhorchen lassen, daß die Knappheit und Treffsicherheit der Sprache, die Bilder und Vergleiche, die Anlage einer Erzählung völlig unabhängig sind von sozialer Stellung und Bildung. (Nicht zu verwechseln mit der Anwendung von Formeln beruflich sprachgewandter Erzähler.)

1940

1. Januar

Auch in der Natur von einem Plan reden zu wollen geht nicht an. Auch in ihr erscheinen von Zeit zu Zeit Formen, denen etwas Improvisiertes, Provisorisches anhaftet. Das Planvolle ist deduktiv, das Schöpferische ist intuitiv. Ein Schriftsteller kann nicht nur nach einem Plan arbeiten, denn ein Plan schaltet die Überraschung, den Schock, aus. Ohne Schock nichts auf der Welt. Der Schock ist jener Punkt, wo sich etwas verändert – der Schock gebiert den Plan – und damit das Werk. Der Schock muß in jedem Satz sein. Schockwirkung um Schockwirkung muß sich ablösen.

Das indifferente Auseinandergehen nach dem Dienst ist bezeichnend.

3. Januar

Unzufriedenheit mit aller von außen kommenden Freude.

Beide Typen, der Materialverwalter und Rüegg, zusammen.

4. Januar
Woher kommt die Handlungsscheu im Roman? – Der Unterschied in der Beschreibung eines Zustandes und der einer Entwicklung. Das Statische und das Dynamische.

17. Januar
Gott hat mir gewährt, recht zu leben, er wird mir auch gewähren, recht zu sterben!

Nur ein Hund, der sich fürchtet, ist gefährlich.

22. Januar
Buffon: «Voir presque sans dessein.»

24. Januar
Was manche Frauen unsympathisch macht, das ist ihr Geltungstrieb; was sie aber gefährlich macht, das ist ihr Machttrieb.

12. Februar
Es genügt, banale Worte, Annoncen usw. längere Zeit anzusehen, um sie gespenstisch werden zu lassen. Zum Beispiel das Wort «Dauerexistenz».

14. Februar
Nur gelassene Aufmerksamkeit zeitigt die innerliche Reife des Wahrgenommenen – es ist dasselbe mit der gelassenen Arbeit des Schriftstellers. Jede Verkrampfung wirkt sich negativ aus.

19. Februar
Daß es einen Nervenkrieg gibt, beweist der «Fortschritt» der Psychologie. Eine neue Wissenschaft, eine neue Waffe im Dienste des Krieges.

25. Februar
Es ist besser, aus Überschätzung zur Erkenntnis des Menschen zu kommen als aus Verachtung.

27. Februar
Ich las in derselben Woche Jean Rostand, «La Vie et ses problèmes», und Jean Giraudoux, «Ondine». Zwei Extreme: wissenschaftlicher Pessimismus und poetischer Pessimismus. Beide Werke beziehen ihre Kraft aus der Tapferkeit. Dazu kommt noch: in welchen Spannen dieses Volk denkt und lebt. Adel der Intelligenz.

In der Kunst gilt nur das, hat nur das Bestand, was geschenkt ist. Nur die Arbeit in der Freude bringt Früchte!

14. März
Der Schriftsteller ist nicht zu beneiden in dieser Zeit.

Alles, was man jetzt liest von großen Geistern, die sich mit dieser Zeit auseinandersetzen wollen, die einen Standpunkt suchen «audessus de la mêlée», klingt so kläglich, ist ein Gestotter und ein Gestammel, denn kann es, wie je in einem anderen Kriege, einen Standpunkt geben, der über allem ist? Daß es keinen solchen Standpunkt mehr geben kann, das ist in Wirklichkeit die Tragik dieser Zeit. Der Krieg trifft gerade alle diese am schlimmsten, die einen solchen Standpunkt einnehmen wollen, denn um dieses Rechtes willen, der Freiheit, ist er entbrannt.

Jeder Umbruch von Systemen und Ordnungen gebiert Gott.

17. März
Euphorie nach der Niederlage. Gefühl, als habe man eine Schuld bezahlt, an der Schwelle eines Guthabens. Die Seele trägt Material herbei, das die Niederlage mildern, kompensieren, überkompensieren soll.

Mein kleines Reich. Eine Art «Voyage autour de ma chambre». Die Welt in einer Nußschale. Im Kleinen und Kleinsten ist alles enthalten, unüberblickbar dehnen sich die Horizonte. Der Fall Rüegg. Eine Art Beispiel für das Ereignis des Lebens.

- Das werdende Bewußtsein.
- Das Bewußtsein.
- Und nun erst beginnen die großen Schwierigkeiten und Auseinandersetzungen.

Sobald sich der Mensch seiner bewußt wird, dringt er zur Schuld durch, die er im Zustande des Unbewußtseins begangen hat. Das Bewußtsein deckt sie auf, ist seine Strafe. Das Bewußtwerden. Das Unbewußtsein – das Animalische – kennt keine Schuld. Die Tragik, das Abenteuer des Menschwerdens.

Zu Obigem: Auf Grund dieser Überlegungen wird die Legende zu Rüegg klar.
Er hat im Primitiv-Animalischen ein Verbrechen begangen. Er wird Mensch. Nun wird ihm klar, was er getan hat. Äußere Parabel: Der Dienst und das Zurückkehren zum Ort des Verbrechens. Es beginnt am Vorabend, dem Ende seines Urlaubs. Wo er einrücken muß. Er ist ein Einzelgänger. Er kommt in die Gemeinschaft.

19. März

Guter Titel: Das Leben «B». (Komödie – Lustspiel.)

«Du bist überzeugt von der Existenz der Seele, du bist überzeugt von der Wirkung der Tatsache ‹Leben› aber du kannst weder die Seele noch das Leben sehen und beweisen. (Sie sind dir evident.) Warum machst du solche Geschichten bei der Evidenz ‹Gott›?»

Sammlung selbsterfahrener Anekdoten: «Was es alles gibt.»

Ausdruck: «Jetzt fangts Läbe ‹B› aa.» Aus dem Militärdienst, Hosen «A», Hosen «B». Leben zweiter Qualität: der Krieg.

Was es alles gibt: Eine Dame hatte ein Verhältnis mit einem armen Schriftsteller. Sie lieh und schenkte ihm Gebrauchsgegenstände für seine Wohnung. Als sich das Verhältnis löste, erbat sie die Vorhangstangen und den Ochsnerkübel zurück.

Die Künstlerfamilie R., die nach dem Tode ihres Mieters ihn verwertete: Artikel in der Zeitung, Blüschen aus seinen Hemden.

24. März
Wie in einem Traum hatte er eine Ahnung, daß diese Person er selbst sei.

Le bestiaire: Zusammenstellung aller menschlichen Kleinlichkeiten.

Ein Drama, während ein Mann vom Dach eines Hauses fällt. Das Drama in ihm. Die Gesichter erscheinen in den Fenstern während des Falls. Erscheinen so nicht die Gesichter der Menschen in unserem Leben?

Zu Obigem: Nach der Sage das Leben, das vorüberzieht. Also das Letzte: der Dachrand.

Ostersonntag, 25. März
Im ganzen Stück das Gefühl des Fallens; auch in der Beschleunigung gegen den Schluß hin. Die Vorahnung respektive die Gewißheit einer Katastrophe. Es gibt keinen ewigen Fall.
Reminiszenzen: «Der Schieferdecker ist vom Dach gefallen», und Hölderlin: «es fallen die Menschen...»
Der Schluß (der Schlüssel [in Schlüssel = Schluß]). Wie und warum kam er auf das Dach?
Im Stück, halb traumhaft, halb wachend, immer das Gefühl des Fallens. Alle horizontalen Richtungen werden belanglos, alles ist vertikal, von oben nach unten. Das Drama spielt während der fünf Sekunden des Falles. «Drama in fünf Sekunden. Die erste Sekunde.» Aufgerollt: das ganze Problem der Zeit.
Erste Frage, technisch, wie es darstellen?
Das Auftauchen der Gesichter. «Ich habe Sie des öftern gesehen. Aber jetzt ist keines Bleibens; ich falle an Ihnen vorbei.» Im ganzen Stück: exquisite Höflichkeit. Innerhalb des Fallens: die Legende.

Bei allem, was ihm passiert, das Gefühl, es ist nur «en passant» im flüchtigen Vorüberfallen.

Die Leere? O nein, eine Sekunde, und die Erde hat mich wieder.

Gegen den Schluß: die furchtbare Erkenntnis: ich falle, ich bin im Fall, nichts hält mich mehr auf.

9. Juni

Im Urlaub zu Hause.
Die banalsten politischen Gespräche in dieser Zeit sind eben nichts anderes als Versuche, das ins Wanken geratene Weltbild wieder zu ordnen.

Bei Katastrophen fällt alles auseinander, was nicht niet- und nagelfest, nicht sturmfest ist. Falsche Ehen, falsche Freundschaften.

20. Juli

Bei der Lektüre Gottfried Kellers. Berufliches.
Erstens: Skelett aller epischen Dichtung ist die Anekdote. So unscheinbar sie sein mag, sie kann zur Nußschale werden, die die Welt im Keim enthält (enthalten muß).
Zweitens: Unstillbare Lebensneugierde, Kenntnis und Einblick in alle Umstände und Verhältnisse. Stetes Streben nach einem allgemeinen Überblick – ein soziologisches (nicht psychologisches) Fazit zu ziehen.
Drittens: Einfallsreichtum. Keine Idee zu skurril. Aber ihre Verwendung wird nur möglich infolge der ruhigen, man möchte sagen: scheinheiligen Sprache. Durch sie geht das Übernatürliche, Märchenhafte überhaupt erst ein.

Gleiche Erscheinung wie während des Krieges 1914 bis 1918: Wenig Einträge und fast gar keine Auskünfte für spätere Lektüre, wie es eigentlich war. Bei fast allen Tagebüchern, die ich kenne, eine ähnliche Erfahrung – doch wäre gerade der banalste, sich auf das aktuelle Ereignis beziehende Eintrag dann – später – der gesuchteste. Aber es ist jenem fernen Leser so wenig zu helfen, wie uns zu helfen ist, die wir die Vergangenheit kennenlernen möchten. (Sogar unsere eigene.) Die Gegenwart ist leichtsinnig, sie tut nichts für die Zukunft, obschon sie selbst Reue spürt über eine verschwendete Vergangenheit.

Lausanne, 8. August

Bei allen jetzt darzustellenden Gemütszuständen, seien sie noch so idyllisch, müßte sich der Aspekt, wie bei einem Landschaftsbild, mit drohenden Gebirgszügen im Hintergrund verlieren. – Das Heraufziehende, Drohende, Unvermeidliche – das alles, was ist, mit einer Aura des Provisorischen, schon vergangen fast, umgibt.

Was in Frankreich geschieht, ist mit jener geschäftig febrilen Betriebsamkeit zu vergleichen, die in einem Trauerhause herrscht, wenn die Leiche beerdigt ist. Ein großer leerer Platz, aber auch eine Stimme, aber auch ein Widerstand weniger. Noch hat der eigentliche Ernst des Lebens nicht angefangen – das harte Reale kommt erst dann, wenn die Euphorie des Schmerzes, der Trauer vorüber ist.

Es gibt eine Euphorie des Schmerzes.

8. August

Bei Gottfried Keller die stete Sorge um die Wahrscheinlichkeit.

Im geistigen Bereich sind die angerichteten Verheerungen am größten. – Die Freiheit ist ein Feuer – damit Feuer sei, braucht es Sauerstoff, immer neuen Sauerstoff, nur so kann es leben, unterhalten werden. Rings um das Land sind riesige Unternehmungen zur Verringerung des Sauerstoffs. Nur von oben kommt uns neue Zufuhr.

10. August

Die Leute waren so frei, daß sie es vergaßen.

12. August

In einem Garten in Lausanne, über die Herkunft des Wortes Anmut nachdenkend. «Gracieux», anmutig, kommt von grâce,

Gnade. Währenddessen wandeln die Blutbuche und die Robinie sich in der Dämmerung langsam in Silhouetten.

Lausanne steigt wie eine sonnenbeschienene Steintreppe zum See hinab.

Fühlen: Glück ist eine ganz bestimmte Art, sich zum Leben zu stellen. Es ist immer etwas von jenem Gefühl drinnen, das dann entsteht, wenn man auf etwas freiwillig verzichtet.

Jene Zeiten, wo der Mensch der unberührte Zuschauer seines eigenen Unglücks zu sein scheint.

Zürich, 15. August

Der altbewährte Schönheitssalon, der schon über zwanzig Jahre besteht, mit seiner Stammkundschaft (fast keine neue), alles fünfzig- bis sechzigjährige Damen, alle schon die Zeichen ihres Alters tragend – aber die Schönheit gilt nur noch im Vergleich unter sich. Sie bilden eine Welt für sich, vergleichen sich nur noch untereinander – aber wenn eine verschwindet, fühlen sie die Verengung ihrer Welt.

26. August

Ein Schriftsteller sollte mit emotionslosem Fleiß arbeiten können, fast ohne Bewegung, ohne Spannung, ohne Herzklopfen, ohne an die Zukunft zu denken, ohne Erwartung, ohne Hoffnung – denn dieses ist das Stadium der ungestörten Ernte, dem Einschütten des Kornes gleich in den bereitgestellten Sack – in der Tenne nach dem Drusch, und keine Gewitter sind mehr zu fürchten.

29. August

Man kann es sich nicht vorstellen, daß die großen Werke der Menschheit (Homer, Shakespeare beispielsweise) in Überglut, in beständigem Überdruck geschrieben wurden, sondern sie mußten entstehen in gelassenem, überlegenem Fleiß, leicht, spielerisch beinahe. Nicht faustisch-dumpf. Nicht in tragischem Ringen. In behäbiger Ruhe beinahe, in nicht erlahmender Geduld, aus leicht fließender Feder – nach langer Reife. – So auch denke ich manchmal von Gottfried Keller.

12. September
Die menschlichen Beziehungen in der Liebe und in der Freundschaft werden durch zwei Dinge gefährdet: wenn ein Teil sich zum Richter oder zum Gläubiger wandelt.

Die Übertreibung ist nicht eine Frage des Talents, sondern des Geschmacks. Das Maßvolle ist ein Zeichen der Kultur. – In diesen Zeiten ist das Maßhalten, die Mäßigung, das Erstaunliche.

Das Mißtrauen in der Gegenwart gegen alles Überdimensionale ist das Zeichen des geschulten Geistes, und die Gegenprobe ist die Hingabe an das Große der Vergangenheit.

Die Bewunderung des Erfolgs ist eine vermessene Vorhinwegnahme der Reifezeit – ein Pflücken der Blüte, ohne die Frucht, falsch verstandene Geschichte. – Nichts muß so Mißtrauen hervorrufen als der Ausdruck, das Urteil in der Bewegung, in der Gegenwart gefällt: «Dies ist ein historischer Augenblick».

13. September
Größe, Ruhe, Leichtigkeit, Heiterkeit, langsam in der Reife, in der Freude geschrieben, das sind die Voraussetzungen für das Werk. – Und nichts davon kann der Schriftsteller herbeizwingen, alles ist Gabe, Gnade – seine einzige bewußte Haltung dabei sind die immerwährende Bereitschaft und der verzweiflungslose Fleiß.

14. September
Mit fortschreitendem Alter werden die Freundschaften rarer, und die Feindschaften nehmen zu.

15. September
Eine von der Erleuchtung, der Gnade, betroffene Familie beim Tode eines kleinen Kindes. – Die «Gnade» nistet sich ein wie ein Dämon.

Cette idée terriblement belle dans la tragédie de Rotrou, «Saint Genest, comédien païen représentant le mystère d'Adrien». Idée reprise par Shakespeare dans «Hamlet». [32 Jahre später ausgeführt, «Der heilige Komödiant».]

21. September
– Schreiben Sie?»
– «In dieser Zeit!»
– «Ein Apfelbaum wächst auch und trägt Früchte trotz allem.»
– «Leider ist eben ein Schriftsteller nicht aus Holz.»

30. September
Die beste Art, Hindernisse zu überwinden, ist immer noch die Freiwilligkeit, das Opfer.

Bist du glücklich, flüstere es nicht vor dich hin, die ganze neidende Welt hört es sogleich; hast du Hunger, schrei es unbesorgt heraus, niemand hört es.

6. Oktober
Warum sind nicht alle Menschen Verbrecher, da doch alle Sünder sind?

Seit etwa vierzehn Tagen Beschäftigung mit der Legende «Sterbendes Kind». [Später: «Wilder Urlaub».]
Allgemeine Grundidee: In einer Familie stirbt ein Kind. La famille est visitée par la grâce. Alles geht nun so vor sich, symbolisch, wie wenn eine Atomzertrümmerung stattgefunden hätte. Absprengung eines Elektrons, das sich wieder bindet. Das soll heißen: Es geschieht nicht das Kleinste, das außerhalb der Kette ist. Alles hat seine Wirkung. Die «Schockwirkung» erfolgt auf zweierlei Weise:
– direkt, im Kontakt mit dem Ereignis;
– indirekt – geistig, religiös usw.
Figuren und Situationen:
– der Student mit den drei erschwindelten Jahren;
– die Schwindler;

– les femmes superficielles et sensuelles;
– la résignation d'un homme qui a passé un certain âge;
– der Materialverwalter;
– die Zimmervermieterin, die einst eine noble Dame war;
– Schmid, qui va à Dornach, Nägel in den Schuhen;
– Diggelmann qui se donne pour fou;
– un type qui tombe du toit;
– Rüegg.
Le plan général n'apparaît qu'à la fin.
Même le fait central, la mort de l'enfant, doit se présenter comme un fait divers simple, sans grande importance, et seulement à la fin on doit remarquer qu'il était, en effet, le fait central, important (die Atomzertrümmerung).

27. Dezember

«Wie ein Roman entsteht», Vortrag Dienstagklub.
«Vergessenes Pathos», Beitrag «Hochschulblätter».
«Wie ein Filmdrehbuch entsteht», Vortrag «Ferien und Freizeit».
«Story Hose B.»
«Mißbrauchte Liebesbriefe», Drehbuch (Dialoge hauptsächlich).
«Gilberte de Courgenay», Drehbuch.
Sechzig Tage Aktivdienst.
Das ist die Ernte des Jahres 1940.

Die Masse ist stumm, wenn sie nicht in Chören sprechen kann.

Voraussetzung künstlerischen Schaffens ist eine Art guter Laune, eine Art «Allegretto», spielerische Leichtigkeit, la joie. (Woher in dieser Zeit?)

Belauschtes Gespräch:
«Händ Sie emal äs Schlegli gha?»
«Nei, das han i no z guet.»

Ein Schweizer Jude würde der Schweiz trotzdem dienen (wenn es Judengesetze gäbe) wie die Verbannten und Geächteten bei Morgarten.

Den Bäuchlein der Gimpel und Rotkehlchen sieht man es an, trotz dem Schnee, daß die Erde warm ist. Wie ein Widerschein unsichtbarer Strahlen.

1941

6. Januar bis 19. Februar

Dienst, Au.

Er kam nie hinter das Geheimnis der Arbeit.

Der Materialverwalter. [Später: «Wir waren unser vier.»]

Ein Leben, eingerahmt durch zwei Kriege. Ein Territorialsoldat erzählt. Die Fortsetzung. Kinder des ersten Krieges, Männer des zweiten.

Die Erzählung am Bett des Kindes (?). Einfach.

22. Februar

«Wilder Urlaub»:
Die Legende: Ein Soldat hat nach dem Hauptverlesen einen Streit mit einem Wachtmeister. Er schlägt ihn nieder, flieht nach Zürich, sucht ein Zimmer – Zivilkleider. Kommt in das Haus Seilergraben 43. Zimmer. Ein krankes Kind. Wacht bei ihm. Schleicht in das Zimmer des Studenten. Wird überrascht. Ist Offizier. Gegenseitige Entlarvung. Das Kind stirbt. Kehrt zurück nach Dietikon. Tagwache durch den angeblich Erschlagenen.

Obacht vor der Bosheit der Naiven.
«Wie ein Drehbuch entsteht.» Aprilnummer «Schwarzer Spiegel».

24. April

«Wilder Urlaub» beendigt.

11. Mai

Jede Altersstufe hat ihre besondere Freundschaft.

Dieses ist die Frage: Gibt es für die menschliche Seele ein Klima, in dem sie unverwundbar ist? Gibt es einen Zustand der menschlichen Seele, in dem sie unverwundbar ist? – Welches sind die Bedingungen, unter denen die menschliche Seele ihre «sérénité», ihre Heiterkeit, bewahrt?
Voraussetzung für diesen Zustand: Abschreibung jedes verlierbaren Besitzes, Eskomptierung jedes verlierbaren Besitzes, so daß nur die abstrakten Güter bleiben: Liebe, Treue, Gott.

Unglückszeit: Zeit der Versuchung, wo der Intellekt an seine Macht des Überblicks glaubt.

22. Mai

Man spricht vom Instinkt der Insekten (Spinne, Seidenraupe usw.), deren Werke geometrischen Regeln folgen; aber jene geometrischen Regeln, die wir gefunden haben, sind eben auch nichts anderes als unser durch Zeichen dargestellter «Instinkt». Es sind einfach die Regeln des Lebens überhaupt. Das Leben kennt gewisse Regeln. Die Geometrie als eine Darstellung des Instinktes (alles Lebenden). Kreis, aus dem wir nicht ausbrechen können. Beispiele: der gekrümmte Raum; die sich treffenden Parallelen.

14. Juni

Niemand hat die Jugend gepachtet.

9. August

Das Lachen steht den Großen nicht an.

Verlust an Freiheit wird wettgemacht durch einen Zuwachs an Dummheit.

Er war der erste, der begriff, daß die Meinung (gratis) der anderen viel Geld wert ist!

Kaltes Wasser in heißen Tee reduziert beides: Qualität und Temperatur.

Mit ihrer Verliebtheit zogen sie sich den Haß ihrer ganzen Umgebung zu.

Jeder Mensch hatte in seinem Leben Minuten unerklärlichen, unbegründeten Glücksgefühls, und jeder von uns hat schon den Versuch gemacht, es zu ergründen, zu wiederholen, und hat davon geträumt, einen Dauerzustand daraus zu machen.

Die unwiderstehliche Lockung des Vollkommenen – der Vollkommenheit.

Es ist ein großer Fehler, Notizen nur stichwortartig zu verfassen. Im Gegenteil: Alle Assoziationen, Erinnerungen, Bilder, Impressionen – auch Bücher, die man gelesen hat – gehören dazu.

Die größte Sünde des Schriftstellers: Trägheit. Nichtwachsamkeit. Laxheit wider sich selbst.

17. August

Niemand ist das, was er geleistet hat, nicht jenes, was er wünscht, will und hofft, sondern nur die Summe seiner verfügbaren Kräfte in der gegenwärtigen Sekunde.

Dies ist das Zeichen des Alters: das Kreisen um mögliche Wünsche.

5. Oktober

(Urlaub.)
«Arbeitsfrieden»:
Der Materialverwalter. Bastler, solid, präzis. Ein Aufstieg. Anscheinend geht es langsam. Aber diese scheinbar verlorene Zeit wird eingeholt durch die Vollkommenheit des Produkts. Was nicht solid und individuell ist, erscheint uns als fremd. Geduld, Unverdrossenheit. Exakte Arbeit. «Vom letzten Hundertstelmillimeter hängen die Güte des Produkts, sein Erfolg ab.» Anscheinend völlig ungeistig technisch. «Materialprüfungsanstalt.» Eine große Anstrengung – ein Leben –, und es wird eine ganz kleine

Verbesserung geboren. Eine Mystik des Materials. Sparsamkeit. Kalkulation. Was man mit den Fingerspitzen berühren und betasten kann. Das Detail. Anscheinend kleinlich, pedantisch – aber es steckt mehr dahinter.

4. November

Die Anekdote ist nie Wirklichkeit, aber fast immer die Wahrheit.

Angst ist nichts anderes als eine besondere Form des Wartens.

Was am Tage Hoffnung ist, ist des Nachts Angst.

Die zweite Lüge kann noch so gut sein, auf die erste kommt es an.

Warum schreiben wir? Aus Lebenslust!

Zu jedem Unglück findet der Mensch eine Schuld.

7. November

Albin Zollinger gestorben.

In einem Bordell sind die Habgier und die männliche Begierde die einzigen wahren Gefühle.

Der Jugend Überfluß ist die Gnade des Alters: Schlaf, Liebe.

Die einzige Kritik des Künstlers ist sein besseres Werk.

Die Kritik der Unschöpferischen.

16. November

Zu nah sich selbst. (Die Gefahr des Künstlers.)

Man hört nicht mit genügender Aufmerksamkeit hin auf das, was die Menschen sagen. Sie teilen alles mit.

Man gibt sich immer noch zu wenig Rechenschaft, daß die Dummköpfe ein Schicksal sind, das wir erdulden müssen – Abgesandte der Hölle.

14. Dezember

Es gibt keine größere Gefahr für den Schriftsteller, als mit seinem Seelenleben in den Betrieb von Kritik, Verlegertum, Literaturpreisen, Auflagezahlen, Wettbewerben hineinzugeraten. All das ist negativ, unschöpferisch.

Wer dekretiert das Genie? Doch nur das Genie selbst.

25. Dezember

Versuchung: Ein Essay, der Schriftsteller. Sein Verhältnis zur Umwelt, zu den Kollegen, zu der Kritik. Der Traum, so unabhängig zu sein, daß er alles sagen kann.
Der Dschungel, der Kampf; Hieb auf Hieb. Und wie all das negativ ist.

Gewiß ist dies nicht im Geiste Gottfried Kellers: daß er von Eingeweihten beschlagnahmt wird und daß ganze Dichtergenerationen unter diesem Vorbild der zukünftigen Philologen zu leiden und zu darben haben – weil sie ihn nicht erreichen! Als ob nicht immer Neues und später Vorbildwürdiges entstehen könnte. Alles, was nicht «ondulierender» Stil ist – «nachgoethisch» –, wird abgelehnt.

1941:
Drehbuch «Landammann Stauffacher»
Drehbuch «Wilder Urlaub»
«Wilder Urlaub»

Unsere Nachdenklichkeit beim Lesen eines großen Werkes (Darwin, Favre, Heim): unabhängig vom Inhalt und seiner Wirkung – die Kraft, die es ausströmt, uns mit Geduld, Gelassenheit und Mißachtung der Außenwelt zu wappnen, unsere Aufgabe in derselben Weise anzufassen und durchzuführen, leidenschaftslos – gelassen – im kalten Rausch.

Juden:
«Ihr habt die Heimat geschenkt bekommen, wir mußten sie uns erringen.»

In den Schlaf hineinfallen wie in einen hinuntersausenden Lift.

Zögernd wie eine Katze. – Die sieben Seelein der Plejaden. Sujet: Knecht in Üetikon als Dämon.

1942

2. Januar

«La grâce.»

6. Januar

Ausdrücke wie «die Ehre der Armee» sind bei uns ausgesprochen fremder Herkunft. Es gibt bei uns keine Ehre der Armee, weil es nur eine Ehre gibt, die bürgerliche, alltägliche – es gibt nicht einen besonderen Ehrenkodex eines besonderen Volksteils.

Ideen zu einem Lustspiel: Das Leben der Schriftsteller.
Alle Belange: die Freunde, die Kollegen, der Mäzen, der Gläubiger, die Muse, die Filmproduzenten, die Verleger. Wie in all dem der Dichter gefährdet ist. Der Kritiker. Die Wirklichkeit. Sein Tag.
Aber eben: typisch vorläufig, noch eine Idee ohne handfeste Story.
In großen Zügen: Ein Stipendium, hat sich zum offiziell anerkannten Schriftsteller durchgemausert, Befreiung von der Muse; Erfolg, Produzenten; kommt ganz ins Kaufmännische, Industrielle hinein, Verachtung der kleinen Arbeit (Kalender, Rätsel), ein Mädchen, Rückkehr zur Armut. Aber das ist nur die allgemeine Linie; was fehlt, ist der interessante Einzelfall.

11. Januar

Der Schriftsteller während der Arbeit: «versammelt», wie ein gut gerittenes Pferd.

Das gute und schöne (solide) Material des Schriftstellers ist kein Aberglaube. (England.) (Englisches Papier – siehe Ramuz – Souvenirs de Paris.)

18. Januar

Es bestätigt sich für mich immer wieder dieselbe Erfahrung. An einem bestimmten Punkt der kreativen Tätigkeit taucht unweigerlich das Formproblem auf und verdrängt die Beschäftigung mit der eigentlichen Fabel. Ist dann das Formproblem gelöst oder, besser gesagt, wurde in dieser Sparte eine Entscheidung getroffen, so erweist es sich, daß inzwischen die Fabel ihre endgültige Form gefunden hat, ohne daß ich mich mit Bewußtsein mit ihr beschäftigt hätte. Das kommt mir so typisch vor, daß ich geneigt bin, es als ein Gesetz (für mich, nota bene) aufzufassen.

Nur aus dem Bestreben, die herkömmliche Form jeweils anzuzweifeln, zu sprengen zu versuchen, sie zu modifizieren, entsteht Neues.

Es gibt für mich in nicht kreativen Epochen keine bessere (und anregendere) Beschäftigung als die mit der Naturwissenschaft. Die naturwissenschaftliche Denkungsart hat etwas Heroisches an sich (sie ist bescheiden, mutig und selbstlos).

22. Januar

In wie vielen Fällen kommt es auf das Wasser an, mit dem die Pillen geschluckt werden sollen, auf die Lektüre des Prospekts, in den das pharmazeutische Produkt eingewickelt ist!

Nur die Synthese ist kreativ; die Analyse ist kritisch, negativ.

Echte Kritik muß synthetisch sein, nur dann wirkt sie aufbauend.

Die Geheimnisse (das sind die Beziehungen der Dinge unter sich und zu uns) liegen alle offen da; was uns fehlt, ist die Geduld zur absichtslosen Betrachtung. Wir lassen die Botschaften, die uns unsere Sinne vermitteln, achtlos durch uns hindurch, an uns vorüberrinnen.

Ein ruhig gekauter Bissen Brot gibt uns den Geschmack des Getreides und die Geschichte seiner Reife und seiner Verarbeitung; jedes Wort, das wir hören und lesen – haben wir die Gnade, ruhig dabei zu lauschen und zu verweilen –, gibt uns in seinem Klang und in seiner Silbenfolge unmittelbaren Aufschluß, schließt sich auf, gibt her, was es birgt. Und jedesmal ist es nur ein Glied einer unendlich langen Kette. (Hierarchie der Worte.)

Das Alter des Menschen ist die Geschichte seiner Hoffnungen.

Das Maß der Hoffnungen ist das Alter des Menschen.

Das Leben des Menschen ist die Geschichte seiner Hoffnungen.

Je älter der Mensch wird, um so mehr verengert sich der Kreis seiner Wünsche, und um so leichter erfüllbar werden sie.

Wünsche mit der Wirklichkeit in Vereinbarung bringen heißt altern.

Was des Menschen Auge betrachtet, wird Gleichnis; nur deshalb können seine Hände gestalten. (Gestalten = Gestalt werden lassen nach dem Gleichnis.)

Die Dinge nicht als Gleichnis sehen heißt animalisch leben.

Bewußt leben heißt: das eigentliche Leben zu einem Gleichnis gestalten, es zu jenem Leben gestalten, das unserem Bilde des Lebens gleicht.

Wer von Gleichnis spricht, meint Vollkommenheit (meint Ideal).

Das Gleichnis ist die letzte eben noch menschlich wahrnehmbare Ahnung des Ideals (die letzte vormetaphysische Grenze).

Im Gleichnis gibt es keine Zufälligkeit – die Neigung des Stengels, die Orientierung der Blätter, die Zahl der Blüten, Verteilung von Licht und Schatten, die Stunden des Tages, die Geräusche der Umgebung, die Düfte und Gerüche – es gehört alles dazu.

Jede gleichnishafte Betrachtung heißt Stillstand und Bewegungslosigkeit für den kleinsten Teil einer Dauer.

24. Januar

Ruf du mit dem Ich!

Mögen der Neid und die Auflehnung des Armen noch so groß sein: Von den süßen Befriedigungen des Reichtums macht er sich keinen Begriff!

Nur der Reiche kennt den Wert des Reichtums!

Ehre, Achtung, Schönheit – Liebe selbst –, Sicherheit, all das fließt ihm zu; es ist kein Maß zu dem, was der Unbegüterte tun muß, um diese Anteile zu erlangen.

27. Januar

Bittere Gedanken, wenn ich an den Tod Albin Zollingers denke. H., der ihm Geld schuldete, keine Anstalten machte, es der Witwe zurückzugeben, aber einen «letzten Brief» im «Du» schreibt, ein anderer Schriftsteller, mit ihm entzweit, als «Freund» (die Geschichte mit der Schreibmaschine), der Kritiker, der ihm das «Gewitter» refüsierte, ein jüngerer Schriftsteller, über dessen Kritik sich Albin gelb ärgerte, tritt als Verehrer und Freund auf – postum.

28. Januar

Immer wieder daran denken: Der Roman ist ein männliches, hartes Werk. Es muß geleistet werden, unbekümmert, unbeirrt um die Kritik.

Der Romancier, unbekümmert, einsam, fleißig, eingesponnen in seinen großen, langen Traum. All dieses Getue mit goetheschER und nachgoethescher Prosa, diesem moussierenden Girlandenstil, diesem weiblichen Versteckenspielen mit Beiklang und Nebenklang – es hilft nicht darüber hinweg, daß einen Roman schreiben eine Geschichte erzählen heißt.

1. Februar

Unterhaltung zweier Typen, von denen einer schwärmt, «philosophiert», und der andere mit größtmöglicher Genauigkeit einen Fabrikationsvorgang schildert. Dieser zweite ist der Poet. «Der Materialverwalter.»

«Der Materialverwalter» und «Das Leben der Schriftsteller» ein Thema. Tendance vers la comédie.

7. Februar

Wer verteilt die Palmen der Unsterblichkeit? Ein Lebender auf keinen Fall!

Type de femme: Sie ist schon einmal neben einer Leiche gestanden.

Unbekümmert um die Menschen, unbekümmert um die Unsterblichkeit: so sei die Arbeit des Künstlers.

Typen:
Hilty, immer Ur- und Ewigkeitswerte;
Richard – glaubt an durch Lesen erworbenes Wissen, an persönliche Erfahrung in der Kunst, an ein Rezept.

Neid, Ehrgeiz, Publizität: giftige Luft für den Künstler. Einsamkeit, Schweigsamkeit und ein keimendes Werk: Höhenluft.

Langweilig wie ein Umzug.

Sprecht nicht von einem Dämon, von dem der Künstler besessen ist, dämonisch ist negativ.

Das Sinken des ästhetischen Niveaus in diesen Zeiten.

Das Geschehen der Gegenwart löst jede mögliche Emotion aus, nur eine nicht: die Emotion der Geschichtsbetrachtung. Staatsmänner rufen die Geschichte auf und bemühen sich, die Gegenwart als Geschichte erleben zu lassen. Aber Geschichte ist erzählt, sie ist ein Ge-Schichte (Schichten aufeinander – «couches»), und die Gegenwart ist vorläufig nichts als Oberfläche – oberste Schicht – und kann nie als Geschichte betrachtet werden – im wahrsten Sinne des Wortes handelt es sich um chaotische Trümmerhaufen, die erst nach ihrer Eindeckung archäologisch erfaßt werden können. Erst dann werden sie aufschlußreich. Die sogenannte geschichtliche Rekonstruktion ist eine Fiktion: eine «Gegenwart», ein «Wie es wirklich war» kann nicht daraus entstehen (würde sie das, sie gäbe keine geschichtliche Auskunft) und soll auch nicht. Für den Anatomen ist der tote Körper aufschlußreicher als der lebende. So ungeheuerlich die Gegenwart auch sein mag, so ist sie, geschichtlich gesprochen, genau so einmalig wie alle anderen Geschichtsepochen – und über die Kategorien groß oder klein entscheidet die folgende Schicht. Ob die ungeheure Entfesselung der Technik endgültig etwas im tiefsten am Tempo der geschichtlichen Ereignisse geändert habe, darüber zum Beispiel ist das Urteil noch nicht möglich. Ob nackte Menschenleiber oder Panzer gegeneinander kämpfen, bleibt, auf lange Epochen verteilt, gleichgültig. Ein technischer Vorsprung entscheidet auf die Länge nichts.

8. Februar
«Das macht das Gespräch mit manchen Schriftstellern so langweilig, daß sie sich, aus Angst, sie werden ihnen gestohlen, scheuen, Originalideen von sich zu geben!» (Das Leben der Schriftsteller.)

15. Februar
Wettlauf zwischen Glatze und Ruhm. (Das Leben der Schriftsteller.)

Die Blumen auf den Gräbern: Speise der Toten – Honigseim.

21. Februar
Fabulierkunst, Verwandlung eines zufälligen Ereignisses in ein Sinnvolles, Verbindung zeitlich und räumlich auseinanderliegender Begegnungen und Erlebnisse.

Die wahre Dichtung beginnt post-erotisch.

22. Februar
«Sie haben eine ganze Reihe von Abstufungen gefunden, um über die Auszeichnung Dichter hinwegzukommen – Erzähler, Schriftsteller, Fabulierer, Prosaist, Könner.» «Die Schriftsteller.»

Die Etappen eines Lebens: Eros – Philosophie – Gloria – Macht – Reichtum – Resignation.

In einem Leben: die ersten Anzeichen des Aufbruchs. Eine bestimmte Art, die Jugend zu betrachten.

Immer sieht die Jugend in der vorangehenden Generation eine Liga. («Sie machen die Gesetze, unsern Ansturm zu bremsen.»)

Erinnerungen: Ägeri – gegen den Roßberg. – Le Havre – ein Sommerabend: Boulevard de Strasbourg – la mer.

Cette vision: Les chevaux de Saignelégier. Das nicht geschriebene Werk.

25. Februar
Was die Dichtung von allen andern Künsten grundlegend unterscheidet, ist dieses: daß sie der Intelligenz nicht entraten kann. Wohl ist in gewissem Sinne die Intelligenz eine Feindin der Naivität. Echte Naivität aber schließt Intelligenz nicht aus. Sie macht unbefangen von der Intelligenz Gebrauch.

Wie oft muß zusammen-ge-lesene Psychologie Intelligenz vortäuschen!

Ein Schriftsteller, der die Entstehungstechnik eines Werkes kennt, sollte wissen, daß man manches zwei oder mehrere Male lesen muß, um es zu begreifen.

Die Monologe der Arbeitenden.

Ein Hundeauge, so ausdrucksvoll – aber es bedarf nur einer kleinen Verschiebung der Gesichtshaut – des Felles –, und es ist ein fremdes anatomisches Gebilde.

28. Februar

Nachbarn ist der Rhythmus deines Lebens geläufiger als dir selbst.

Übermäßige Liebe (eines Paares, Elternliebe, Tierliebe usw.) wird von der Gemeinschaft ungern gesehen (weil asozial – gemeinschaftsfeindlich?).

Wo täuscht man sich am meisten: in der Überschätzung oder in der Unterschätzung seiner Mitmenschen?

Das einzig Gute an der Arbeit von Drehbüchern und ähnlichem ist die beinahe anatomisch schonungslose Aufdeckung des Fabuliermechanismus, weil dabei das (literarische) Formproblem gar keine Rolle spielt.

1. März

Der Kluge zieht den Skeptiker dem Enthusiasten vor. Feuchtes Holz ist immerhin noch besser zum Brennen zu bringen als Asche!

Wenn der Enthusiast aus-begeistert ist, ist es vorbei mit ihm.

Welcher Trost und welches Vergessen fließt in diesen Zeiten aus der unmittelbar zu erfüllenden Pflicht!

Die ersten Zeichen des Aufbruchs.

Es gibt Tage, da man nur den Staub auf den Dingen, nicht die Dinge selbst sieht.

«Mon pauvre petit poète, voilà qu'il commence à aligner des chiffres.» («Die Schriftsteller» – der Dichter als Drehbuchautor.)

Die Wahrheit eines Romans ist nicht die Wahrheit einer Photographie, sondern die eines Gemäldes.

Amusant: une pensée, une idée, un sujet s'annoncent longtemps avant de naître; ils se donnent toute la peine de se faire remarquer. Quelquefois ils font semblant de fuir à l'horizon du monde intellectuel (de la conscience), c'est vouloir qu'on les pourchasse. Des fois, espiègles, ils se symbolisent dans un petit événement, dans un sujet matériel quelconque.

Es ist kein Zweifel: Materielle Sorgen sind Barrieren im Zufluß des Gedankenstroms.

Was in einem Anstellungsverhältnis, außerhalb des opportunistischen und materiellen Abkommens, von beiden Seiten mit Bewußtsein nicht begriffen oder erkannt, aber erahnt und mimisch und haltungsmäßig während der Verhandlung und im Zustand selbst dargestellt wird: Rückkehr in die Hörigkeit, leichte Versklavung, Macht eines Menschen über einen andern, Beherrschtwerden-Wollen – ein Handel um die Zeit, um die Freiheit.

Eine wichtige Tendenz der Erfahrung: hinter den einfachen Vorgängen des Lebens immer bis zu den letzten geistigen Zusammenhängen vordringen, ihren Symbolwert erkennen.
Wer sitzt, wer steht? Wer eröffnet die Unterhaltung, wer bricht sie ab? Wer ist aufmerksam, wer ist unaufmerksam? Wer wartet, wer läßt warten? – Oder: Eine Kassiererin zahlt einem Mann Geld aus. Welcher Weg durch Jahrhunderte, bis es so weit war. Eine Uhr tickt: Einbruch der Mechanik in die Stille der Meditation, Selbstqual des Memento mori. (Das Tier kennt es nicht.)

Das Geräusch der Schritte: die äußerste materielle Grenze eines Menschen. Oder besser: Alles, was sein Auge erblickt: seine äußerste Grenze.

5. März

Er ließ seine Jugend auf der Sparkasse.

Buchstäblich, jeder Franken, den er auf die Bank legte, repräsentierte eine Stunde seines Lebens.

Was sie meinen mit ihrer «Tiefe» und «unvergleichlichen Prosa», ist nicht auszumachen. Sie bezeichnen sie als die Attribute der Dichtung. Aber «Tiefe» und «Prosa» sind nicht Dichtung ohne die «Fabel», die Begebenheit. Was ist Dichtung, «Zarathustra» oder die Odyssee? Wo ist diese «Tiefe» in der Odyssee? Diese Tiefe ist eine Erfindung der Philologen. «Tiefe» und «Prosa» sind erlernbar – das andere aber ist Geschenk – Gnade. Man wird nicht «klassisch», indem man die Formen der Klassik nachahmt.

Die Komplizität zwischen dem Juwelier und seinem Kunden.

Das Problem der Zeit im Roman. (Dichte, Dauer, Darstellung.) Zwei Arten, sie darzustellen: durch das Wort, durch die Lücken. Die grammatikalische Form. Die Zeit als Element der Handlung. Zeitlose Handlung gibt es nicht. Jede Handlung vollzieht sich in der Zeit. Beim Romanschriftsteller verwandelt sich ein philosophisches Problem in ein praktisches. (Zwischen Philosophie und Wirklichkeit.) – Schwer an Beispielen zu zeigen.

Zu oben. Siehe «Riedland». «Regentropfen, ein Maß in die Zeit.»

Wenn man das Problem der Zeit berührt, rollt man das ganze Romanproblem auf.

8. März

Um Freiheit, Reinheit, Schuldlosigkeit, darum geht der Kampf des Künstlers. Aber immer ist der Gegner in ihm selbst. Freiheit bedeutet Geist, Reinheit bedeutet Größe und Schuldlosigkeit gelassene Einsicht. (Resignation?)

Ein Formproblem: Wie werden große Zeitspannen dargestellt, übersprungen? Gewöhnliches Auslassen und nachträgliches, andeutungsweises Zusammenraffen genügt nicht, so wenig als zahlenmäßig ausgedrückte Daten genügen würden. Es müßte so sein: Der Zeitraum wird von einer andern (jüngern) Figur erlebt, wobei der Held von dieser Figur von Zeit zu Zeit (von außen gesehen) bemerkt wird.

Zum Zeitproblem: Jede Figur hat ihre Zeit. Aber auch der Autor hat seine Zeit – und der Leser ebenfalls. Der Leser erlebt sie doppelt: im Lesen (die Zeit, die er dazu braucht – mit Zwischenräumen, da er nicht liest – die Zeit seines eigenen Lebens. Roman = Transposition von einer Zeit in eine andere) und jene, die er im Werk erlebt.

Sujet eines Werkes: die Zeit. Bewußte Zeit, unbewußte Zeit. Übergang vom Tier zum Menschen. Unser Los: das Bewußtsein der uns zugeteilten Zeit (quantitativ und qualitativ). Wir suchen oft, diesem Bewußtsein zu entrinnen (Zerstreuung). In der Liebe, in der Arbeit sind wir zeitlos.

Ad «Schriftsteller». Jakob Welti, «Fahnen über Doxat»: «Hä, wie hämer dä Pazifismus no inepflümlet?»

Der Roman: Transposition des Lesers in eine «andere» Zeit, in einen anderen Rhythmus.

Ad «Zeit»: Wert der Zeit. Zeit verlieren. Zeit gewinnen.

Man kann die Zeit in Vergleich mit dem Geld bringen. Gewonnenes, gefundenes, gestohlenes, ererbtes Geld, das heißt ohne Zeit Angeeignetes, hat mindern Wert. Kein Kunstwerk ohne einen Schaffenszeitraum. Ein Kunstwerk repräsentiert zu einem Teil, wie die Bildung (Erfahrung), die Zeit, die dazu aufgewendet wurde.

14. März

Im Gegensatz zum militärischen Vorgang besteht der Sieg, der Höhepunkt im sozialen Kampf des Menschen, in jenem Augenblick, wo er von der Offensive in die Defensive übergeht.

Der Roman ein Halbbruder der Kunst? Möglich. Aber jedenfalls ist er die einzige Kunstgattung, die es unternimmt, «Zeit» (nicht historische Zeitläufe) darzustellen. (Gedanke zum Weitersinnen.)

Der Roman unternimmt das Wagnis, das Unfaßbare zu fassen: die Zeit. Die Zeit an sich.

Wie wird im Drama Zeit dargestellt? Wie im Roman, wie im Gedicht? Film?

Ohne Zeit kein Roman. Das Wichtigste.

Dieses allein stempelt den Roman zur Kunstgattung: daß er es unternimmt, das Unfaßbare darzustellen: die Zeit! Denn von allen Erscheinungen des Lebens ist sie die geheimnisvollste. Mag es der Sinn der Lyrik sein, zeitlos zu sein, so ist der Stolz des Romans, «zeit»-verbunden zu sein. – Die Zeit im Roman kann nur mit den banalsten Mitteln der rohstofflichen Wirklichkeit zum Ausdruck gebracht werden.

Wer Zeit sagt, sagt Anfang, Ende und Ewigkeit. Er rührt an die letzten Fragen. – Zeitbewußtsein ist Menschenbewußtsein. – Zeit ist der tiefste Einblick menschlichen Denkens in das Rätsel des Lebens. Was dem Dilettanten eine selbstverständliche Notwendigkeit zum Fortlauf einer Handlung bedeutet, ist dem Künstler Antrieb und eigentliches Problem.

Nicht menschlicher Wille bestimmt den Lauf der Ereignisse, sondern die unaufhaltsame Lawine Zeit. Hat einer «das Steuerrad der

Weltgeschichte herumgeworfen» und alle überzeugt und besiegt, es kommt ein Augenblick, wo er erkennen muß: Ihm war die kurze Spanne einer Generation eingeräumt – aber schon muß das Werk von einem andern neu begonnen werden.

Unabhängig vom Inhalt des zukünftigen Werkes fühle ich das Bedürfnis und die Forderung, die «Zeit» auf eine neue Art zur Darstellung zu bringen.

Die Zeit ist die vierte Dimension. – Sie ist «grenzenlos» wie der Raum. Auf welche Art vermeiden die Menschen den Schwindel? Durch Ein- und Aufteilung. – Konkret handelt es sich einfach darum: Wie kann die Zeit dargestellt, sichtbar gemacht werden? Wir kennen offenbar nur ein Mittel: an ihren Wirkungen. Geschöpfe, die die Zeit nicht empfinden: Kinder, Tiere. – Je älter wir werden, um so empfindlicher werden wir für die Zeit.

15. März

Reue und Hoffnung sind (die) zwei psychischen Formen der Zeit. (Grammatikalien Vergangenheit und Zukunft.) Denken ist die Gegenwartsform der Zeit. Besser: Denken und handeln sind Gegenwartsformen der Zeit. – Also wäre die letzte Konsequenz: Die Zeit liegt in der Psyche, der Zeitbegriff ist ein seelischer Begriff. Zeitgefühl ist ein Seelenzustand. Ohne Zeit keine Seele, ohne Seele keine Zeit. Beim Erwachen blicken wir nach der Uhr, die die Zeit registrierte, während wir schliefen – während sie für uns nicht war. – Auf einem Umweg: In der Zeitlosigkeit ist Un-Schuld (Kind, Tier, Pflanze). Zu jeder Schuld gehört Zeitgefühl. Zeitlose Zustände sind schuldlose Zeiten (Paradies). «Verdammt in alle Ewigkeit» würde also heißen: immerwährendes Zeitgefühl. In den Begriffen «Verdammnis», «Strafe», «Erlösung» ist zweifellos der Begriff «Zeit» eingeschlossen. Ohne Zeit ist Besitz wertlos. – All das ist noch verworren – aber ahnungsmäßig ein Sujet.

«Zum Bewußtsein kommen», «Vergessen suchen», «Zeit vertreiben» – alles Ausdrücke, die darauf hinzuweisen scheinen, daß die menschlichen Vorstellungen von Glück und Unglück tief mit dem Begriff Zeit – Zeitbewußtsein – verbunden sind (auch Narkotika, Alkohol usw.). «Das Freizeitproblem». – Im literarischen Kunstwerk (Drama, Roman, auch Film) entsteht die «Spannung» aus zeitlicher Determinierung und Schuld. – Spiel, Wettlauf, geschäftliche Transaktion bauen sich auf dem Begriff «Zeit» auf. Fortschreiten der kindlichen Spiele vom Raumbegriff (Klötzchen, Bausteine) zum Zeitbegriff (Fangis, Versteckis [Kombination von Zeit und Raum]). – «Die Zeit tötet die Schuld.» Verjährung. Zurückliegende Schuld ist weniger schwerwiegend als gegenwärtige. (Maßnahmen zur Aufhebung oder Bremsung der Verjährung.) Haß verlischt in der Zeit. – Man soll den Toten nichts Böses nachsagen: Tendenz der Zeit, nur das Positive zu bewahren? (Psyche = Zeit). Das Unheimliche, oft Bekämpfte der Abmachungen auf Zeit (Termin – Termingeschäfte – Kredit). Das Fliehen eines Menschen aus der Gegenwart, der einen «Plan», ein «Ziel» hat (Kinder!). Leben ist Periodizität (Zeit = Rhythmen, Zeit = Einteilung), wo sie aufhört = Tod. Dichte Zeit, lockere Zeit – Einsamkeit, Gesellschaft. – «Der Zeit anheimgegeben.» Freiheitsstrafe und Isolation. Gunst der Arbeit. Arbeitslosigkeit. – Die Zeit läßt sich nicht konservieren. (Das Ephemere erreichter Ziele.) Die – vermeintlich – höchsten Anerkennungen Ruhm, Reichtum, Ehre. Es gibt keine ewige Schuld. Die Vorstellung neuer Weltordnungen: Jede behauptet, am Anfang einer möglichst langen Periode zu stehen (Anruf des Historischen). «Erinnern», «Vergessen» – Zustandsformen des Menschen in bezug auf die Zeit. Bestreben des Menschen, seinen Daseinsraum in die Zukunft hineinzuverlängern. (Überblickbare Zukunft, zukünftige Zeit.) Unterschied in der menschlichen Psyche in Frieden und Krieg. Grundlegende Veränderung (Krieg = konzentrierte Gestaltung der Zeit).

Zeit ist kein Begriff, sondern ein Sammelname für sehr viele Begriffskategorien. – Vergleiche auch Begriff «Reife». – Anschaulich wird der Begriff «Zeit» im Gegensatz zwischen einer Photographie und einem Porträt = Gemälde. Beide stellen einen Augenblick auf das Sujet dar. Aber es ist ein Unterschied zwischen Sekunden und Wochen. Hier erweist es sich, daß Seele und Zeit identisch sind (Re-Produktion – Kunst-Werk. Der Unterschied liegt zwischen Produktion und Werk. Vergleiche auch Film-«Produzent». Photographisches Kunstwerk. Das Film-Werk ist noch nicht geboren). Im Begriff «Reife» ist auch der Begriff «Einmaligkeit» (Originalität) enthalten. Ohne Zeit keine Reife – ohne Reife keine Originalität.

Die Dichtung stellt nicht gewesene, nicht seiende, sondern immer zukünftige Zeit dar. Der Leser hat eine Zeit vor sich, wenn er ein Buch zu lesen beginnt. Seiner Zeit wird (scheinbar) Einhalt getan, und es beginnt eine neue Zeit.

Bildende Kunst ist immer Gegenwart. (Deshalb kann auch ein Torso Kunstwerk sein.)

Die Natur ist immer Gegenwart. Natur-Geschichte ist eine Fiktion.

19. März

Lektüre: Zola, Le roman expérimental. L'argent dans le roman, etc. Rührend und naiv (1881) diese Vorstellung von «scientifique». «Pas d'imagination, sens du réel.» Dennoch fruchtbar als Lektüre, besonders im Problem «Tugend» und «Geld».

Die Rentenempfängerin. Zwei Feinde durch eine Rente lebenslänglich aneinander gebunden, als Geber und Nehmer. Inhalt eines Lebens.

Die maultierhafte Sturheit des fünften Jahrzehnts.

Cette idée de Flaubert sur l'impartialité de l'écrivain. Kein Vorurteil. – Alles, was der Schriftsteller persönlich zu sagen hat – seine «Idee» –, kommt nirgends als in seinem Plan, in der ganzen Anlage des Werkes zum Vorschein. In der Darstellung muß der Schriftsteller, seine Meinung, seine Revolte, völlig verschwinden. Daß diese seine «Idee» aber vorhanden ist, kommt dadurch zum

Ausdruck, daß es kein Wort, keine Bemerkung, keine Beobachtung gibt, die mit dem Plan nicht im direkten Zusammenhang stehen. Die «Schuld» (darauf beruht jeder Konflikt) muß evident werden – ohne daß der Autor darauf hinweist, hier liege – seines Erachtens – eine Schuld vor.

Dies ist der Unterschied zwischen Leben und Kunst: Das Leben ist Leidenschaft, ich-betont, die Kunst unparteiisch, es-betont. Aber genau so wie die Wissenschaft, im Über-Ich-Bezirk, es mit dem Leben zu tun hat, so auch die Kunst.

Das Leben hat immer Bezug auf das Ich, in der Kunst nicht mehr. – Hier liegt auch der große Unterschied in der Gestalt des Künstlers, wie er uns im Leben und wie er uns in seinem Werk entgegentritt. Je größer die Diskrepanz, um so größer die künstlerische, (selbstverleugnerische) Anstrengung. – Wer in seinem Werk etwas für sich selber herausholen will, ist kein Künstler (zum Beispiel eine hohe Meinung von seiner ethischen oder moralischen Auffassung). Nicht der gute Wille, der Fleiß, der Gerechtigkeitssinn, keine Rechtfertigung (Tugend, Alter, schwere Lebensumstände) zählen, sondern nur das Werk an sich, das vom persönlichen Leben und Leiden abgesonderte. Auch die Kritik sollte keinen andern Standpunkt einnehmen. Vorsicht vor dem Schmeicheln des «Publikumsgeschmacks».

Die «Unmenschlichkeit» des Künstlers im Leben (Insensibilität) ist oft eine «déformation professionnelle» (wie des Kriegers, des Geistlichen, des Arztes). La douleur reste à l'intérieur. – Verlogenheit vieler beruflicher «Attitüden», die sich auf humanitären Basen aufbauen. (Mitleid, Anteilnahme usw. können nie Gegenstand eines Berufes sein, höchstens Versuche, beide Tendenzen zu verbinden.)

Mögen Lyriker, bildende Künstler, Musiker unbewußt, traumwandlerisch ihren Weg gehen, wie sie oft sagen, ich weiß es nicht – eines aber weiß ich: Was der Romanschriftsteller auch unbewußt empfangen haben mag, es muß völlig bewußt und klar werden, bevor es Kunstwerk werden kann. Denn die Sprache – die nur auf den Gesetzen der Logik (Bewußtsein letzten Grades) aufgebaut ist – ist sein Ausdrucksmittel, sein Material, das nicht direkt durch die Sinne, sondern im Umweg über das Gehirn im Kunstempfänger eingeht. (Sehen, Hören = reine Sinnesvorgänge; Sprache [Schrift] der komplizierteste Gipfelvorgang menschlicher Fähigkeiten).

Praktisch gibt es für den Künstler in diesen Zeiten nur dieses: auch dem Leben gegenüber jene objektive Haltung einzunehmen, die das Kunstwerk von ihm fordert – gelassene Betrachtung auch des eigenen Schicksals innerhalb des großen, unabwendbaren Geschehens.

Auch die gesprochene Sprache des Schriftstellers sollte genau sein.

20. März

Wie viele Menschen gibt es, deren psychische Periodizität von Glück und Unglück durch den Ein- und Ausgang von Geldsummen bestimmt werden. (Das Kassabuch als psychisches Barometer; Unterschied zwischen Beamten und frei Erwerbenden – vollkommen verschiedene Struktur.)

Die Familiarität zwischen Schriftsteller und Leser hat aufgehört. Die Illusion des Lesers: er dichte selbst.

Die Devise Flauberts «Ne pas conclure» ist selbstverständlich nicht mit wissenschaftlicher Neutralität zu kennzeichnen; die Konklusion des Dichters liegt im Plan. Madame Bovarys Ende ist Flauberts Konklusion. Der unerbittliche Aufbau seines Werkes führt zu diesem Ende. Der Dichter hat nur scheinbar lediglich das «Wie» dargestellt, aber im Plan des Werkes offenbart sich das «Warum». Wie weit dann der Leser diese Konklusion faßt, ob er bei der Hérédité, dem Milieu stehenbleibt, oder die Zeit, das Jahrhundert, oder andere, der Heldin oder selbst dem Dichter nicht bewußte Gründe dafür heranziehen will, das ist seine Sache. – Aus diesem Gedankengang heraus ist es durchaus möglich, daß der Dichter einen weiteren Kreis zieht, als er selbst überblickt hat. So kann man sagen, daß er alle bewußt und unbewußt in ihm wirkenden Möglichkeiten nur durch die sogenannte «objektive» Art der Darstellung ausschöpft.

Die sprachliche Präzision ist ein Bestandteil der Kultur.

22. März

Legende: Ein Mann findet Geld, das für ihn bestimmt war. Er weiß es nicht. Wie anders er es ausgibt, als gehörte es rechtmäßig ihm. Herkunft des Geldes: ein Freund, der ihm in der Jugend unrecht getan hat, sparte es zusammen, um es ihm zu geben, ohne daß er es wußte.

So wie die Druckschrift ein (mechanischer) Versuch ist, die Handschrift wiederzugeben, so ist die Sprache ein Versuch, den Gedanken wiederzugeben (darzustellen).

28. März

Das Merkwürdige und Auffallende an Jugenderinnerungen: Von innen gesehen, blieb man sich immer gleich, das Kind, wie es in der Vorstellung des Erwachsenen besteht, gab es nicht. Für einen selbst gilt diese Vorstellung nicht. – Mir kommt es vor, als sei das eigentliche Ich immer dasselbe geblieben – und nur die äußere Gestalt habe sich gewandelt. (Ein Kind im Schürzchen und inwendig das gleiche Ich wie jetzt.) Die eigene Kindheit versteht man immer – ohne Zusammenhänge. (All das ist noch sehr verworren und müßte durchgedacht werden.)

Lektüre: Melville, Moby Dick. (Noch nicht beendet.) Hier tritt dies zum Vorschein: Ein Buch kann umfangreich, difform sein, aber eine Bedingung muß sich erfüllen: Jeder Satz muß mit dem Sujet zu tun haben. Und das Sujet muß konkret sein – oder konkret werden.

29. März

Wie lange geht es, bis der Mensch merkt, welch immenses Gut die Schuldlosigkeit ist. – So stellt sich sein Leben dar: In der

Unschuld wird er geboren, dann wird er schuldig – und hat er sich dann zum Menschen (Christen, Philosophen) entwickelt, so braucht er den Rest seines Lebens, aus der Schuld herauszukommen – schuldlos durch eigenen Willen –, nicht erst durch die Intervention des Todes!

Größe – Klarheit – Zielbewußtheit: die drei wesentlichen Erfordernisse des Romans, die dem Willen und der Kritik des Schriftstellers anheimgestellt sind – und die sich in jedem einzelnen Satz und in jedem Wort überprüfen lassen. Sie sind diesseits, in der bewußten Sphäre. Das eigentliche dichterische Erlebnis liegt jenseits, im Unbewußten. Damit daraus aber objektive Dichtung werde, muß es im niedergeschriebenen Werk diese Erfordernisse erfüllen. (Rolle des Kunstverstandes.)

Die sogenannte «Spannung» im Roman ist nicht nur ein Kunstgriff. Sie ist nichts anderes als jenes menschliche Gefühl des Wartens, Erwartens, Hoffens, Erlöstsein-Wollens. (Spanne = Spannung.) Auf kleinere Zeiträume angewandt: die Ausdrücke: Langeweile, Kurzweil.

Ein langweiliger Roman ist ein unvollkommener Roman. Das «Wie geht es weiter?», «Wie kommt es heraus?», «Wie löst (erlöst) es sich»? deutet auf die Zukunft hin (siehe 15. März). Es bildet ein wichtiges Element im Denken des Alltags eines jeden Menschen, gehört in die Kategorie «Zeit» (Alter). Es ist eine der wichtigsten menschlichen «Spannungen».

Jedes Werk ist ein Schleier, den der Künstler vom eigenen Bilde nimmt.

Die Beklemmung (l'angoisse) vor jedem neuen Werk ist das sicherste Zeichen für ernstes Metier.

31. März

Auch in der Sphäre des Künstlerischen ist Entschlossenheit eine wichtige Eigenschaft.

Die Harfe der Wäsche = Aufhenke. Toute la misère ménagère!

«Ein mit einer gewissen Selbstgefälligkeit vorgetragener banaler Gedanke.»

1. April

Es brauchte so wenig, die Leute etwas mehr zu demokratisieren; es genügte, die Autos in den Garagen zu lassen.

B. photographiert Frau X mit Kind nackt. – Typischer Vorgang aus der Zeit des Surrealismus.

Die künstlerische Sublimierung eines Gefühles scheint nur auf der Grundlage des tatsächlichen Verzichts (des erlebnismäßigen Verzichts) möglich zu sein. – Nicht das Erlebnis hat treibende Kraft, sondern das mögliche Erlebnis. – Der Künstler ist nicht ein Erlebender, sondern ein Verzichtender. Ahnen ist wertvoller als erinnern.

Lieber ein Haufen schlecht brennendes Grünholz als ein Haufen Asche. (Gegen die voreiligen Enthusiasten.)

Ostermontag, 6. April

Gewisse Teile des Denkens verändern sich nicht während eines ganzen Lebens hindurch, sie werden nicht alt; sie waren immer schon alt.

«Ist Sehnsucht Schuld?»

Vieles vermag sich Jugend auszumalen, aber dies eine nicht: daß ihr großes Geheimnis – ihr Schmerz – ihr Glück – oft ihre Schuld – in den Augen einer älteren Generation nichts anderes ist als ein Naturphänomen. Und später selbst in den eigenen Augen.

Mit dem Alter zieht sich die menschliche Schönheit immer mehr in das Antlitz zurück.

Wo versteckt sich die Poesie?

Jene Episode mit dem Pudel: Sie bekleideten ihn mit Höschen und einem gestreiften Trikot; zuletzt stülpten sie ihm eine groteske Sackmaske über den Kopf – und dann flohen sie, in fürchterlicher Angst aufkreischend. Alles war ihr Werk – aber als es beendet war, kam als Neues die Magik hinzu – brach die in ihnen ruhende Gestalt der Angst ans Licht.

«Moby Dick.» Lektüre beendet. Es ist ein Epos, kein Roman. Achab, auf der Suche nach seinem Schicksal, rast nun um den ganzen Erdball. Anklänge an Walt Whitman. Merkwürdige Mischung der realen mit der irrealen Welt. Moby, der Leviathan, die unbezwingbare Macht des Naturgeheimnisses – das Schicksal. Der vergebliche Ansturm alles Menschlichen. Technisch: das einzig überlebende Ich. Kalte Pathetik.

8. April

Für den Künstler gibt es aus Glück und Unglück immer nur eine Erlösung: das Werk.

Das Antlitz des Menschen: Damm zwischen zwei Welten. Von außen die Elemente, die Nachrichten, die Drohungen; von innen die Wünsche, die Sehnsucht, die Angst, die Hoffnung und das Schlachtfeld: das Menschengesicht. Die innere Zeit, die äußere Zeit. Welche ist mächtiger? Glück: Harmonie der Zeiten.

10. April

«Der Friede des Herzens»:
Romanidee. Was ihn stört. Ruhm, Reichtum, Liebe. Zwei Paare. Die vollkommene Machtlosigkeit des Menschen, in sich Schuldlosigkeit zu bewahren. Wo beginnt Schuld? Liebesroman. Liebe, nicht Leidenschaft. Vollkommen unphysich. Pflicht. Jener Augenblick, wo die Liebe von der passiven Qual zur Handlung übergeht. Sein Trost: Es gibt tatsächlich eine reine und uneignützige Liebe.

Das Vordringen der echten Naturwissenschaft ins Volk. Im Dienst Gespräche mit Ornithologen, Bienenzüchtern, Gärtnern. «Der Strickhof.»

11. April
Der Unterschied zwischen Beschreibung und Darstellung.

Der Metzger: Das Geheimnis des Tötens umwittert ihn (Krieger – kennt die Mechanik des Lebens – seine materielle Seite). Krankenschwester, Arzt, Abdecker.

«Friede des Herzens»:
«Ist die Zeit da, gibt es für den Menschen gegen die Liebe keinen Schutz.»

12. April
Alle Kunst ist in der Domäne der Sinne, es gibt keine Gedankenkunst. Am Anfang steht das Gefühl; wird es bewußt, so entsteht daraus der Gedanke. Sein künstlerischer Ausdruck ist sinnlich.

16. April
Alles muß verloren sein, soll es endgültig in unseren Besitz übergehen. – Nur was wir gewünscht und worauf wir vor der Erfüllung wieder freiwillig verzichtet haben, ist bereit, unser zu werden.

Der Künstler: Immer mit dem Gedanken so weit wie möglich gehen, auch in den trivialsten Dingen.

Der denkende Künstler sieht in allen Dingen, die ihn umgeben, die gegenwärtige Erscheinung nur als das letzte Glied einer Kette.

Ein Bildhauer wurde Grabsteinreisender.

20. April
Formaltechnische Fragen: Sind die Gedanken einer Figur darzustellen? Und wie? Und welche? Diese Fragen stellen sich besonders, wenn es sich, wie im Projekt «Friede des Herzens» um eine Zentralfigur handelt.

26. April
Selten ist eine zu laut und sicher vorgetragene Ansicht ein Produkt aus erster Hand (aus eigenem Garten). Der Originaldenker bewährt sich auch dem eigenen Denkergebnis gegenüber.

29. April
Zu «Friede des Herzens». Das Kapitel «Der Freiheit letzter Tag». Änderung des Titels.

Oft ist ein einfacher Satz wichtiger, beständiger als Seiten dämmerhaft-dichterischer Lyrik.

Geschlechtsangst ist oft der Schlüssel für seltsame Paare: geistig überzüchtete Männer mit Furcht vor Frauen ihresgleichen, mit Frauen vegetabilischer Art.

30. April
Ausdrücke der heutigen Knabensprache (mein Neffe Rex) «en Gitzi-Schigg in Originalpackung» (Schigg = chique, tabac), «Krisenerfindung», «halbschlau».

2. Mai
«Friede des Herzens»:
Das konkrete Element. Das Spannungsmoment. Eine Absicht des Helden.

Genève, 8. Mai
Was der Leser vor die Augen bekommt, ist das Letzte, was aus der Hand des Künstlers kommt; just damit beginnt der Dilettant.

Die Schweiz ist ein armes Land. Aber reich an Frieden.

Lausanne, 9. Mai
Hundert Jahre Frieden bringen mehr Reichtum in ein Land als alle Erfindungen, technischen Fortschritte und Eroberungen. Nur so ist der Reichtum der Schweiz, ihre geistige und physische Gesundheit, zu erklären.

Jedes Jahr des Friedens eine Häufung der Sparanlage, jeder Tag Krieg unwiederbringliche Zerstörung der Arbeit von Jahrzehnten.

Die Jahre des Friedens müßten als Aktivum in der Bilanz aufgeführt werden. Groß sind die stillen Reserven und kulturellen Werte, die sich in dieser Zeit ansammeln.

Lausanne, 17. Mai
Lektüre:
Eugène Dabit, «Journal intime», 1928 bis 1936, Maxime Du Camp, «Souvenirs littéraires», Pasteur, «Correspondance, 1840 à 1895».

22. Mai
Mit einer der Botanik entnommenen Ausdrucksweise könnte man die Erlebnisse in große Familien einteilen: die Traumartigen, die Schlafartigen, die Zeitartigen.

Unterschied zwischen Kunst und Natur. Blumen auf der Wiese, Blumen im Strauß. Die Überraschung, bei einer einfachen, unscheinbaren Blume Schönheit zu entdecken, sobald sie im Strauß gebunden ist. (Verdichtung, Häufung.)

3. Juni
Zeichnen heißt zur rechten Zeit aufhören mit Zeichnen.

In jedem Leben braucht es von Zeit zu Zeit einen Beweis von Mut.

Seine Devise: Zähle auf zehn, bevor du «nein» sagst, aber auf hundert vor jedem «Ja».

Drei Bücher für einen Schweizer in der Fremde: Heim, «Geologie der Schweiz»; Schinz und Keller, «Flora der Schweiz»; offizieller Fahrplan.

Der Botanik entlehnte Nomenklatur für «Erlebnisse»: die Traumartigen, die Zeitartigen.

Nicht von Anfang an «dabei» gewesen zu sein, ein großer Lebensnachteil. (Kinder in der Schule, im Quartier – auch bei der Einheit im Militärdienst.)

Beim Malen ist die Schwierigkeit: Wann aufhören, wann ist ein Bild fertig? Es ist die ähnliche einstellungsmäßige Schwierigkeit beim Schreiben. Bis zu welchem Grade der Deutlichkeit, der Genauigkeit muß die Beschreibung getrieben werden?

Auch trostlose Ernüchterung ist nicht der normale menschliche Zustand.

Kaufen ist, namentlich für die Frau, eine magische Handlung.

Meine Notizen über «Die Pferde» (Tagebuch, August 1938) haben im Juni 1940, beim Übertritt der Franzosen bei Saignelégier, eine merkwürdige stoffliche Ergänzung erfahren. (Ein Freiberger Pferd in einem französischen Artillerieregiment.)

Die intellektuelle Ausbildung sollte, namentlich beim Schriftsteller, nicht so überhandnehmen, daß die magische Seite des Lebens verkümmert, denn ohne sie gibt es kein Werk.

Magie des Besitzes. Magie aller Handlungen, die mit dem Erwerb oder dem Verlust des Besitzes zusammenhängen. Magie des Geldes. (Gesichter der Leute in Bankschalterräumen). Magie des Reichtums (das «Mana» Dacqué). Die Magie persönlicher Gegenstände (etwas verlieren, wieder finden, es endgültig verlieren; «es zeigt sich an»). Wenn einem ein geliebter Gegenstand plötzlich nicht mehr wichtig ist. Was die Gegenstände, an denen man hängt, bedeuten, ist eine magische Frage. Was Buben, Männer, Frauen in ihren Taschen herumschleppen. Unbehagen, wenn etwas fehlt.

Bei den Astronomen sind die interstellaren Räume leer, bei den Astrologen sind sie mit Wesen gefüllt – sie sind «wesentlich».

Das merkwürdige Verhalten von Freunden, wenn man heiratet, ist vielleicht nicht psychologisch, aber magisch zu beurteilen.

3. August
«Das Lehrbuch der Seeschiffahrt.» Traité de Navigation. «Der Marmorkuß.»

9. September
Der merkwürdige Zug auf den Gesichtern der Leute im Schalterraum einer Bank.

Die exakteste botanische Beschreibung einer Blume gibt nicht Schönheit wieder. Das Magische wird ausgelassen. Poesie liegt im Menschen.

Das Mana (nach Dacqué) in Kriegszeiten. Machtzu- oder -abnahme für die Parteigänger.

Vorsicht, sobald in einem Lande plötzlich viel Goethe zitiert wird.

Es ist richtig, daß der Künstler gedemütigt wird, sobald er sich dem zweckhaften Geschäft zuwendet.

14. September
«Auch in den kleinsten Gegenständen mit einer gewissen Intention zu Werke gehen...» Aus Eckermann, «Gespräche».

«Man muß dem Geistigen mit allerlei Künsten zu Hilfe kommen.» Eckermann.

«Man sieht alles, wie etwas herauswächst, wenn man auch nur hin und wieder etwas hinzutut... Davon überzeugt man sich besonders, wenn man älter wird, während die Jugend glaubt, es müsse alles an einem Tage geschehen.» Eckermann.

Seit wann bildet die Ethik die Grundlage der Literatur? Nietzsche, Surrealismus, Baudelaire – Versuch des Ausbruchs aus diesem Kreis.

5. Oktober
Nichts ist so traumhaft flüchtig und trügerisch wie ein nicht aufgeschriebener Gedanke! Welche Energie braucht es, bis Gedachtes seine schriftliche Form findet! Und wie schrumpft

der Gedanke auf sein richtiges Maß zusammen, sobald er Gegenstand einer Niederschrift wird. Die richtige Probe auf seinen Gehalt.

Wer einen Hund schert, nimmt ihm mehr weg als seine Haare: seine Physiognomie, seinen Charakter, sein Bild in unseren Augen.

Vorwitziges Voraushüpfen ist nicht Geist. (Geist ist nicht Prophetie.)

«Er vergeudet seine Zeit wie ein Junger.»

Nicht in das Museum, in das Warenhaus muß man gehen, will man das kulturelle Niveau eines Volkes erforschen.

Die Erwachsenen müssen sich vor den Kindern schämen (Krieg).

«Gedanken über die Kunst der Erzählung.» – «Geistesarbeiter.»

9. Oktober

Die Astronomie teilt sich von selbst – mit Tag und Nacht – in einen theoretischen und einen praktischen Teil.

Ad «Kunst der Erzählung». Für die «Fabel» eine ähnliche Studie wie für die «Zeit». Er-findung. Komposition. Nicht nur Melodien. Symphonisch denken. Symbolisch denken. Das Symbol ist die geistige Fabel, die «story» die sinnliche.

28. August 1942: Erste Rohfassung «Sterbender Schwan»; 21. Oktober 1942: Zweite Fassung beendigt.

11. Dezember

Aus dem Dienst zurück:
Wassen. Hier leben alle an großen Straßen. Mein Zimmer: Ecke Gotthardstraße–Sustenstraße. Hand an einer europäischen Pulsader. Die Züge.

Im Dienst: Abwesenheit jeglichen Ekels.

Aufsatz Jünger, «Über die Vokale», gut.

An den Schläfen den Zugwind der Lebensfahrt spüren; ergrauen zuerst.

Vetsch, Ausdruck: «im Bibli» durchaus ernst.

Nicht im Erfolg, in der Niederlage wächst der Mensch.

12. Dezember

In solchen Zeiten zeigt sich der Unterschied der Generationen, was unter dem Jahrgang 20 ist, geht eingehüllt von Jugend durch die Welt, genau so wie wir es getan haben.

Der Künstler soll die konventionellen Zusammenhänge der Dinge ignorieren. Er muß die Vorgänge unbefangen – von außen – sehen, betrachten und in Naivität seine Schlüsse ziehen, wie ein Maler, den Form und Farbe eines Vorwurfs leiten und zeigen, nicht aber seine «logische», «bürgerliche» Bedeutung.

In den Reifejahren besteht für den Künstler die große Gefahr darin, daß er die Ignoranz der Majorität anfängt, als Macht zu betrachten.

Das Wesen der Phantasie ist nicht vage Schrankenlosigkeit, sondern exakte Beschränkung.

Der Ausdruck eines Gesichts: die Aura der Möglichkeiten.

Leute, die auf Zehenspitzen im Leben herumlaufen.

Die Einsamkeit ist das Wesen des Künstlers. Er ist so einsam in dieser natürlichen Welt, daß er sich eine «künstliche» schaffen muß. Es ist ein Zufall, wenn die Bewohner der realen Welt sich darin zurechtfinden.

Die ökonomische Misere des Künstlers hat das eine Gute: Sie zeigt ihm deutlicher als Beifall und Ablehnung, daß die Existenz zweier Welten – der seinen und der der «anderen» – nicht bloß eine Vorstellung ist.

1943

1. Januar
Die Sprache erhält ihre Schönheit durch das, was sie aussagt.

Spiel mit Worten: Ur-Teil (kleinster, erster Teil), Urteil (Spruch eines Gerichts); ur-teilen – urteilen. Ur-Teilchen – Urteilchen (kleines Gerichtsurteil).

14. Januar
Die dritte, endgültige Fassung des «Sterbenden Schwans» beendet.

18. Januar
«Ein leises Singen im Miozän.» – Das Zeitalter der Schalter (Verkehr durch Schalter).

21. Februar
«Kranführer Krauer» gestern beendet und heute im Rathaus gelesen.

Die Hoffnung trügt, die Erfüllung lügt – nur die Enttäuschung stählt.

Erlisteter Erfolg ist kein Erfolg. Der wahre Erfolg muß durch alle Enttäuschungen, Ablehnungen, Zufälle, Feindschaften und Widerwärtigkeiten hindurch.

28. Februar
Kampf gegen die Trägheit des Schriftstellers: Stichwortartige Notizen sind nichts wert. Ausführliche, bis zum Ende des Gedankens

gehende sind ihm vonnöten. Oft sind diese Notizen sein ganzes Kapital. Gute Notizen, gute Arbeit.

11. März

Zur Psychologie des Verlierens. Das Verlieren von Dingen, an denen wir hängen, die wir jahrelang sorgsam gehütet und überwacht haben, hat innere Gründe. Die Gleichgültigkeit, mit der wir manchmal solche Verluste als unabänderlich hinnehmen, weist auch darauf hin. Unser Verhältnis zu ihnen hat sich schon vorher geändert; wir haben uns geändert, unsere Liebe zu ihnen hat aufgehört – und sie haben (als Folge oder als Ursache?) ihre magische Kraft eingebüßt.

Wir haben den Bann (des Besitzenwollens) gebrochen.

Besitz ist die Magie der Sache über uns – Eigentum ist unsere Magie über die Sache, in welchem Besitz sie sich auch befinde.

Der Schriftsteller, der um kärgliches Entgelt Arbeit innerhalb seines Bezirkes leistet (Übersetzungen, Drehbücher und dergleichen), erniedrigt sich nicht, er wahrt die Würde seines Standes.

In der Wahl des Schriftstellers zu seinem Beruf sind die Gedanken über Besitz und Eigentum enthalten. Die sprichwörtliche Nachlässigkeit des Künstlers ist Symptom. Schwer verständlich für die anderen. Jene «Sicherheit» gewährleistet ihm nichts; unter Umständen ist sie ihm Gefahr.

Der Schriftsteller ist der Mann ohne Reserven. (Immer mit seinem Besitz an der Grenze.)

22. April

Uraufführung des «Sterbenden Schwans». Schauspielhaus Zürich.

Worüber ein Schriftsteller sich wundern muß: die Selbstverständlichkeit, mit der die Menschen ein dem Nichts abgerungenes Werk hinnehmen, wo doch der Verfasser selbst das Staunen über die in ihm waltenden Kräfte nie ganz überwindet.

Schlaflosigkeit: das Übel des Alters. Die Abendschoppentrinker. Wie süß kann der Tod erscheinen einem Leben ohne Schlaf.

Sie schliefen, als wollten sie ein Geheimnis ergründen.

Einem entflohenen Gedanken nacheilen, als habe man Geld gefunden und sogleich wieder verloren.

Wozu ist der Schriftsteller praktisch zu gebrauchen? Eigentlich für nichts. Dennoch hat seine Funktion, die Entzifferung der Realität, sein Verstehenwollen der Hintergründe (mein Aufsatz zum «Sterbenden Schwan», Radiovortrag, Programmheft des Schauspielhauses, «Neue Zürcher Zeitung»), ein beschränktes praktisches Anwendungsgebiet im Film. (Vortrag «Lucerna».)

Er wollte eintreten in das Haus des Schlafes und strauchelte an der Schwelle.

Nur wer vor der Schöpfung Respekt hat, kann Dichtung verstehen.

3. Juni

Aus dem Dienst zurück:
«Gedanken über die Kunst des Erzählens», März 1943, Nr. 3 des «Geistesarbeiters».
«Zur Uraufführung des Sterbenden Schwans.» Vortrag Radio Zürich.
«Neue Zürcher Zeitung» und Programmheft 34 des Schauspielhauses.
«Kranführer Krauer», Lektüre Rathausvorträge Zürich und «Schweizer Spiegel» vom April 1943.

Auf der Landstraße. Mein Schatten, vor mir hergehend. Bin ich schon dort, wo er hinreicht? Bin ich schon dort, wo meine Gedanken hinreichen?
Die einsame Landstraße. Die Spuren von Rädern, Hufen und Schuhen im Staub, und auch endlich wieder einmal die Abdrücke nackter Knabenfüße, wie Spuren aus meiner eigenen Jugend.

Die Großmatt in Ägeri. Die große Scheune, der Seehof, die Ziegelei – wie klein sind die Entfernungen geworden; nur die Tannen wurden übergroß.

Das kleine Harzfeuer im Mondschein, am Waldrand, in Feuerschwand.

Die Physiognomie einer Kollektivität. Die Züge, die Gruppen.

Das Wunder der Buchenknospen. Aufknitternde Fächer, gefältelt.

15. Juni

Übersetzung «Trois Lacs» von C. F. Landry, «Seeland am Jura».

Eindruck bei gewissen Hodler-Bildern: Frauen spielen auf unsichtbaren Harfen und Geigen.

Eine Kartothek der Metapher.

Bewußtes und unbewußtes Denken. Gelenktes Denken.

Der Photograph befiehlt dem Marschall, dirigiert ihn herum. Dem Photographen gehorcht jeder.

25. Juli

Die, welche über Bücher schreiben, leben vermutlich davon besser als jene, die sie schreiben.

Pfarrer Künzles Bart (der Bart, ein Teil der Persönlichkeit).

Ein Leben, auf List aufgebaut (vergleiche Rivinius).

Die infantile, jünglingshafte Einstellung zum Geld (eine Klassenzusammenkunft).

Es gibt eine schöne Trauer: jene über das beendete Werk.

Auch nur stumm neben einer großen Persönlichkeit sitzen läßt uns die Welt besser, tiefer sehen.

Das Ausprobierte ist nie Kunst, sondern nur das Wagnis, das Experiment.

Zwei Referate an der «Lucerna»: «Der Schriftsteller als Mitarbeiter am Film.» I. «Künstlerische Weiten und Grenzen des Films.» II. «Die praktische Mitarbeit des Schriftstellers» (19. bis 25. Juli 1943).

1. August

Ein Leben wie eine Rose im Wasserglas – wurzellose, hoffnungslose Schönheit.

Weil die Reichen nicht wissen, wie sie den Armen weh tun, werden sie so gehaßt. Die unbewußte Grausamkeit einer Situation, die nicht einmal durch Worte, geschweige denn durch ein Gefühl (und sei es nur ein Taktgefühl) überbrückt werden kann.

Der Schriftsteller, der sich in der Reife fühlt, sollte die «Platzangst» der Frühzeit überwinden. Er sollte mehr schreiben.

Imaginationserotik und wirkliche, ein gutes Beispiel für Kunst und Wirklichkeit. Ausfall eines entscheidenden Reizes.

Rhetorisch heißt nicht schöpferisch.

Das Gerüst, das Skelett beim modellierten Bildwerk – übertragen auf den Beruf des Schriftstellers. Das Handwerksmäßige, Technische daran; statische, physikalische Gesetze. Gilt auch in dem Roman.

Das Ausprobierte kann nie mehr Kunst werden. Kunst ist erstmaliges Experiment.

Beim unscheinbarsten Kunstwerk geht es immer ums Ganze. Dahinter steckt stets das Abenteuer – ein übermenschlicher Wunsch.

Von seinem zwanzigsten Jahr an nahm ihn die Armut an der Hand, und sie verließ ihn nie mehr.

Das Zusammentragen von Stofflichem ist mehr als nur eine Pflichtarbeit – denn jedes Motiv bedeutet ja schon Wahl, Auswahl – darin ist verborgen eine Vorstellung, eine Ahnung, die sekundenlang den Atem dämpfte und das Herz höher schlagen ließ. Das Knistern eines Funkens. Man sollte über das Blättern in Zeitungen neugierig sein und nicht lächeln, denn das ist eine Vorstufe zum Werk.

Der Geist zeigt sich in jedem Wort – im Alltag, und sei es nur im Überspringen, im raschen Zurückgehen in der Kausalreihe, in der Richtung der Ur-Sachen hin. Das Suchen nach den Ur-Sachen ist schon der Wunsch nach einem allgemeineren, höheren, objektiven Standpunkt. Aber nicht ist es Formel, sondern immer Experiment, Wagnis – nie bewußte Erfahrung, sondern Intuition, jedes einzelne Mal wie neu. Es ist die Haltung (attitude) des Künstlers.

8. August
Die Erfahrung ist der größte Kräftezuwachs, den ein Mensch erfahren (erleiden) kann. Aber schwer zu verwalten.

Nur das, was einer in sich selbst hat, versteht er bei andern. Der Rest bleibt Klischee.

Seit zwanzig Jahren hat der deutsche Geistesraum keine Erweiterung mehr erfahren. Die zwei Kriege, die zwei Revolutionen, die Isolation der deutschen Sprache.

Die großen Leidenschaften, Haß, Neid, Liebe, sind seltener in der Wirklichkeit, als man annimmt.

12. August
Es ist selbstverständlich, daß in einem Roman, beispielsweise, jeder Satz, außer dem, was er als Inhalt aussagt, noch etwas anderes aussagen muß, was sich auf das Ganze bezieht. Rhythmus, Klang und Ton können ein Teil davon sein, aber sie sind nicht alles. Zur

Wirkung des Satzes gehören auch die beiden Sätze, zwischen denen er steht.

Das Symbol ist die unterste Stufe des Kompositionsgeheimnisses.

Der Dichter kann keine Zusammenhänge schaffen (echte, innere), wenn keine da sind.

22. August

Der «gut schreiben Könnende» verhält sich zum Dichter wie der Klaviervirtuose zum Komponisten.

Wenn man uns einst fragen wird: «Wie habt ihr diesen Krieg durchgehalten?»
«Indem wir so wenig als möglich von dem hörten und lasen, was von Deutschland kam.»

Der Schriftsteller kann noch weniger auf den verstehenden Leser zählen als der Maler auf den Käufer seines Bildes. Deshalb muß er sein Werk in Tausenden von Exemplaren ausstreuen wie der blühende Baum die Pollen im Winde. Und die Chance einer Befruchtung ist noch geringer.

Alles in den Wind, zuerst der Pollen und dann der Same.

Je älter ein Mensch wird, um so weniger Dinge kann er auf einmal (oder gleichzeitig) erledigen.

Jene, die ihr kleines Feld methodisch ausbeuten, und jene, die weite Strecken in sich brach liegen lassen. Die letzteren sind die Künstler – sie haben die stillen Reserven – jene sind die, welche sich die Biographien berühmter Männer zum Vorbild nehmen.

Mit jedem neuen Wissen geht etwas Unwiederbringliches verloren. Ein Ahnen. Ein Wünschen. Eine Illusion.

23. August

Der Hochsommer mit seinen kurzen Nächten ist die ideale Zeit für die Greise.

Um einer schönen, aber leeren Vase willen den schönsten Blumenstock opfern. Um eines Feuilletons willen einen Roman plündern – oder um des Filmes willen!

Sport und Hygiene sind – wenn nicht Zeichen des Wohlstandes – so doch das Indiz für ein geplantes Leben (mit fixem Lohn, Unfall- und Altersversicherung), etwa so, wie Sparen nicht das Anzeichen für Armut, sondern für Besitz ist.

Ordnung herrscht nur dort, wo sie schon vorhanden ist.

Ordnung und Untergang gibt es nicht. – Wie selten sind Konkursiten mit einer geordneten Buchhaltung. Natürlich: Buchhaltung hat nur Sinn und macht nur Freude, wenn es vorwärts geht oder eine Hoffnung dazu vorhanden ist. – Einen Untergang buchhalterisch genau registrieren können nur «Angestellte», innerlich unbeteiligte Organe.

Im fortschreitenden Alter muß der Mensch die Erfahrung machen, daß er oft das, was er befürchtete, ersehnt, und das, was er ersehnte, befürchtet.

Wohl etwas vom Schwierigsten für den Menschen ist, die Stufe festzustellen, auf der er innerhalb der anderen Menschen steht. In der Spanne zwischen dem Über- und dem Unterschätzen liegt sein Irren, sein Hoffen und sein Fürchten – sein Ringen um ein klares Urteil, das Bewußtsein seiner selbst.

Sich selbst für überdurchschnittlich halten müßte im Menschen nicht Stolz und Hochmut, sondern Furcht und Bangnis auslösen; denn was ihn erwartet, ist un-menschliche Vereinsamung.

Ein universales Wissen kann es nicht mehr geben, wohl aber ein universales Ahnen. (Gehört zum Wesen des Künstlers.)

24. August
Der Arzt ist kein Wissenschafter, er will helfen, heilen, lindern.

Er wendet dazu die Wissenschaft an. Aber Arzt sein ist kein wissenschaftliches Ziel.

25. August

Manchmal ist man unter Fremden ehrlicher als vor sich selbst. Schon deshalb ist es nötig, von Zeit zu Zeit in Gesellschaft zu gehen.

Die Gesellschaft fördert und fordert Eigenschaften wie etwa die Nachsicht, die Toleranz, Eigenschaften, die in der einsamen Reflexion verkümmern.

Mit dem schlechten Gewissen kommen die meisten Menschen sehr gut aus, unter der Voraussetzung, daß sie mit ihm allein sind; ein anwesender Dritter, Freund oder Feind, aber wirkt sofort störend.

Vielen Menschen sind jene, die sie nicht verstehen, lieber als jene, die sie verstehen.

Eine Gemäldeausstellung: Rendezvous der Mißverständnisse.

Der Gedanke, daß von einem bestimmten Augenblick an die Verminderung der Dosis eine größere Wirkung hat als ihre Vergrößerung, hat etwas Bestechendes. Die Dosis, so klein, daß sie nur noch im Geruch wahrnehmbar ist.

Wenig oder nichts besitzen ist nicht Armut; die Armut beginnt erst mit Schulden. Wer schuldet, ist schuldig, wer aus dem Schuldigsein nicht herauskommt. An jenem Punkt, wo das materielle «schuldig sein» in das unabwendbare, immer sich fortpflanzende moralische «schuldig sein» übergeht, beginnt die Armut.

27. August

Für jene, die einmal etwas von Tiefe und Hintergründigkeit gehört haben, hört der Schriftsteller immer zu «früh» auf, ist er nie «tief» genug. Sie verstehen nicht, daß es ein Opfer an das Maß ist, wenn der Schriftsteller eher zu früh als zu spät aufhört.

Dieser Krieg endet mit einer Verbrecherjagd.

Der Schriftsteller ist der einzige Mensch, der die Spiele und die Gedanken und die Erlebnisse seiner Jugend bis ins Alter hinein ernst nimmt.

Weil der Schriftsteller die Beschäftigung seiner Jugend das ganze Leben hindurch fortsetzt, wird er bei seinen Jugendfreunden nie ernst genommen.

Warum ist bei vielen Leuten die Haltung, die sie der Armut gegenüber einnehmen, so diskret?

Die Armut ist den Reichen unbequemer als den Armen.

3. September

Unheimliches Gefühl auf einer Waage: In diesem Gewicht, in dieser Zahl ist alles eingeschlossen, das ganze Schicksal.

Der Hund altert fünfmal schneller als der Mensch. Der Hund geht neben dir. Zwei Zeitalter, zwei Sterne mit verschiedenen Gesetzen. Du gehst, er eilt dem Alter zu; später geboren, überholt er dich. (Deutlicher sagen.)

Liebesverhältnisse, die von der Drohung der Trennung leben.

Des Tieres Anhänglichkeit ist nicht Liebe, es meint «fressen». Daß es mich erwartet, genügt mir. Ich will gar nicht wissen, warum. Auch eine Nuance in der menschlichen Liebe.

Gruppiert man die wesentlichen Dinge um die unwesentlichen, so entsteht Magie. «Ein Haus um den Durchzug bauen», «Um das Orchester herum Töne», «Das Orchester in der Ton-Vase», «Die Kompanie eilt der davonlaufenden Musik nach», «Poésie à la Cocteau», «Die Häuser umarmen die Bombe».

6. September
Auch in den Spuren des Wurmes im Staub sieht der Künstler noch die Runen des Schöpfers.

Frage: Ob nicht alles, was den Leuten «passiert», von ihnen gewollt wird. (Magische, irrationale Seite des Menschen.)

Wer undeutlich schreibt, will, daß es undeutlich sei.

Gibt es um uns Menschen mit einem Hundezeitalter? (Die nach uns geboren, an uns vorbeieilen und vor uns sterben.)

Im Lebenshaushalt der Menschen: Zeiten der Sparsamkeit und Zeiten der unbekümmerten, der herausfordernden Verschwendung.

Der Leser ist aktiver Ackerboden; manchmal erreicht erst in ihm ein Gedanke seine ganze Tiefe.

7. September
Ein Wehruf, und sei er noch so ergreifend, ist keine Dichtung.

Es macht den Eindruck, Kunst werde nicht gesucht, sondern gemieden, und eine große Anstrengung des Künstlers bestehe darin, einen Umweg zu ersinnen, wie er die Kunst möglichst unauffällig und unbemerkt an den Mann bringen könne (als Dekoration, Zierde, Belehrung, Unterhaltung, als Nützlichkeit). In der Literatur ist der Roman die geläufigste Form dieser Verführungsmethode.

17. September
Das Mißverständnis zwischen Schriftsteller und Leser kommt von den verschiedenen Voraussetzungen her. Es gereicht zur Ehre des Schriftstellers, wenn er seine Leser nicht unterschätzt.

Ist auf dem Bild des Malers mehr, als er wußte und wollte? Auch in der Literatur besteht dasselbe Problem.

Dieses ist zweifellos eine der betrüblichsten Erscheinungen unserer Zeit: daß die zunehmende Berufsspezialisierung, mit den vielen erforderlichen Detailkenntnissen, die Senkung des allgemeinen Bildungsniveaus zur Folge hat.

20. September

Lakonische Notizen nützen nicht viel. In den Notizen schwatzhaft, im Publizieren lakonisch.

Unterhaltung: Die Dinge – auch Bilder – so lange und so aufmerksam betrachten, bis ihr Urgrund, ihre geistige, nicht mehr zufällige, einfache Bedeutung, erscheint. Jene sich davor lagernde Flüchtigkeit und Oberflächlichkeit überwinden, sie betrachten wie ein Gemälde, mit dem man jahrelang allein in einer Zelle eingeschlossen ist. Gilt auch vom Lesen.

Rasch auffassen heißt oft, vorwitzig sein, Vorurteile spielen lassen. Rasch auffassen kann man nur Dinge, die man lang vorher selbst verarbeitet hat.

21. September

Für den echten Künstler sind die Kunstwerke der andern eine Quelle der Freude – und für ihn verloren, Tabu.

Der Künstler darf nie so nahe an den Dingen stehen, daß er keine Übersicht hat, aber auch nicht so weit über ihnen, daß sie ihm klein vorkommen.

23. September

Der Bittgänger schleicht, der Schenkende eilt.
Wer bitten muß, schleicht, wer schenken will, eilt.

(Wer um etwas bittet, kommt langsam, wer etwas bringt, kommt schnell. Die Bitte zögert, die Gabe hastet. Wer bittet, zögert, wer gibt, eilt. – Gute Gabe macht rasche Beine. Das Geschenk beflügelt den Schritt. Die Füße des Bittenden sind Blei, der Schenkende hat Flügel. – Gehst du irgendwo nicht gerne hin, bring etwas mit. Dem Gebenden wird jeder Gang leicht. Leere Hände, schwerer Gang, mit schweren Gedanken – schweben. Wer mit leeren Händen kommt, kriecht, wer mit vollen Händen kommt, schwebt. Empfangenes Geschenk drückt nieder, gegebenes Geschenk erhebt.)

Der Auftrag ist kein Hindernis für die Phantasie, sondern ein Stimulans. (Die Funktion der Mäzene.) Eine größere Schwierigkeit für den Künstler ist die Durchführung eines selbstgewählten Auftrags. Ein fremder Auftrag bedarf keiner Begründung; im eigenen spielen alle Motive der menschlichen Trägheit hinein, mit aufschiebenden, verzögernden oder vernichtenden Wirkungen. Impetus, Entschlossenheit, Überzeugung von der Notwendigkeit gerade dieses Werkes – dem einsamen und bedrängten Künstler mangeln sie oft. Der Auftrag bedeutet eine vorweggenommene Anerkennung, eine Hilfe der Allgemeinheit. Die Erfüllung des selbstgewählten oder, besser, selbsterkannten Auftrags verlangt große Kraft. Die Rolle der Verleger, der Kunstkommissionen, des Staates: Rücksichtnahme auf diese Schwierigkeit, diese Schwäche des Künstlers.

Es gibt selten einen einzelnen «Einfall»; es gibt mehr Einfall-Ketten.

Die Weite der interstellaren Räume allein ist vergleichbar den zeitlichen Abschnitten zwischen zwei Einfällen. Dazu noch addieren sich die Trägheit und der Leichtsinn des Künstlers – Gründe genug für die Dürftigkeit der Gabe. Jedes Kunstwerk aber ist ein Beutel, in dem die Goldkörner gesammelt werden, und jedes Körnchen bedeutet einen Berg gesiebten Schutts. Ist das Gold ein Geschenk, das Sammeln bleibt ein Willensakt.

Das Ich-Leben und das Berufs-Leben, der Werktag und der Sonntag im Gefühl: wie zu einem Geheim-Code bedarf es eines Rasters, sie zu trennen, sie zu erkennen, eines Schlüssels. Der Künstler sollte ihn besitzen, für sich und für die andern.

Es wird viel zu wenig beachtet, daß sehr viele nach einem soziologischen Klischee leben, das viel weniger die Folge eines wirklichen Zustandes als einer Vorstellung ist. (Die Art, sich zu kleiden, die Möblierung der Wohnung, die Gestaltung der Mußezeit und anderes.) Das Überraschende aber ist, daß diese Vorstellung ihren Grund im Literarischen hat. Die Zeitung, der sogenannte Feuilletonroman, das Magazin, das Kino sind nämlich nicht so sehr Reportage der klischierten Wirklichkeit als Kolportage einer klischierten Wirklichkeit. Es wäre reizvoll, einen Katalog dieser soziologisch-literarischen Klischees aufzustellen: «der königliche Kaufmann», «der Proletarier», «der gesunde Mensch»; aber es geht auch über das Soziologische hinaus in das Individuelle: «der Gleichmütige», «der große Herr» usw. Das sogenannte «gesunde und natürliche Leben» kann auch ein Klischee sein.

Jede Reportage ist auch Kolportage.

Das Postulat von der Universalität des Künstlers besteht; in dieser Zeit der fortschreitenden Sozialisierung mehr denn je. Wo anders kann die Linse sein, die die Strahlen sammelt, als beim Künstler? Wer überhaupt nimmt sich noch des Lebens als Gesamtheit an? Doch nur der Künstler. Darin liegen seine Berechtigung und sein Auftrag; darum ist er «besonders». Das setzt nicht voraus, daß er alles wissen und kennen muß, aber daß er es «ahnen», «sich vorstellen» kann. Alle Spezialität ist nur Aura um einfache, feste Kerne. Diese einfachen Kerne müssen ihm allerdings vertraut sein.

Kunst ist Vereinfachung. Jede Vertiefung bedeutet Vereinfachung. An der Oberfläche bleiben jedoch heißt nicht Vereinfachung, sondern richtig Verflachung.

28. September

Niedergang der Sprache, seit man nur noch mit den Augen, ohne die Lippen, liest? Einfluß auf den Dialekt?

Der Schriftsteller muß sich von der Kritik lösen. Er gehe einfach seinen Weg.

Man sieht es an jeder Pflanze: Wachstum ist Überwindung der Schwerkraft.

Die jungen Studenten der Architektur sollten als Nebenfach Psychologie nehmen. Es wäre gut für den Umgang mit Arbeitern, Lieferanten – aber von allgemeiner Wichtigkeit wäre es für das Verständnis der Auftraggeber – und für den Bau menschlicher Behausungen. Es gibt sicher noch einige Berufe, bei denen man eine solche Reflexion anbringen könnte.

Es ist nicht auszumachen, wieviel Zeit man in seinem Leben verliert, sich von den Klischees zu befreien, die einem angelernt wurden. – Der sichere, oft selbstzufriedene Anblick, den manche Leute gewähren, kommt eben daher, daß sie ihre Klischees gefunden haben. Sie gleichen jenen Leuten, die sich gesundheitlich irgendwie beunruhigt fühlen und die ganz glücklich sind, wenn der Arzt bei ihnen eine mehr oder weniger bekannte, aber auf alle Fälle legitime Krankheit feststellt. – Daß viele Menschen gegen die Reife hin einen gewissen Model annehmen, ist viel weniger die zwanghafte Entwicklung eines Lebens als ein Willensakt. Sie raffen ihre verschiedenen Eigenschaften und körperlichen Besonderheiten zusammen, wählen sich Kleidungsstücke und Gewohnheiten, eine gewisse Art zu sprechen und versuchen, ein Bild, ein Modell, das ihnen vorschwebt, zu verwirklichen. In Wirklichkeit ist das Literatur (Kolportage). Und das Merkwürdige dabei ist: Die andern verstehen und erkennen diese Absicht an und verhalten sich danach, sind ganz glücklich, wenn sie sich sagen können: «Aha, so einer ist das.» Es ist sogar sehr gut möglich, daß sogenannte lasterhafte Eigenschaften auf dieses Klischeewesen zurückzuführen sind: Trunksucht usw.

2. Oktober
Langsam beginnt sich für mich das Stilproblem des «Friedens des Herzens» («Die heimliche Reise») zu klären. Das kontrapunktische Leitmotiv zum Hauptthema ist der «Traité de Navigation» (Navigationslehre, der kosmische Bezug zum Menschen). Das Ganze ist eine Ausfahrt aus dem ruhigen Hafen (durchgehende Verwendung navigatorischer Ausdrücke). Kein Bezug und keine Bindungen mehr als die Sterne – aber auf der andern Halbkugel sind auch jene verschwunden. Er sucht auf dem Meere (der Zeit)

jene Marmorbüste, die er einst geküßt hat, er sucht die eigene Jugend. Das Geld, das er fand und behielt, war sein eigenes Geld. (Wir alle besitzen die Reichtümer schon längst, die wir ersehnen oder stehlen.) Am Anfang, wie das langsame Blähen der Segel, die sich mit den Winden füllen, das Knarren der Maste, dann das ruckartige Sich-Loslösen des Schiffes und sein Verschwinden im gewölbten Horizont. Er versteht nicht, wieso ihn alles mit der Schiffahrt Zusammenhängende interessiert. Selbst der Blick aus seinem Balkonzimmer erscheint ihm wie ein Blick vom Heck eines Schiffes. Landschaft, die sich mehr und mehr entfernt. Und dann läuft er die wunderbare Insel an. Es kommt dazu die Mischung mit dem Motiv der inneren Unabhängigkeit (sagen, was man denkt).

Es fällt auf, wie die Träume und die Analyse der Träume nie geistige, wirkliche Probleme zu Tage fördern – sondern immer Komplikationen des alltäglichen Lebens (Angst, Sexualität, Geld), wirklich den Schlamm und die Ablagerungen des Grundes, aber nie etwas Erhebendes, Neues, Konstruktives. Und dies soll der wahre Mensch sein! Der Traum ist Abfall, Auswurf, Fäkalie des Geistes.

Die Psychoanalyse ist ein klinisch-therapeutischer Vorgang, nötig vielleicht wie die Kotuntersuchung für eine Diagnose, aber sobald sich ein Laie damit beschäftigt, ist es gleich, wie wenn er eben mit Kot spielte.

4. Oktober

Wenig Pflanzen treiben ein einziges Blatt, eine einzige Blüte; im Trieb einmal kommen sie paar-, büschelweise. So auch mit der Arbeit des Schriftstellers: In Zeiten der Gestaltung kommen die Werke in Rudeln.

Die Menschen hätten keine Flugmaschinen erfinden können, hätten sie nicht zuvor jahrtausendelang vom Fliegen geträumt.

Erst wenn der Schriftsteller ganz klar schreibt, wird das Geheimnisvolle – Nie-klar-werden-Könnende – fühlbar.

Eine Sünde: Erniedrigung. Unter das Maximum des Erreichbaren hinabsinken, sich mit dem «Weniger» zufriedengeben.

Die Moral ist wenigstens ein Mittel, einen Tatbestand festzustellen; nähme man ihnen die Moral, so wären viele Leute gar nicht mehr fähig, ein Urteil zu fällen.

Die Einsamkeit des Schriftstellers in der Schweiz ist eine Tatsache.

Wenn es so weit kommt, daß der Schriftsteller sich in der Heimat heimatlos fühlt, dann haben auch die andern, seine Mitbürger, ihre Heimat verloren.

Der Erfolg ist keine Rechtfertigung des Künstlers vor sich selbst, aber er ist eine in den Augen seiner Zeitgenossen; nur deshalb hat er für den Künstler eine Bedeutung.

Wer warten kann, ist stark; aber stärker ist der, der nichts mehr erwartet.

Man betrachtet die Alten mit Mitleid; die Jungen sollte man mit Mitleid betrachten: Sie wissen nicht, was sie noch erwartet.

Remy de Gourmond, «Promenades littéraires», p. 1904. L'enfant d'un grand écrivain. Bonne remarque sur l'intelligence.

In künstlerischen, geistigen Dingen haben nur sehr wenige Menschen ein eigenes Urteil, und von jenen, die eines haben, nur wenige den Mut dazu. Sind wir wirklich ein kleinbürgerliches Volk, ohne den Mut zur Weite, zum Abenteuer?
5. Oktober
Mißerfolg, Ablehnung, Feindschaft, Mißgunst, Schadenfreude, Schweigen der Nächsten zum Werk – es macht nüchtern einsam, stark zum neuen Werk.

Was an der Kritik, so wie sie bei uns gehandhabt wird, merkwürdig wirkt, ist der unpersönliche quasi-objektivierende Ton. Noch eine Stufe höher als der Pluralis maiestatis – von fernen Höhen kommen sie her, mit Initialzeichen, die nur noch Eingeweihten bekannt sind – ein einziges «ich» würde alles an den richtigen Platz setzen, würde es menschlicher machen – und die Autorität vom Geist des Kritikers her. Aber natürlich würden auch Ungeist und böser Wille evident.

12. Oktober

Jeder wirkliche Roman hat etwas Kosmisches und bewegt sich deshalb auf den uralten epischen Heerstraßen. Es ist deshalb eine Frage, ob ein einzelnes Individuum breiträumig genug ist, ein Romanepos zu füllen; ist der Roman im Wesentlichen die Darstellung einer Vielheit, eines Clans zum mindesten? Ist eine Person nicht immer dürftig? Ist vielleicht nicht dies der Unterschied zwischen Roman und Erzählung (Novelle)? Handelt es sich um eine einzige Person, so müßte ein Roman ein ganzes Leben, bis zum Tode, behandeln; alles andere, und sei es noch so eine entscheidende Lebenswendung, ist episodisch, novellistisch. Für den «Frieden des Herzens» («Die heimliche Reise») müßte es ein Heraufstauchen aus Nebeln und ein Hineinsinken in das Normale, Alltägliche sein.

17. Oktober

Die Winter machen uns alt.

Kunst ist immer Beseitigung einer Unordnung.

«Er kann schreiben.» Die Absurdität dieses Satzes wird klar, wenn man sagen würde: «Er kann Verse machen, es fehlt ihm nur noch am Sujet.» Als ob das «schreiben können» gesondert werden könnte. Wer etwas zu sagen hat, kann schreiben. Solange er nicht schreiben kann, hat er auch nichts zu sagen. Sehen, erkennen ist allein noch unzulänglich; transponieren in die Sprache ist wesentlich.

Das Theater mit seiner Illusion, seiner Fiktionsbereitschaft heischenden Irrealität ist realer und uns näher als das Kino. Bei ihm gibt es Farbe, Plastik, Wort und Sprache. Im Kino ist die Darstellung eine Fläche, alles ist farblos, und alle Töne und Worte kommen aus dem einen und selben Loch.

«De tout ce que l'on écrit il faut couper le commencement et la fin.» Mallarmé.

Das Schreiben ist wie das Spiel: Man fängt mit guten Vorsätzen und mit Systematik an, aber dann geht alles zum Teufel, nur noch die Einbildung besteht.

Der Kaltblütige ist kein echter Spieler. Der kaltblütige Schriftsteller ist kein Dichter. Die Anrufung der Goetheschen Gelassenheit – eben durch die Schriftsteller – ist verdächtig. Auch Goethes Prosa kommt aus dem Glutofen; aber sie wurde langsam gekühlt, deshalb wurde sie nicht spröde.

Ein Gedanke kann lange, wie ein Geldstück, von Hand zu Hand gehen, bis einer zufällig entdeckt, daß es nicht Kupfer, sondern ein edleres Metall ist.

Die Form des Gedankens ist deshalb wichtig, weil sie ihn durch Zeit und Raum hindurch konserviert.

Nur die reinste Form bietet Gewähr für den ursprünglichen und unveränderten Gehalt.

Für jeden Gedanken gibt es nur eine ideale Form. Je mehr ein Gedanke verarbeitet ist, um so enger hängt er mit seiner Formulierung zusammen.

Die Formulierung eines verarbeiteten Gedankens ist die empfindlichste: Die leiseste Veränderung kann ihn zerstören. Darin besteht die Kostbarkeit der Poesie. Vers, Reim und Rhythmus sind Konservenbüchsen.

Wirklich, was übernehmen wir an «Bildung»? Verse, Zitate, Auswendiggelerntes, Behaltenes – Formen, Formulierungen, die leer sind und die wir später mit unseren Erfahrungen füllen. Ein Einmaleins, das mit unserem Erwachsenwerden seine wahre Bedeutung erhält, ein Gebet, das unser Schmerz oder unsere Angst mit einem Sinn erfüllt, ein Bild Gottes, das in der Not lebendig wird.

18. Oktober

Mallarmé, qui raye le mot «comme» du dictionnaire. (Mondor, «Vie de Mallarmé», p. 151.)

20. Oktober

Drama, Oper sind sanktionierte, traditionelle Kunstformen, die älter sind als die «Literatur», denn sie sind sakralen, liturgischen, rituellen Ursprungs. Ihr Ablauf ist bekannt, erwartet, ohne dramaturgische Überraschung, doch mit einem ganz bestimmten Ende, einem Happy-End, der Erfüllung, der Erlösung. Deshalb sind alle Versuche, den Rahmen dieser Unternehmungen verändern oder sprengen zu wollen, falsch. Die durch die Umstände geforderte Beschränkung: die Bindung an einen Raum oder Platz, die zeitliche Dauer des Ablaufs, die verhältnismäßig einfache Technik setzen eine Einweihung des Publikums voraus und stellen gewisse Anforderungen an seine Fiktionsbereitschaft. Aber sie sind, wie die starre traditionelle Form des Sonetts, ein Stimulans für den Künstler. Sie weisen ihn, räumlich, in Schranken, fordern das Maß und lassen ihn nur austoben im Vertikalen, in die Tiefe und in die Höhe.

Mallarmé: «Peindre non la chose, mais l'effet qu'elle produit.» (Mondor, «Vie de Mallarmé», p. 145.)

23. Oktober

Gelesen: Ernst Jünger, «Gärten und Straßen». Hinter diesem Goethe nachahmenden Stil – auch in der ihn nachahmenden Universalität, steht, trotz vielen tiefen Gedanken – ein ganz horizontbeschränkter provinzieller Deutscher. Gerade seine auffällig betonte Beschäftigung mit nicht-deutscher Kunst bestätigt es deutlich. Überall das Gefühl eines spät gekommenen Touristen, der glaubt, durch seine Betrachtungen den Stätten erst die tiefere

Bedeutung zu geben, während der freie Weltgeist schon lange darüber hinweggebraust ist. Es ist typisch: Während des ganzen Feldzuges tut sich Jünger an französischem gestohlenem Wein gütlich. Aber es ist doch einfach Plünderei, für die der Soldat, nach öffentlicher Version, bestraft wird. – Auch diese merkwürdige Freude am Schmerz – gelassen aufgezeichnet.

Der Wunsch nach erschöpfender Charakterisierung einer Persönlichkeit entspringt oft einem feindlichen, der Rache verwandten Gefühl. Nie wird ein Urteil so scharf und klar, als wenn es von solchen Bezirken herkommt. (Saint-Simon.)

Begnadete Stunden des Spazierengehens, wo jeder Blick ein Fest wird.

Fortwährende Meditationen über den «Frieden des Herzens» («Heimliche Reise»). Wieder finde ich die Erfahrung bestätigt, daß erst mit der Entscheidung über die formale Gestaltung ein Werk spruchreif, nein, schreibreif wird. Es gibt so viele inhaltliche Dinge, die sich erst einfinden, einordnen, wenn mir das «Wie» der Darstellung klar wird. Der Stil ist das Problem, mit einem Minimum von Worten ein Maximum des Inhalts darzubieten. Dabei ist es nicht so, als ob ich mich in diesem Entschluß frei wähne; ich habe vielmehr die deutliche Empfindung, diese Entscheidung sei mit der stofflichen Wahl bereits gefallen, es gäbe überhaupt nur eine dem Sujet adäquate Form, und ich müsse, sie durch stetige Bereitschaft und Meditation fördernd, auf diese Offenbarung warten. Es tritt dann deutlich jenes Gefühl ein, das Frauen nach dem Akt mit Bestimmtheit sagen läßt, die Konzeption habe stattgefunden. Die formale Entscheidung ist für mich nichts anderes als die Gewißheit der eingetretenen Befruchtung. Ich bin auch voll davon überzeugt: Solange dieses Gefühl nicht eintritt, «stimmt» auch der inhaltliche Plan nicht.

Über die Entstehung beendeter Werke kann der Künstler ausgiebig reden, hier gibt es keine Geheimnisse mehr; im zukünftigen Werk ist alles Geheimnis.

Föhntag: Die Landschaft ist schön, klar – aber leer wie eine angeleuchtete Kulisse: hinter ihr lauert ein drohender Abgrund. Die gleiche Empfindung bei Tönen und Gerüchen; das blecherne Rascheln welker Blätter.

An der Empfindung bei der Niederschrift der ersten Worte eines Werkes merkt man, daß es sich um ein magisches Unternehmen handelt.

Es würde mich reizen, über einige Personen, die ich kenne, eine «fiche» anzulegen und darauf fortlaufend «impassible» Verhalten und Aussprüche zu notieren. Es wäre interessant – aber unmenschlich, furchtbar. Ohne Vergessen, ohne Verzeihen, Toleranz, Nachsicht, eine gewisse Gleichgültigkeit und Dickhäutigkeit wäre der Verkehr mit den Mitmenschen gar nicht möglich. Das ist ein Aspekt, von dem man in der Jugend nicht die geringste Ahnung hat. – Hier versteckt sich ein echtes Erziehungsproblem. Man gibt der Jugend ethische und moralische Begriffe. Ihrem Wesen gemäß wählt sie, im absoluten Sinne, urteilt darnach, will darnach handeln und findet alle Menschen schuldig, sich selbst inbegriffen. Dabei ist praktisch das Leben nicht auf ethischen Begriffen aufgebaut, sondern auf Toleranz, auf die List, «à peu près». Innerhalb dieser Begriffe bewegt sich die Lebenstüchtigkeit. Moralisch und ethisch ausgerichtete Menschen machen auf die Lebenstüchtigen einen infantilen Eindruck. – Des Künstlers Vorrecht ist es, diesen Infantilismus noch jenseits seiner Erfahrung beibehalten zu dürfen. Diesen ganzen Zusammenhang spürt man ganz deutlich, wenn beispielsweise ein Betreibungsbeamter das Wort «Künstler» ausspricht. Bei diesen Gelegenheiten habe ich immer das Gefühl von einem unterirdischen Drama, das sich im Menschen abspielt. Das Drama der Erfahrung, der Desillusion, des Wissens, der «Erkenntnis». Trauer und Zweifel sind darin. Nein, Trauer und Gewißheit, sollte man sagen.

24. Oktober

Im Liebeserlebnis, angesichts des Todes, in der Gefahr, nach einer Enttäuschung, in einem Mißerfolg, oder auch in einem Erfolg, hat der Mensch allein die intensive Vorstellung der Gegenwart, der Realität des Lebens. Endlich das «Jetzt»!

Vor jedem Werk muß der Künstler die Diskussion über die Kunst immer wieder ab ovo aufnehmen.

Ein Hahnschrei, der in den Sonntag hinein etwas vom Gestern und Morgen legt.

Betrachtet man das Liebesabenteuer irgendeines Menschen: Immer fällt das Bestreben, es aufzubauen, man wäre fast versucht, nach künstlerischen Grundsätzen, bis zur Erfüllung. In Wirklichkeit folgt es dabei einem Ritus, wie ein balzender Vogel, wie das Drama. Der Liebende ist so wenig frei wie der Dramatiker.

Die sprachlosen Künste (Musik, Malerei, Plastik) werden leichter Gemeingut der Menschen als die sprachgebundenen, weil sie der wörtlichen Logik entraten. Logik (auch Psychologik) ist ein geographischer Begriff; die Bezirke der Ästhetik sind größer.

25. Oktober

Hantise des poètes français vers 1869: le «nevermore» («einmal nur»).

Der Tod in einem Händedruck, ein Adieu für immer, auf der Straße. Kein Tag ohne endgültigen Abschied.

Kunst ist immer Weg, nie Resultat.
Kunst ist immer Anstrengung, nie Resultat.

Menschen, die nicht die geringste Beziehung zur Kunst haben, maßen sich sofort ein Urteil an, sobald der Künstler ein Freund, ein Schulkamerad, ein Verwandter ist.

Die Stellungnahme vieler Leute zu den Werken eines Künstlers ist oft sehr merkwürdig und unheimlich. Man hat das Gefühl einer dumpfen Abneigung, einer eigentlichen Haßwelle, die einem entgegenschlage. Es ist, als hätte man eine urgründige schwärende Wunde berührt. Selbst bei ruhigen, gebildeten Menschen kommt dann geradezu etwas Primitiv-Gemeines zum Vorschein, die kulturelle Tünche spritzt ab. Zweifellos handelt es sich um ein tief menschliches Urphänomen. Jeder Künstler könnte dafür Beispiele liefern. Es tritt oft aus alter Harmlosigkeit wie ein Reflex ein, mit der ganzen Skala vom versteinerten Gericht bis zum unflätigen anonymen Brief. Es scheint der unmittelbare, natürliche Reflex zur Kunst zu sein. Selbst bei der zünftigen Kritik, die diesen Schock schon gewohnt sein sollte, tritt er zu Tage. – Aber findet nicht jeder diesen Reflex im Alltag an sich selbst, zum Beispiel wenn uns eine selbst empfundene Wahrheit als Evidenz entgegentritt, oder wenn wir jemandem begegnen, dessen Wesen oder Art, einzelne Züge auch, uns gleichen? Was bedeutet: Woher kommt diese Reaktion, die noch nicht einmal einen Namen hat? Ein sehr interessantes psychologisches Problem, des Nachdenkens wert. Gehört dahin nicht auch die Nachlässigkeit, ja die Abneigung gegenüber Blinden, Schwerhörigen, Toten? (Ähnliches Verhalten der Tiere?) Haß gegen Unglückliche, Träger von Unglücksbotschaften. Die selbstverständlichen ethischen und religiösen Postulate, wie Geselligkeit, Mitleid, Erbarmen, Wohltätigkeit, kommen nicht von ungefähr. Sie zeugen für die schwarzen Abgründe der menschlichen Seele. Und zwar nicht nur Lüge und Diebstahl, sondern auch differenziertere Eigenschaften und mit fluktuierenden Grenzen. Diese ganze Meditation sollte eingehender behandelt werden.

«Heimliche Reise»:
Entscheidende Vorstellung. Marine Terminologie und Analogie.

28. Oktober
Bei Diskussionen aufpassen, ob die Leute ein qualitatives oder ein quantitatives Element in die Diskussion werfen. Gegen quantitative Argumente kann man nur mit quantitativen Argumenten aufkommen, diese Art der Auseinandersetzung hat wenigstens das eine für sich, daß sie klar ist, aber oberflächlich. Diskussionen

qualitativer Art kann man nur mit Leuten gleichen Ingeniums eingehen, sonst macht man sich lächerlich.

Die Kraft eines Menschen beruht weniger auf dem Besitz, als man glaubt. Sie beruht auf dem Clan, den einer hinter sich hat. Nun sammelt sich gerade um den Besitz gerne ein Clan an; aber es gibt noch andere Sammelpunkte: Apostolate, Geist, Schönheit, der Eros, auch Haß. Der Clan – Familie, Partei, Generation, Landsleute – verleiht weniger materielle als ideelle Kraft. Mut beruht auf der magischen Ausstrahlung des Clans. Betrachtung der Gesetze, nach denen ein solcher Clan aufgebaut ist, der militärische Gruß, die Drillbewegung.

Das Gebot «Du sollst deine Eltern ehren...», uns selbstverständlich erscheinend, kann doch nur so, aus seinem Revers, verstanden werden, daß es eine Zeit gegeben haben muß, wo man die Alten, für die Gemeinschaft unbrauchbar Gewordenen, ausstieß und vernichtete. Geben kein Magma an den Clan mehr ab. Andere Gebote auf den «Revers» untersuchen.

Mir schwebt eine andere, unbefangenere, naive Art der Betrachtung der Lebensvorgänge vor. Die einfache Frage: Was geht hier vor? (Eigentlich:) Was sehe ich? Abstraktion von allem empirischen Wissen. Die Erfahrung eines Lebens ist kurz, die instinktive atavistische Erfahrung ist unendlich viel größer, tiefer und sicherer. Das Akzidentelle, Zufällige, vom Immanenten trennen. Beispiel: Ein Mann und eine Frau bleiben immer ein Mann und eine Frau, mit allen urtümlichen magischen Beziehungen, seien sie Vater und Tochter, Geschwister. Von der Psychoanalyse ganz abgesehen, erschließen sich durch diese Betrachtungsweise viel mehr urtümliche Wechselwirkungen, als akzidentelle Beziehungen und empirisches Wissen vermitteln können. «Sie gehen die Zürichbergstraße hinunter. Sie gehen ans Wasser. Dann trennen sie sich. Sie suchen Schutz unter einem Dach. Sie suchen andere Menschen. Sie finden sich wieder...» (Siehe Einträge vom 12. Oktober 1942, 20. September 1943 und 3. September 1943.)

Die meisten Fehler in den menschlichen Beziehungen werden gleich am Anfang gemacht. Aus der Sucht, zu gefallen, zu versöhnen, stellt man sich besser und brillanter dar, als man ist, und dann kann man es nicht «durchhalten», woraus Enttäuschung und eben der Vorwurf der Täuschung entsteht. Es ist das Kennzeichen starker Naturen, daß sie bei einem ersten Rencontre Mißtrauen, selbst Aversion in Kauf nehmen, weil sie wissen, daß sie «durchhalten», daß sie im Verkehr «gewinnen».

Idee der Numerierung des Journals mit Stichwortverzeichnis.

Diese Scheu vor dem Sich-wieder-Lesen. Der Schriftsteller muß aus Berufspflicht seine Notizen durchlesen. Vorsatz anläßlich des Stichwortverzeichnisses. Es handelt sich um Arbeitsmaterial.

31. Oktober

An der Art, wie viele Leute durch die Gassen alter Städtchen gehen, sieht man deutlich den Einfluß eines jener Klischees; in diesem Falle das historisierende, archäologisierende; es gibt Ähnliches beim Spazieren: «der Gang durch die Natur» (Botanik, Zoologie, Geologie).

Lustig wäre ein Katalog der Klischees: «Der Gang durch die Natur», «Sonntagmorgenglocken», «Wanderung durch vergangene Jahrhunderte» und andere. Es ist aber durchaus nicht nur ironisierend zu behandeln. Diese Klischees sind Steine über den Bach. «Schrittsteine» (Wanderjahre, Leonardo-Tagebuch).

Ellenbogenfreiheit gemacht. Beginn der Arbeit «Friede des Herzens» (Arbeitstitel) am 1. September 1943. Bewußte Sammlung darauf hin.

«Friede des Herzens»:
Das maritime Motiv muß nur mitschwingen. Am Anfang sicherer, dann verschwinden – und nur von Zeit zu Zeit auftauchen. Frühes Auftauchen des Marmorkusses (zusammenklingend mit der Erinnerung an Genf, Déjà-vu).

Das Apropos, Geistesgegenwart, «sofort im Bilde sein», all das ist viel weniger Improvisation als Schöpfen aus dem Fundus des eigen Verarbeiteten. Wer irgendeinen Gedanken verfolgt und sondiert hat, lenkt unbewußt, sicher auch auf telepathischem Wege, den Gesprächspartner darauf hin, worauf denn auch die Pointe erfolgen kann.

«F. d. H.» Erste Arbeit: Konkordanz-Tableau der innern und äußern Entwicklung, das symphonische Auftauchen und Überkreuzen der Motive: Traité de Navigation, Marmorkuß, geschenktes Leben, geschenkte Zeit. Was man schon besitzt, kann einem nicht geschenkt werden. Wir sind reicher, als wir wissen. Von der Art, wie wir unseren Besitz verwalten und verwenden, hängt es ab, ob wir reich oder arm sind. Die meisten sind reicher, als sie wissen. – Wir erhalten keine Geschenke, die nicht schon unser Eigentum waren. Geschenk = Besitzergreifung.

Ein Kind, das sich auf eine Schulreise freut, nimmt leicht dafür den Weltuntergang in Kauf.

Das Tier kann nur aus Zuständen verstanden werden. Alle seine Reaktionen sind reflektorisch, und jeder Zustand ist in sich vollkommen, abgeschlossen (Hunger, Schlaf, Durst, Angst, Freude). Übergänge, Zögern, Erstaunen, Unschlüssigkeit sind seltener, ganz im Gegensatz zum Menschen (zum Beispiel das Lachen).

Neue Betrachtungsweisen von mir: das Klischee (1); der naive Zustand (2); Magma und Magie (3).
Anwendbar im «Frieden des Herzens».

1) der königliche Kaufmann; 2) Vater und Tochter; 3) Haus um den Durchzug herum.
1. November
Wieviel sicherer und vertrauter als die Männer bewegen sich die Frauen auf dieser Erde. Nach dem bedenkenlosen Wehschrei, wenn sie gebären, ist ihnen alles erlaubt. Mit diesem Schrei nehmen sie Besitz von der Erde.

8. November

Das ganze Problem der Kritik an künstlerischen Werken kann dadurch gelöst werden, daß statt der unpersönlichen apodiktischen Sätze wieder das «Ich» des Kritikers erscheint.

Der Schriftsteller muß täglich schreiben und meditieren; in den Zeiten, da kein konkretes Werkprojekt vorliegt, bietet sich ihm das Tagebuch als Notbehelf.

Während der Niederschrift des ersten Kapitels ist mir ein Grundsatz der Darstellungsweise bewußter geworden: Die Betrachtungsweise des reflektierenden Eigenmanns, der versucht, hinter dem Zufälligen und Besonderen das Einfache, Typische, Gesetzmäßige und Urtümliche zu erkennen. Folgerichtig durchgeführt, dürfte dadurch kein Satz zufällig, so – oder – auch – anders sein. Für mich (und hoffentlich auch für den Leser) erhält so jedes Wort eine Spannung, sei es als Vorbereitung, Darstellung oder Exposition des «Rätsels» hinter allem oder dann als dessen Auflösung. Da Eigenmanns Erzählung post festum erfolgt, muß irgendwo diese Art der Darstellung noch begründet und erklärt werden, und zwar aus dem Hauptmotiv heraus: Er ist eine künstlerische Natur, er weiß, worauf es ankommt, aber er ist unfähig der Vollendung; daß er dies einsieht, beweist, daß er weiß, was Kunst ist.

9. November

Die Wahrheit der Legenden unter den Bildern der Maler. «Liegende Frau», «Mann, meißelnd» usw. Durch Literarisches ein Weg zur Erkenntnis. Einfach die erste Frage: Was geht hier vor?

Ohne Panik schreiben.

Leistungen erfolgen selten vereinzelt. Die Kunst des intellektuellen Arbeitens besteht im Ausruhen von einer Arbeit in einer anderen.

10. November

Das Einfache hat am meisten Arbeit hinter sich.

Die Ehe hat eine Ähnlichkeit mit dem Kunstwerk: Sie verträgt gewisse Worte nicht, sie verträgt die Unwahrheit nicht, und zu ihrer Erhaltung braucht sie ein wenig Intelligenz.

Nichts schadet einer Ehe so wie die Vorstellung des Provisoriums. Wer eine Ehe eingeht, geht wirklich in etwas ein, und er muß alle Brücken hinter sich abbrechen.

Die Gewissenhaftigkeit ist ein wesentliches Attribut des Künstlers. Wie sehr täuscht sich da der Laie. Das Zögern des Künstlers, sein «Müßiggang» – es sind die schweren Zeiten der Arbeit. Zerstören, Wiederbeginnen, nochmals und nochmals, für ihn zählt das nicht als Arbeit.

Ein Werk kann mißlingen, und es zeugt für den Künstler; ein Werk kann Erfolg haben, und es spricht wider ihn. Aber es gibt nur eine Sünde, die man ihm vorwerfen kann: eine Konzession gegen den höchsten Anspruch.

12. November

Die besondere Stellung, die der Künstler einnimmt, die Aura, die ihn umgibt – in den Augen anderer –, kommt nicht von seinem Können her. Dieses Können legitimiert ihn im besten Fall als geschickten Handwerker. Der Urgrund von der Sage des künstlerischen Menschen aber ist dies: daß er ein Mensch, daß er ein eigenwilliger Mensch sei, daß er das Ganze wolle, besessen sei von der Vorstellung der Vollkommenheit.

Die Naivität des Künstlers ist nicht die Naivität des Kindes. Sie ist etwas Erworbenes, etwas Wieder-Erworbenes, denn damit der Künstler auf naive Einfachheit zurückkommt, muß er das Komplizierte, Verwirrende und Chaotische erlebt, durchlebt, hinter sich gebracht haben.

14. November

Der Mißtrauische hat immer recht. Denn: Wer mißtraut, findet nie Vertrauen. Mißtrauen ruft den Vertrauensbruch.

18. November
Jedes Werk so schreiben, als wenn es das letzte wäre.

Eine Bibliothek französischer Bücher mutet mich universal an, eine nur aus deutschen bestehende nicht mehr.

Durch Nachdenken könnte man noch viel über sich und andere erfahren, aber man will es ja gar nicht wissen.

22. November
Der Hauptunterschied zwischen Wolle, Seide, Baumwolle – und den künstlichen Ersatzstoffen ist der: daß die Ersatzstoffe ohne Magie sind. Ohne Natur.

Johann Jakob, «Der chemische Aufbau unseres Planeten». – Mir fielen in diesem guten Buche einige Analogien mit eigenen Gedanken über das Wesen der Dichtung auf. Das Entmischen der Sonnensubstanz im Erdinnern entspricht dem geistigen Vorgang im Schriftstellerischen. Es ist ein ordnender Vorgang, der vom Chaotischen zum Kosmischen führt. Ferner: Die Zielstrebigkeit selbst in der anorganischen Natur (die Entelechie, die Selbstverwirklichung, des Wesens in der Erscheinung) ist im Grunde das, was den Schriftsteller im Formproblem beschäftigt, das Streben, der Wille, die einzige dem Vorwurf gemäße Form zu finden. Aber das ist kein bewußter Willensakt, sondern der Glaube, daß der dichterische Gedanke, das Werk selbst, wie die Materie der Natur, sich die Form schaffe, in der es sich darstelle. Deshalb sind alle bewußten Stilkünsteleien so kläglich. Für jedes Werk gibt es nur eine Form.

30. November
«Gedanken eines Juroren» – Blatt der Büchergilde Gutenberg.
«Die Krise des Schweizer Films» – Geistesarbeiter.

Der Gesichtsausdruck jung verheirateter Männer (les mâles), bös, kampfbereit, chatouilleux (Erinnerung an S.).

Menschheitspsychologie in Spielzeugen: Werden nach dem Krieg die Baukästen à la mode? Oder Verkehrsmittel?

Satz bei Leuthold: «Hinter jedem Kritiker steckt ein verunglückter Dichter.»

Lektüre: «Correspondance» de Stendhal.

Merkwürdig, jene Schriftsteller, die nicht Französisch können, kommen einem weniger schweizerisch vor als die zweisprachigen.

1. Dezember

Das Geheimnis für den Schriftsteller ist sein eigener Stil.

Es gibt Tage, an denen man außerstande ist, einen Vorgang anders als in seiner alltäglichen Beschränkung wahrzunehmen; das sind für mich verlorene Tage, an denen auch alles, was ich schreibe, mühsam, ohne Leichtigkeit ist.

Stendhal, «Correspondance», eine unerschöpfliche Fundgrube. Beyle erscheint als der erste moderne Schriftsteller, präzis, unabhängig.

2. Dezember

Die Hoffnung ist der Motor des Herzens.

Loths Frau, die zur Salzsäule erstarrt: biblischer Ausdruck für die Kristallisation. (Übergang vom Organischen zum Anorganischen.)

Der Mensch, der nur eine Sprache spricht, ist ihr ausgeliefert. Der Mensch braucht zwei Sprachen. Die zweite Sprache revidiert die Gemeinplätze der ersten. Eine zweite Sprache macht frei (à creuser et à continuer). Sinn des Lateinischen beispielsweise.

5. Dezember

Die Schriftsteller werden auf das Alter hin pedantischer, schwerfälliger. Das ist die Folge einer Erfahrung. Nur was deutlich, klar und gewissenhaft niedergeschrieben wird, verbürgt die Konservierung des Gedankens. Flüchtigen Notizen (beispielsweise mein

Eintrag vom 15. März 1942) mag ein richtiger Gedankengang zu Grunde liegen, und in der Euphorie während der Niederschrift mochten die Lücken ausgefüllt scheinen. Ist aber die Euphorie verflogen, so fehlen gewöhnlich wichtige Glieder, die sehr oft vom Verfasser nicht mehr aufgefunden werden können. Der Aphorismus ist ein Glücksfall.

14. Dezember

Es ist unvermeidlich, sich mit kleinen Dingen (qualitativ gemeint) zu beschäftigen, es macht klein. Kleinliches Milieu macht klein – aber sich leidenschaftlich mit Geld zu beschäftigen, und seien die Summen noch so groß, macht klein.

Daß uns die Jugend (in gewissen Erinnerungen) so schön vorkommt, hängt mit der Unkenntnis der Besitzverhältnisse zusammen. Jugend will Dinge besitzen, selten Geld. Später verschwinden die Dinge, und nur das Geld, als Sammelbegriff alles dessen, was man sich jetzt und später wünschen könnte, bleibt, und es ist gar nicht selten, daß man sich dann mit dem Geld, dem abstrakten Begriff des Besitzes, begnügt.

Geld hat nur bis zu jener Grenze einen Sinn, wo es den Unterhalt der Lebensflamme gewährleistet.

16. Dezember

Ein Werk lebt nur von der Dichte. Diese Dichte ist eine Folge der lange andauernden und ununterbrochenen Auseinandersetzung des Schriftstellers mit dem Stoff. Diese Tätigkeit hat als erste Wirkung die Aussonderung des unechten oder verbrauchten Materials – und als weitere Folge ein Schrumpfen des Volumens bis auf seine harten Grenzen. Der Akt der Niederschrift wird dadurch eigentlich zu einer Formalität, allerdings einer unerläßlichen. Der Anfänger, der Dilettant, der Laie beginnt mit dieser Formalität, dem Knaben gleich, der «Eisenbahn» spielt und sich zuallererst die Mütze des Stationsvorstandes aufsetzt. Bezeichnenderweise beginnt der Dilettant immer zuerst mit der Formalität: mit dem Kauf von Farbe und Pinsel, Papier, Tinte oder Schreibmaschine. Bedürfnis, Ziel und Absicht nach außen zu projizieren (die Studentenmütze, früher die Mappe mit der Aufschrift «Musik», die Skiausrüstung). Aber eben: Nicht die Uniform schafft den Wehrwillen, sondern umgekehrt. Und trotzdem, eine gewisse Wechselwirkung, also auch eine von der Formalität zum Werk, ist nicht zu leugnen.

17. Dezember

Eine der größten Gefahren, denen der Mensch, der Künstler im besonderen ausgesetzt ist, das ist die Vertrocknung des Herzens. Daß der Künstler dieser Gefahr besonders ausgesetzt ist, rührt daher, daß ein Kunstwerk, um seiner Vollendung sich zu nähern, der ganzen Gelassenheit, Überlegenheit, der ganzen Entäußerung des Schaffenden bedarf. Das Kunstwerk will ja nicht überreden, es will nicht durch Mitleid wirken, durch «sentiment», es will überzeugen. Die Misericordia des Künstlers muß von jener höheren, nahezu unmenschlichen Art des Chirurgen sein – oder jener des Hirten, der nicht das einzelne Stück, sondern die Herde sieht, die ihm anvertraut ist.

Die Erfahrung verhärtet. Machttrieb, Haß, Neid, Geiz sind die Leidenschaften der zweiten Lebenshälfte.

Die Unmenschlichkeit liegt nie im verbrecherischen Tun – sie liegt im verbrecherischen Nichttun, in jenem System, das der Egoismus im Umgang mit sich selbst gefunden hat: Das Ungemach der anderen ist mir lästig, deshalb ist es besser, es nicht zu kennen. Was ich nicht weiß, macht mir nicht heiß. So hat es mir nichts vorzuwerfen.

Fast jede Lehrmeinung deformiert den richtigen Tatbestand. Wie manches von dem, was man Erfahrung nennt, besteht in einer Richtigstellung eines Tatbestandes, den uns die Lehrmeinung übermittelt hat. Es ist schwer zu sagen, woher das kommt. Der Versuch, die Summe gewisser Erfahrungen zu «pädagogisieren», ist offenbar schon von Anfang an fragwürdig; weil das Wesentliche an der Erfahrung die Erfahrung ist. Erfahren ist die Subjektivität par excellence; sie objektivieren, zu allgemeinem Gebrauch herrichten wollen bedeutet oft eine Vereinfachung der Tatbestände bis zu ihrer völligen Deformation.

In diesem Zusammenhange beispielsweise «die Lehre vom Wirken». «Man muß den Willen haben», «es fehlt am guten Willen». Eine der Erfahrungen, die ich gemacht habe: Am richtigen Willen fehlt es fast nie; damit aber dieser Wille wirksam werden kann, ist für den einzelnen eine sehr komplizierte Konstellation vonnöten: eine günstige Konstellation des Kampfes zwischen Natur und Geist, eine ganz bestimmte physische Gleichgewichtslage und eine Zone seelischer Souveränität. – Dieses Zusammentreffen günstiger Zustände kann man nicht willkürlich hervorrufen; es macht, wenn es eintrifft, immer den Eindruck eines gütigen Schicksals, und die Ursachen davon können, zu verschiedenen Zeitpunkten, einander gerade entgegengesetzt sein. So können materielle Sorgen oder Zonen materieller Sorglosigkeit sowohl den Willen stimulieren wie ihn lähmen. Ich habe keine Regel gefunden. Wichtig scheint die stetige Bereitschaft. Im allgemeinen scheint auch der beste Weg, eine günstige Willenskonstellation heraufzubeschwören, weniger darin zu liegen, daß man etwas tut, als daß man etwas unterläßt.

Ein anderes Kapitel zur Lehrmeinung: die Ordnung. Es ist zweifellos pädagogisch ein richtiger Weg, daß «Ordnung halten» im Versorgen von Gebrauchsgegenständen, Führen von Heften, in der Kleidung usw. gefördert und demonstriert wird. Aber die eigentliche, dem Leben gemäße Nutzanwendung, daß Ordnung ein innerer Zustand ist, der, wie die Erfahrung lehrt, sich in den verwirrendsten, unordentlichen Zuständen und Umständen bewährt, wird nie gezogen. So ist es mir beispielsweise lange Zeit unbegreiflich gewesen, wie auf einem Bauerngut Ordnung herrschen könne. Es ging lange, bis ich begriff, daß es genüge, daß im leitenden Kopf die Vorstellung einer bestimmten Ordnung bestehe, damit alles ringsherum sinnvoll und geordnet werde. Die Lehrmeinung, daß Ordnung von außen her komme und äußerlich festgestellt werden könne, mußte ich zuerst überwinden. –

Erfahrung besteht sehr oft leider in der Korrektur dessen, was einen gelehrt wurde.

Familien, militärische Einheiten, Betriebe usw. Ihre Ordnung besteht nie in Pünktlichkeit, Sauberkeit, Prosperität, sondern sie ist ein Geistiges, von dem diese Eigenschaften nur Ausdruck sind. (Banal, aber wie lange braucht es, bis man es begreift.)

18. Dezember

Auch eine Erfahrung: Ich habe keine Eigenschaft, Tugend oder Untugend in Reinkultur vorgefunden. Geiz, Neid, Haß, Güte usw.: das sind alles pädagogische Präparate, die einem in der Erfahrung antiquiert vorkommen. Die menschlichen Eigenschaften zerfallen – ähnlich wie in zoologischen oder botanischen Systemen – in Stämme, Familien, Klassen usw., sie können einander ähnlich sein, ohne Verwandtschaft, und verwandt ohne Ähnlichkeit. So kann sich Geiz mit Güte paaren, aber Haß und Neid können ganz verschiedenen Stämmen angehören. Weitgehend ist es vielleicht so, daß wir den Schlüssel zum andern Wesen nur in uns finden. Vor völliger Fremdheit versagt unsere Erfahrung; das Wesen des andern ist uns – wie das Wort sagt – fremd; wir haben keine Beziehung zu ihm.

In der ersten Hälfte des Lebens nimmt man von den Dingen Besitz, in der zweiten erwirbt man sie zu Eigentum.

Die Jugend kennt das Staunen nicht, nur die Begeisterung; das Alter begeistert sich nicht mehr, aber es staunt.

Der ersten Hälfte des Lebens zeigen sich die Aspekte, der zweiten die Grundrisse.

Das Sprichwort ist eine kollektive Erfahrung (wie die Bibel); aber nur Leute mit eigener Erfahrung können es verstehen.

Geistiges Leben verlangt Disziplin. Ohne Disziplin, stete Wachsamkeit, Kontrolle, Bereitschaft verödet der Geist zum passiven Traum. Damit der Geist Wirklichkeit sei, muß er wirken.

Es wird zu wenig darauf hingewiesen, welch wichtiger Faktor zur Erhaltung einer Ehe die Intelligenz ist. Viele zerrüttete oder gefährdete Ehen hinterlassen den Eindruck der Dummheit.

19. Dezember

Eigenschaften eines guten Stils: Wahrheit, Genauigkeit, Natürlichkeit, Maß – kein bereitwilliges Entgegenkommen an die eigene Bequemlichkeit noch an jene des Lesers.

Im Gegensatz zu anderen Berufen wird jener des Schriftstellers von Jahr zu Jahr schwerer, denn jedes Werk, das er beendet hat, ist eine Brücke, die er hinter sich abbricht.

Der Vorrat deiner Sprache ist nicht unbegrenzt; so viele Worte hast du im Sack deines Lebens: Geh vorsichtig mit ihnen um; wäge sie.

Das Œuvre eines Schriftstellers – und mag es noch so vielfältig sein – besteht immer aus Variationen über ein Thema. Aber er muß sich nicht darum bemühen, es zu kennen. Und die Werke aller Schriftsteller, zusammengenommen, nicht auch? Nur jener Kritiker, der das glaubt und fühlt, besitzt auch den geheimen Maßstab, an dem sich der Wert des Werkes mißt – auch des nicht gelungenen, des mißlungenen.

Der lange, gebrochene, gesteigerte, rhythmische, geschachtelte Satz gleicht den scharf geschliffenen Facetten des Diamanten; aber vergessen wir nicht: das Urbild ist der runde, kristallklare Wassertropfen. Die Facetten sind der Notbehelf, das Versuchen, möglichst nahe an die ideale Form der Kugel heranzukommen. – Es soll Sätze regnen, nicht hageln. (Regen erfrischt, Hagel tut weh. Hagel ist ein mißlungener, erstarrter Regen.)

Dem Regen gleich sei auch der Sprache eine gewisse Monotonie, ein leicht einschläfernder, verzaubernder Rhythmus eigen, jenes Klima, in dem das Ich sich verliert und hinüberfließt in jenes Grau, in dem das Wunder und das Wunderbare sich ereignen.

Der Leser soll die Sprache vergessen; sie soll nichts anderes sein als jene sordinierte Melodie, die seine Träume – des Dichters Vision – trägt.

Die Sprache ist immer nur das Zaubermittel, nie der Zauber selbst.

Die Sprache malt nicht, sie gibt keine Bilder – sie gibt nur der Farbe und des Bildes Wirkung.

Auch des Malers Farbe gibt nicht die wahre Farbe des Objekts – sie gibt den Reflex, den sie im Künstler auslöst. Wie ungewiß ist es, ob dieser Reflex die beabsichtigte Resonanz im Beschauer findet! Hier liegt der Grund des Mißverständnisses, das abenteuerliche Unterfangen des Künstlers.

Die Sorgfalt, ein künstlerisches Postulat. (Gewissenhaftigkeit, Zuverlässigkeit, die einzige Tugend.)

«Notizen», ein Laienbegriff. Es ist des Schriftstellers Verpflichtung, daß alles, was aus seiner Feder kommt, den Stempel der Verarbeitung trage. Die Schrift ist nicht der Weg zum Gedanken, sondern sein Ende.

Das Ungefähr ist des Schriftstellers größter Feind. Alles ist ihm erlaubt, aber das ist ihm verboten. Es steht die größte Strafe darauf: die Ausstoßung aus dem Beruf – aus dem Leben.

Der Künstler mit diesem Postulat der Gewissenhaftigkeit braucht Muße: Muße ist Muse.

Des Künstlers Muse heißt Muße!

Zu «Friede des Herzens» («Die heimliche Reise») – II. Kapitel:
Als E. sich künstlerisch betätigte, hatte er die kosmische Beziehung; deshalb der Schock, den er verspürt, wie er im «Traité de

Navigation» die astronomischen Formeln und Tabellen zur Bestimmung des Standortes sieht. Gefühl bei der Wahrnehmung, daß er seit zwanzig Jahren ohne Karte und Bussole gefahren ist. Allerdings war da ein Kapitän: Beust. Erinnerung, wie alles gekommen ist, unbeachtet. (Erst rückwärtsblickend erkennen wir die Gabelungen unseres Weges.) Er kann es nicht ausmachen, ob er den «Traité» wirklich schon einmal besessen hat. Nebenbei die Geschichte mit Stähli. Panik und Reue. Ein Wink des Schicksals; er findet ihm gehörendes Geld, aber er weiß es nicht. Sprachlich und darstellerisch wichtig: die Loslösung von der «Sekurität», der Beginn des Abenteuerlichen.

20. Dezember

Die edelste Eigenschaft an der Sprache ist das Maß. In ihm ist alles enthalten, worauf es wirklich ankommt: Genauigkeit, Bescheidenheit, Vornehmheit. Die Sprache ist nicht das Kleid des Gedankens, sie ist der Gedanke selbst.

Eine merkwürdige Erfahrung: Die Sprache des Schriftstellers zeigt sich überall dort als ungeeignet, wo die Sprache zur Formel geworden ist; beispielsweise in Geschäftsbriefen.

Wenige Schriftsteller haben eine rhetorische Begabung; es gereicht ihnen zur Ehre, denn die Rhetorik ist das Gegenteil der Kunst des Schreibens. Die geschriebene Sprache ist unabhängig vom Zufall, von der Improvisation; die Modulation der Stimme, Mimik und Geste, die Ambiance und die Wärme der Gemeinschaft sind ihr verschlossen; der rasche Vorteil der Einmaligkeit, der Zauber des Verwischens und des Vergessens – das alles kommt für sie außer Betracht. Sie entsteht in der Einsamkeit, ohne das Echo der Wirkung, ihr Ziel ist das Endgültige, und jedes ihrer Worte ist jederzeit von neuem überprüfbar. Besonders deutlich erweist sich dies, wenn Reden gedruckt werden oder wenn rhetorische Talente zu schreiben beginnen. Die Farblosigkeit, die Formelhaftigkeit der Sprache wird dann sichtbar. Andererseits aber befremdet der Vortrag der geschriebenen Sprache oft; meistens wird sie gar nicht verstanden.

Nicht die Sprache eilt dem Gedanken nach; es ist umgekehrt: Der Gedanke ist auf der Jagd nach der Sprache. Aber auch dieses Bild ist ungenau. Der Gedanke wird erst durch die Sprache zum Gedanken. Die Seele ist nicht vom Menschen zu trennen; die Sprache ist nicht vom Gedanken zu trennen. Ohne das eine ist das andere nicht.

Wem das Erbteil der Sprache zugedacht wurde, ist dem Ansturm der Gedanken ausgesetzt. Wer die Sprache besitzt, ist ein augenbegabtes Wesen: Er sieht. – Die Vorstellung einer Welt, die erobert, in Besitz genommen wird, schrittweise, mit der Entwicklung der Sprache. Primitive Sprache bedeutet primitive Welt. Der Dialekt ist keine primitive Sprache. Unsere vielen Dialekte sprechen gegen ein primitives Weltbild. Und in der Tat: Die Demokratie ist alles andere denn primitiv.

22. Dezember

Die Sprache als haarscharfe Trennungslinie zwischen dem Bewußtsein und dem Unbewußten; jeder Ausschlag nach diesem läßt sie dünn, jeder nach jenem läßt sie schlaff werden. Wie ein Gang auf dem hohen Seil ist das Schreiben, auf diese Weise verstanden, ein aufregendes und nicht ungefährliches Unternehmen. Dem Schriftsteller ist jeder Satz spannungsreich. Es sollte ein Gelöbnis sein: keinen Satz ohne die Spannung zu schreiben.

Die Schilderung des Menschen ist mehr als nur ein Prüfstein des Könnens. Wie schwer ist es, im Alltag einen Menschen zu beschreiben, und wie lange dauert es, bis aus dem Klang der Worte sich die Vision eines Gesichtes ergibt. Die Vermutung liegt nahe, daß ein vom Leser nie gesehenes Gesicht nie beschrieben werden kann; jede Beschreibung ist Analogie. Deshalb wohl ist der Weg über die physische Beschreibung nicht der richtige; wie viel mehr liegt in der den Dialog oder die Bewegung begleitenden flüchtigen Bemerkung.

26. Dezember

Wie sehr das Drama ein unrealistisches, literarisches Genre ist, geht daraus hervor, daß die ganze Handlung sich im Auf- und

Abtreten der Personen und einigen Gesten erschöpft, die in Klammern als kleine Regiebemerkungen zwischen dem gesprochenen Wort angebracht sind. Im fünften Akt von «Hamlet» viermal in ein paar Zeilen: («er stirbt»).

Kleine Erfindungen, oft zuerst ganz unbeachtet, verändern den äußeren Anblick einer ganzen Epoche, zum Beispiel die Haarnadel oder der Reißverschluß. Neben einer neuen Art, sich zu kleiden, treten damit aber auch ganz neue Gesten der Menschen auf. Aber selbstverständlich haben diese Gebrauchsgegenstände nicht die Epoche verändert, sondern die veränderte Epoche hat diese Dinge hervorgebracht. – Ähnliches gilt auch von neuen Materialien, wie Zellophan, Kunstseide, Zellwolle, Bakelit, Eternit, Beton usw. – Im ganz Kleinen vergleichbar mit dem Stein-, Eisen-, Bronzezeitalter. – Die Erforschung der soziologischen und psychologischen Hinter- und Untergründe, die zu solchen neuen Stoffen und Gebrauchsgegenständen führen, ist lockend und von starkem Reiz. Aber man dürfte es nicht von einer bequemen materialistischen Seite her auffassen. – Neue Erfindungen und Materialien schaffen auch neue Ausdrucksformen der Kunst – Freskomalerei, Glasmalerei, neue Bühnenbauten, den Film usw. –, aber immer ist es die Epoche, die sich die neuen Ausdrucksmittel schafft, auch wenn später eine Wechselwirkung eintritt. Beachtlich erscheint der Weg vom alten Schattenspiel zur Glasmalerei bis zum (heute schon farbigen) Film via Laterna magica als Zwischenglied von der Glasmalerei zum Diapositiv. Auch hier stellt sich, wie in der Botanik und der Zoologie, das Bild der Stämme (Stammbäume der Sinneseindrücke und -spiele) ein.

27. Dezember
Der äußere Eindruck der Dinge ist der Lichtstrahl des Sterns; um hinter sie zu kommen, bedarf es der gleichen sichtenden Arbeit wie in der Astronomie. – In einem Kunstwerk gibt es keinen Zufall – vielleicht ist dies seine wichtigste Eigenschaft, die es von Natur, Leben, Wirklichkeit unterscheidet. Im Kunstwerk ist jedes Wort, jeder Pinselstrich erwogen, im Einklang zu einem Ganzen, das eine Idealität ist. Es ist die erste Pflicht des Künstlers,

jeden Zufall auszumerzen, wirke selbst dieses Zufällige «ansprechend» oder «schön». Das hat nichts damit zu tun, daß der Künstler «inspiriert» wird. Der Inspiration muß er offen sein wie das menschliche Auge dem Lichtsignal der Sterne, immer, wachsam – die künstlerische Tätigkeit aber beginnt dann mit der Sichtung, Sonderung, Deutung, Ordnung und Kombination der Sternbotschaften, nach dem Gesetz der Kunstwerke. Es ist die Arbeit des Astronomen. – Ein anderes Vergleichsbild für diesen Gedanken: Was die photographische Platte aufnimmt, ist mehr oder weniger Zufall; die Intensität des Photographen, einen bestimmten Gegenstand einzufangen, reduziert den Zufall; der Ausschnitt läßt ihn beinahe verschwinden (wobei der Zeitpunkt, die atmosphärischen Verhältnisse usw. immer noch «Glücks-» – will heißen: Zufallssache – bleiben). Der Künstler, wie ein stets aufnahmebereiter Photograph, der einen bestimmten Gedanken, eine bestimmte Vision realisieren möchte; dann stellt er aus Tausenden von Aufnahmen seine Reihe zusammen; er muß auch Schönes und Gelungenes weglassen, wegwerfen können.

In der Kunst wird nicht gewürfelt. Der sogenannte gelungene «Wurf» ist ein Wurf im Sinne des Gebärens, nicht des Würfelspiels.

Genau sehen, gründlich denken, unbestechlich urteilen, gläubig bleiben trotz allem – das ist Humor.

29. Dezember

Lektüre: Stendhal, «Correspondance», IIIe Volume. Sehr schwer zu sagen, was eigentlich seinen Charme ausmacht. Der Grund seines Wesens ist offenbar Respektlosigkeit und Vorurteilslosigkeit, seine unstillbare Neugierde – aber ist die tiefe Skepsis nicht auch Gottlosigkeit? Sein Hang zur Intrige, zum Spott, aber auch ein kleinlicher Ehrgeiz und Geltungstrieb (Dekorationen), auch eine gewisse Charakterlosigkeit beim Regimewechsel – all das ist gewiß eine menschliche Mischung. Vielleicht ist es gerade das.

1944

2. Januar

Wie anders sähe das Leben aus, wäre beispielsweise die Linse des menschlichen Auges anders konstruiert. Jahrtausende mikroskopischen Lebens waren neben uns, gingen verloren. Die Distanz, mit der wir die Dinge betrachten, ist ein Produkt der Sehweite unserer Linsen. Aber kann man die Frage nicht umgekehrt stellen? Hat der Mensch die Linsen seiner Augen nach der ihm gemäßen Sehweite eingestellt?

4. Januar

Im Sinne welch anderer Lösung kann ein Mensch über einen anderen Menschen spotten?

Stilkritik, Philologie, Textanalyse, Essayistik – all das mag einen fachlichen Wert haben. Aber überlegt man es sich, so hat es mit Kunst nichts zu tun. Kunst ist gegenständlich. Sie ist kommentarlos, und sie ist keines Kommentars bedürftig. Der Ausweg aus der künstlerischen Einsamkeit geht zum Publikum, unmittelbar – niemals zur Kritik. Bei der Stange bleiben – beim Gegenständlichen.

16. Januar

Das Werk des Schriftstellers ist die *eine* Stimme des Dialogs. Die andere hört nur er. Aber aus seiner Antwort, seinem Werk, muß der Leser den Inhalt der Botschaft und des Anrufes erraten.

30. Januar

Wie viele große Werke sind Gelegenheitswerke, für einen Anlaß, für Schauspieler geschrieben; und wie viele meditierte und jahrzehntelang hingezogene Arbeiten sind trotzdem klein geblieben.

Kunst hat ihren Ursprung im Spieltrieb; etwas von ihrem Ursprung muß deshalb immer in ihr sein. Diese schweren, ernsten, massigen Werke ohne Heiterkeit, wie weit sind sie von Kunst entfernt!

Eine merkwürdige Lebenserfahrung: daß es – und manchmal in sehr kurzer Zeit – so weit kommen kann, daß man das wünscht, was man gefürchtet hat – und daß man die Erfüllung dessen, was man wünschte, befürchtet.

Wer ins Theater geht, geht zum Bäcker; ein Mensch reicht ihm das Brot. Im Kino sitzen die Leute vor einem Automaten; sie haben ihr Geld eingeworfen und erwarten das Vergnügen.

Die Vorstellung eines anhaltenden geistigen Lebens, einer ununterbrochenen geistigen Wachsamkeit ist auch ein Klischee. Hier wie in jeder Lebensäußerung (auch moralischer, erotischer Art usw.) herrscht die Wellenbewegung. Perioden starker Geistigkeit sind Reaktionen auf andere Perioden.

Man sollte immer dies bedenken: Jeder Tag bietet uns ein- oder zweimal die Gelegenheit, uns überlegen, selbstbeherrscht zu zeigen. Da diese Gelegenheiten meistens plötzlich, unerwartet auftreten oder im schlechtesten Augenblick, verpassen wir sie ziemlich regelmäßig. Die Lehre daraus: In der ungünstigen Disposition reflexartig den zweiten oder dritten Schlag erwarten. Diese kleinen intimen Siege tragen die Heilung in sich.

31. Januar

Die Struktur des menschlichen Individualismus ist am besten mit der Struktur einer Tierherde zu vergleichen. Alle Fähigkeiten, wie Instinkt, Intelligenz, alle Triebe, Reflexe, finden sich nicht in einem einzigen Mitglied der Herde lokalisiert, sondern in der Gesamtheit. So auch beim menschlichen Individuum. Aber auch der Hirte gehört zur Herde. Der Mensch ist Herde und Hirt zugleich.

1. Februar

In jeder Kunst ist eine Angst enthalten: Angst vor dem Verlieren, Vergessen, Vergehen. Aber wir wollen nicht den Besitz des Vergänglichen und Vorübereilenden; es ist eher, als wollten wir sagen, es sei nicht vergeblich, nicht unbeachtet geblieben. Indem wir es auffingen, in ihm vibrierten, haben wir uns selbst erhöht und die Grenzen unseres Bewußtseins erweitert.

Es gibt Erinnerungsbilder, Worte, Sätze, von denen eine magische Gewalt ausgeht. Stößt der Schriftsteller darauf, so muß er ihnen nachgehen. Es sind Leitfossilien, die ihn zu den innersten Kammern führen.

3. Februar

Wie in allem Lebenden der Tod enthalten ist, so steckt in jedem Menschen sein eigener und größter Feind. Begreift man das Dasein des Menschen richtig, so soll man ihm diesen Feind bedeutend und gefährlich wünschen.

4. Februar

Beim Kunstwerk entscheidet das Ganze. In jedem einzelnen Teil muß das Gesamte sein; aber das Gesamte ist nichts ohne den letzten einzelnen Teil. Der einzelne Teil mag gelungen sein, aber er bleibt immer Teil. Das Ganze ist immer eindrücklicher als ein einzelner Teil. Man soll über ein Werk nicht urteilen, bevor man das letzte Wort gelesen hat.

Der Einfall, die subjektive Liebhaberei des Schriftstellers, seine ihm eigene Art, die Dinge zu sehen, all das bedarf einer Art der Bearbeitung, damit es unauffällig, alltäglich wird, soll es eine breite Wirkung haben. – Ein untrügliches Zeichen des Anfängers: er insistiert auf einem Fund, er drückt auf das Pedal.

7. Februar

Wie lange, was für eine Erfahrung, welche Einsicht, Geduld und Gelassenheit braucht es, bis aus dem dilettantischen Tagebuch ein ernsthaftes literarisches Dokument wird, bis sich der Gedanke, die Schrift sogar diszipliniert! In dieser Entwicklung spiegelt sich für mich der ganze Werdegang. Wenn ich die frühen Tagebücher durchblättere, ärgere ich mich über die Oberflächlichkeit, Flüchtigkeit und Ungeduld der Niederschriften. Zweifellos ist das Ergebnis auch eine Folge des Alters. Mit dem Alter, mit der Reife aber auch wird der Gedanke an das Unzulängliche und Nicht-zu-Verantwortende immer unerträglicher. Die flüchtige Notiz, mit der Voraussetzung «moi, je m'entends» ist wertlos und eine Illusion; nach zehn Jahren kann sich der Verfasser meistens nicht mehr verstehen. Auch wenn das Tagebuch ohne postume Absicht geschrieben worden sein sollte, so bleibt die flüchtige, unvollständige Notiz eine Berufspflichtverletzung des Schriftstellers. Der beste Gedanke schmilzt auf nichts zusammen ohne den energischen Willen auf energische Einkreisung.

Zwei Feinde bedrohen die Kunst: das Zufällige und Ungefähre auf der einen, das Ausprobierte und Pedantische auf der anderen Seite. – Klare und scharfe Konturen, aber nicht zu Lehrzwecken!

Man kann das Leben des Menschen sehr gut unter diesem Aspekt betrachten: als einen fortwährenden Kampf um die Souveränität über sich selbst. Es bleibt ein Ideal. Der sicherste Prüfstein, wie weit man es in diesem Bestreben gebracht hat, ist die Würde. Dort, wo sich der Mensch gegen die eigene Würde vergeht, ist die Stelle, wo er wirklich verwundbar ist. Es ist erstaunlich, wie instinkthaft der Mitmensch oder der Gegner diese schwache Stelle sofort herausfühlt. Eine leise, uns nicht gemäße Erhöhung der Stimme, ein Wort, das nicht in unser Ingenium paßt, ein Hinabsinken auf das andere Niveau (auf dem der andere zu Hause und deshalb der Stärkere ist), und schon steht es um unsere Sache schlecht; wir schwimmen, wir treiben, wir werden nicht mehr von der Würde gesteuert, wir merken es sofort, und wir werden unser eigener Ankläger. Unsere eigene verletzte Würde setzt uns vor uns selbst ins Unrecht; wir haben unsere Sache verloren.

8. Februar
Dem Brachfeld gebührt dieselbe Ehrfurcht wie dem tragenden Acker. Warum sollte es mit den brachen Zeiten des Künstlers anders sein?

Bestellte Arbeit, die der Künstler leistet, mag achtenswert, sogar erstaunlich sein; aber es haftet ihr Treibhausluft an. (Gilt besonders für den Film.)

Für viele Menschen ist die Anhäufung des Besitzes nichts anderes als der Bau einer sicheren Brücke in das Alter.

9. Februar

Das Vergnügen ist vegetativ, die Lust ist tierisch; nur die Freude ist menschlich.

Die Vorstellung der Vollkommenheit ist ohne den Begriff des Opfers nicht denkbar.

10. Februar

Das Problem des Lebens ist ein Problem der folgenden Minute. Das «richtige» Verhalten, auf eine weitere Zukunft berechnet, ist Flucht vor dem Problem. Es handelt sich immer um die Gegenwart, um das unmittelbar vor einem Liegende. Die gute Wirkung, die ein Vorsatz in uns auslöst, als Selbstzweck zu behandeln ist ein Trick, eine erlistete Freude, ein Betrug beinahe. Der Sinn des verspürten Aufschwungs sollte der Anlauf zur Tat sein.

11. Februar

Jede Sekunde ist eine Chance. Jede Sekunde ist ein Tor, durch das wir eingehen können; an wie vielen Toren sind wir vorbeigegangen!

Nur ein Ausbruch ist möglich, dem Künstler, aus seiner Einsamkeit: das Werk. In allen anderen Lebensbeziehungen und Berufen gibt es Surrogate (Reichtum, Macht, Erotik usw.), für den Künstler gibt es das nicht. Der Kampf um das Werk ist für ihn der Kampf um das Da-Sein.

14. Februar

Der Krug macht aus dem zerfließenden, flüchtigen Wasser eine Kugel, eine Säule. Er begrenzt es, er bringt es zur Ruhe, macht ihm ein Oben, ein Unten. Er ordnet seine Atome, Moleküle. Er macht aus ihm ein Abbild des Kosmos. Dies macht der Krug mit nichts anderem als mit seiner Form. Mit ihr wirkt er auf die chaotische Materie ein. Die Wirkung der Kunst?

17. Februar

Viele menschliche Gesten haben mehrfache Bedeutung. Oft ist die zweite, nicht offen daliegende die wesentliche. Die Deutung eines Vorganges verlangt Betrachtung, Einfühlung, Erfahrung und Unbefangenheit wie die Betrachtung eines Gemäldes.

Die Hand, die die Flamme schützt, wärmt sich auch daran.

Oder: die Hand, die sich an der Flamme wärmt, beschützt sie auch.

18. Februar

Dem zeichnenden Schüler ist das Ziel Genauigkeit, Ähnlichkeit. Er zeichnet unter den Augen eines ihm über die Achsel sehenden Dritten (Lehrer), der das Gezeichnete mit dem Vorwurf vergleicht. Weist er die Zeichnung einem den Vorwurf nicht kennenden Beschauer vor, tritt ein neuer Grad der Beurteilung ein. An Stelle der exakten Ähnlichkeit des Objekts wird das Typische maßgebend. Dieser zweite Beschauer kann die Zeichnung nicht mit dem Vorwurf vergleichen, sondern mit einer Serie von Erinnerungsbildern, die sich in ihm bereits zu einem bestimmten Stimmungstypus verdichtet haben, der durch die Zeichnung assoziativ heraufbeschworen wird. Wenn sich der Zeichnende bewußt von der Besonderheit des Vorwurfs entfernt und nur das Typische davon darstellen will, eben nur so viel, als es bedurfte, seine subjektive Emotion heraufzubeschwören, so hat er einen Schritt vom Abzeichner in der Richtung zum Künstler getan. Er hat vereinfacht, er hat das Zufällige weggelassen. An Stelle des Objektiv-Genauen steht das Subjektiv-Genaue, an Stelle der äußeren Wirklichkeit die innere. Der Vorwurf wurde bedeutungslos. Das Subjektiv-Wahre muß typisch sein. (Das Typische ist der Wahrheitsbeweis.) Des Kunstwerks Wirkung auf den Beschauer ist die

Auslösung einer typischen Emotion (es stimmt, es ist wahr usw.), eben jener, die der Künstler erlebte und darstellen wollte. In diesem Vorgang ist das dichterische Problem dargestellt.

20. Februar
Sonntag.
Nicht den Feind gilt es zu überwinden, sondern die Feindschaft! Ein besiegter Feind bedeutet unsere eigene Niederlage, ein vergessener Feind bedeutet einen Sieg.

Der Schriftsteller ist ein Bettler, der wie ein Rentner leben sollte.

Gerechterweise sollte man bei einem Menschen nicht seine Taten und Irrtümer beurteilen, sondern seine Maßstäbe.

Für den Künstler kann es keine Sicherheit geben. Seine Tätigkeit gewährt ihm weder das Brot noch das Werk. Alles, was er unternimmt, ist Versuch, Abenteuer. Selbst das gelungene Werk bleibt nur als eine Erinnerung, nicht wichtiger als ein mißlungener Versuch. So wenig wie aus diesem wird ihm aus jenem Gewährleistung und Sicherheit.

Wer viel zu sagen hat, muß sparsam umgehen mit dem Wort.

Die Erfahrung, daß es Vollkommenheit nicht gibt, tut der Tatsache keinen Abbruch, daß es ohne das Ziel Vollkommenheit Menschlichkeit nicht gibt.

Nur eines sollte dem Menschen Schrecken einjagen: der Abgrund des Bösen in ihm selbst.

Ein gutes Beispiel für die rationale und gleichzeitig irrationale Seite eines Vorganges sind die Verdunkelung und die Sirenen. Der Zweck dieser Einrichtungen ist klar, aber es bleibt auch wahr, daß wir die Freude und das Licht aus unseren nächtlichen Straßen verbannen und daß unsere Städte und Dörfer ihre Angst und ihren Schrecken in die Nacht hinausheulen.

Gibt es zu einem bestimmten Zeitpunkt unseres Lebens einige voneinander völlig abhängige böse Dinge, so dürfen wir mit Sicherheit darauf zählen, sie vereinigen sich, magnetisch voneinander angezogen, wie Wassertropfen zu einer Lache.

Arbeitsbeginn. Ich lese irgend etwas und fühle mit einem Male das langsame Abgleiten und Unaufmerksamwerden – den Ruf eines eigenen Werkes.

Der schönste Augenblick: sich im Zustand der Verzagtheit am eigenen Werke aufrichten können. Der erste zu sein, der seine Kraft spürt. Ein Dasein, auf die Spitze einer Feder gestellt.

Es gibt zwei Stufen der Inspiration. Die erste bezieht sich auf den Gesamtplan eines Werkes, in ihr herrscht die Bewußtheit vor. Die zweite, während der Niederschrift sich einstellende ist unvoraussehbar. Sie ist dem Schriftsteller selbst Überraschung.

Die Dreiheit des männlichen Lebens: die Familie, das Werk, der Feind.

Erst im Alter wird der Sinn, der den Schriftsteller von der bürgerlichen Welt trennt, deutlich. Solange er jung ist, steht er im Geruche des Dilettantismus, das heißt einer normal bürgerlichen Wertungskategorie. Erst sein Verbleiben in der begonnenen Lebensrichtung, sein offensichtliches Ausweichen vor der Sicherheit öffnet den andern die Augen. Schlimm, wenn sich dann der alles verzeihende Erfolg nicht einstellt. Er wird gerichtet. Er ist «Idealist», seine Tätigkeit: brotlose Kunst.

Der wichtigste und vielleicht der einzig stichhaltige Grund für den Besitz eines Kunstwerks ist wohl der, daß man ein Gemälde, eine Plastik so lange betrachten können sollte, als der Künstler daran gearbeitet hat, die stillen Jahre der Konzeption mit inbegriffen. Das Werk besteht aus verschiedenen Schichten, die nicht im Augenblick erfaßt werden können, sondern nur in einer Kette von Augenblicken, in der Dauer. Was wir zuerst sehen, ist das letzte. Damit sich zu ihm das Zeitliche geselle, gewährt nur der Besitz. Aus dem Erkennen, daß es einen wirklichen Besitz an einem Kunstwerk nicht gibt, sondern höchstens eine Leihe auf Lebenszeit, fließt dann in die Kunstbetrachtung noch eine Ahnung der Ewigkeit hinein – eine Mischung aus Sehnsucht und Reue.

26. April
Der Unterschied zwischen Künstler und Bürger: Der Künstler versucht seine Persönlichkeit zu steigern, der Bürger die Wirkung seiner Persönlichkeit und seines Werkes. Der Bürger hört mit der Entwicklung seiner Persönlichkeit auf, sobald er ein Werk besitzt, er sucht nur noch die Wirkung des Werkes zu steigern; den Künstler interessieren das vollendete Werk und seine Wirkung nicht mehr. Der Bürger altert, der Künstler altert nicht, aber er stirbt lebend, sobald eine Entwicklung der Persönlichkeit nicht mehr möglich ist.

Es gibt wenige Menschen, die, wenn sie Geldsorgen haben, sich der Natur freuen, Ordnung bewahren und Humor haben können.

27. April
Ein unvollendetes oder mißlungenes Werk sollte man so beurteilen können: Ist der Schriftsteller ein Künstler, so bedeutet ein mißlungenes Werk, daß er es zu früh unternommen hat, was sagen will, wo eine Persönlichkeit noch nicht jenen Grad der Entwicklung erreicht hat, die seinem Vorwurf angepaßt war. – Von diesem Standpunkt aus sind auch die Stockungen in oder während der Produktion zu beurteilen.

Jedes literarische Dokument ist Auseinandersetzung; deshalb ist die Wahl des Widerparts sehr wichtig.

28. April
Es wird immer Geheimnis sein, warum ein Kunstwerk eine Wirkung auf eine große Masse ausüben kann. Sind Gottfried Keller, Gotthelf wirklich ins Volk gedrungen?

29. April
Die Stoffwahl des Schriftstellers ist ein Geheimnis. Es ist ihm unmöglich, im voraus, bevor er seine Arbeit begonnen hat, zu wissen, was das Thema alles enthält. Das Werk überrascht ihn selbst, Satz um Satz. Was anfänglich besteht, ist nur eine gewisse Affinität. Die Steigerung stellt sich, wie bei einem gelungenen Gespräch, erst während der Arbeit ein. Sich selbst zu überraschen, von sich selbst überrascht zu werden, das ist sein Lohn.

Der günstigste Arbeitszustand: Gelassenheit, Geduld, kein Rausch.

1. Mai
Das Sinken der Sehschärfe hat auch gewisse positive Folgen. Die Ermüdung der Augen zwingt zum zeitweiligen Unterbruch der Lektüre und führt so zum Nachdenken, zur Reflexion. Durch die Unschärfe der Details wird der Blick umfassender. Das Lesen wird, durch das Hervorholen, Reinigen und Aufsetzen der Brille, zu einer kleinen Zeremonie, die dem Vorhaben günstig ist. Das Sinken des Augenlichts ist ein leiser Vorbote des Abschieds.

4. Mai
Es fällt auf, daß die Darstellung eines Zerfalls, eines Niederganges viele Künstler mehr anzieht als der Aufbau, das reifere Alter mehr als die Jugend und somit auch eindringlichere Werke hervorbringt. Man könnte eine Klassifizierung aufstellen.

Was die Charakterisierung einer Person durch Feindschaft und Ranküne an Objektivität einbüßt, macht sie durch Schärfe und Kurzweil wett. Saint-Simon zum Beispiel.

Zuerst reden und sich auf den Zustrom der Gedanken verlassen, das ist die reflexartige Rhetorik. Aber sie ist animalisch, dem Bellen, Beißen und Schweifwedeln gleich.

Das Telephon in der Wohnung ist – im Kleinen – das trojanische Pferd.

6. Mai
Die Lust der Ahnung von Zusammenhängen bezahlt der Schriftsteller mit der Qual ihrer Niederschrift.

8. Mai
Cette survie pathétique et ridicule que mènent les morts dans nos rêves ...

Dies übersteigt die Einbildungskraft vieler Menschen: zu denken, daß einst ein Tag kommen wird, an dem sie nichts mehr erwarten.

Es fällt immer wieder auf, was für eine tiefe Kluft zwischen den Menschen ist, die nur eine Sprache sprechen, und denen, die mindestens zwei beherrschen. Ist diese eine Sprache aber Deutsch, so ist es tragisch, in dieser Zeit.

Es besteht ein unlösbares Dilemma in der menschlichen Erziehung. Man lehrt das Kind Uneigennützigkeit, Hilfsbereitschaft, Bescheidenheit, Selbstüberwindung usw. Was will man damit? Man will es «gut» machen. Aber das Leben lehrt, daß ein Mensch mit diesen Eigenschaften automatisch zu einem Punkt kommt, wo er auf die Hilfsbereitschaft der anderen angewiesen ist. Bedeutet diese Lehre, «der Mensch ist nicht gut», es wird wenig davon bleiben, man muß ihn das lehren, damit er seine natürliche Gefährlichkeit im Lebenskampfe mildern kann? Oder ist es gar eine augurenhafte Verschwörung der älteren, eingeweihten Generation, den Aufstieg der Jugend zu bremsen? – Es kann vorkommen, daß ein Mensch, der sein Leben auf einer idealistischen Basis aufgebaut hat, eines Tages das Opfer des Gefühls wird, man habe ihn düpiert, man habe ihn erwischt, man habe sich über ihn lustig gemacht.
Wenn der Schriftsteller von seinem Blatt aufschaut und um sich sieht – es kann ihm grauen. Die Verwandten, die Freunde, die Bekannten und jene, die von ihm Arbeit wollten, ist es nicht ein erschreckender, gleichgültiger Kreis, ist es nicht eine lebendige Mauer um seine Einsamkeit?

9. Mai
Eine Seite Manuskript! Ein Glücksgefühl, wenn dem Schriftsteller eine Seite gelungen ist, eine Seite Prosa, mit Luft zwischen den Worten, ohne Banalität.

10. Mai
«Denn wie ihr wißt, war Sicherheit
Des Menschen Erbfeind jeder Zeit.» (Macbeth, III, 5.)

Des Künstlers Erbfeind... sollte es heißen.
Oder habe ich den Vers falsch verstanden? Sollte der Sinn sein, der Mensch habe Sicherheit nie? – Ich möchte es so in Anspruch nehmen: Hat er Sicherheit, ist er in Gefahr.

Die Bibel Wort für Wort nach Afrika telegraphieren ist keine Evangelisation. Absurdes Beispiel für eine gewisse Art von amerikanischer «Geistigkeit».

11. Mai
Ein sicheres Unfehlbares warnt sofort, sobald die Erzählung sich dem Leichten, Banalen – dem Déjà-vu nähert. Plötzlich erlischt aller Glanz, jeder Reiz bleibt aus, alle Sätze gleiten glatt und langweilig aus der Feder – aber inwendig ruft alles: Falscher Weg! Trauer, Unzufriedenheit, Mattigkeit, Schalheit – kein Herzklopfen. Und alles steht in Frage.

Etwas geschrieben haben, was ein anderer schon geschrieben hat, das kann jedem Schriftsteller unterlaufen; aber etwas zu schreiben, von dem man nicht glaubt, es sei die erste Niederschrift – das ist nicht ehrenwert.

Poesie, Imprévu und Intelligenz, Aufmerksamkeit und Bildhaftigkeit geben dem Roman Glanz und machen das Geschäft des Schreibens zur Freude. Wir sind geneigt, durch Vernunft und Wahrscheinlichkeit zu sündigen. Sich so recht in die Patsche reiten und sehen, wie man wieder herauskommt, das ist ein gutes Rezept für den Roman.

14. Mai
Der Schriftsteller soll jedem Satz seine Aufmerksamkeit schenken, denn jeder Satz kann ein Schlüsselsatz sein, der magische Satz, der neue Tiefen aufschließt.

Lektüre von «Rodin, l'Art, Entretiens réunis» par Paul Gsell (p. 1911) «... n'avez-vous point noté que la réflexion quand elle est poussée très loin suggère des arguments si plausibles pour les déterminaisons les plus opposées qu'elle conseille l'inertie...» A propos de la sculpture «la Pensée» – sehr gut auch, was er über den Stil sagt. Wenn das Werk genau das zum Ausdruck bringt, was der Künstler sagen wollte, so hat es auch den richtigen Stil. Man kann Inhalt und Stil (Form) nicht trennen. – Ferner: «Dans chaque œuvre d'art, il y a un mystère...»

Weitaus der größte Teil der Menschen sieht und anerkennt nur praktische Ziele. Nur die Kinder, die Künstler, einige Gelehrte, Geistliche sind fähig, das Leben von der anderen Seite her zu begreifen. Das ist eine Binsenweisheit.

Das Kunstwerk ist nie die wirkliche Welt, es ist immer die Spiegelung der wirklichen Welt. (Wie der Jodel den Umkreis der Berge heraufbeschwört.)

Die schöpferische Kraft in sich fühlen und sie nicht befreien können, das sind die schweren Zeiten des Künstlers.

15. Mai
Der imaginative Mensch wird durch das Eintreffen eines befürchteten Ereignisses sehr oft von seiner Furcht befreit; seine Vorstellung, seine Phantasie ließen die Realität hinter sich.

Was den Armen arm macht, ist nicht die Entbehrung an materiellen Gütern, sondern die dadurch bedingte Verminderung der persönlichen Freiheit.

19. Mai
Vom Künstler erwartet man nicht das Ordentliche, sondern das Außerordentliche; deshalb kann ihn niemand beraten als er selbst.

20. Mai

Von allen künstlerischen Betätigungen ist die des Schreibens die dem Laien am schwersten verständliche, und unter diesen ist wiederum das Schreiben eines Romans die absurdeste. Malen, Zeichnen, Komponieren, Formen von Lehm sind natürliche, einfache künstlerische Betätigungen; das Erfinden einer Geschichte ist etwas kompliziert Künstliches. Der Romanschriftsteller sollte sein «Material» auf ähnliche Weise zu behandeln versuchen wie der bildende Künstler – in einfachen komponierbaren und kombinierbaren Komplexen. Was, innerhalb dieser Komplexe, die differenzierende Variation nicht ausschließt.

28. Mai

Pfingstsonntag
Fülle des Anekdotischen, Fülle der Gestalten, Fülle der Ereignisse, Überfülle, Reichtum – das ist die Grundlage des Romans. Die schlichte, einfache, genaue Form ist nur auf dem Überfluß möglich. Das Kleine bläht sich, das Große verdichtet sich.

Der Unterschied zwischen Laie und Fachmann im Beruflichen besteht auch hinsichtlich des allgemeinen Lebens: der Laie des Lebens – der Dilettant – glaubt an Klischees und erzählt sie. Er ist langweilig. Der Fachmann weiß etwas; was er erzählt, ist interessant, weil es genau ist.

Berufsliebe bewahrt vor Leichtfertigkeit.

17. Juni

«Correspondance» de G. Flaubert.

«Heimliche Reise» beendet, Arbeitstitel: «Friede des Herzens». Vom Verlag abgelehnter Titel: «Der Marmorkuß».

In der Jugend heißt Genie: die Fähigkeit zu erraten; im Alter heißt Genie: Erfahrung.

Alle Gedanken sind in einer ganz bestimmten Gegend beheimatet; sie finden sich nur dort, so wie gewisse Pflanzen sich an bestimmten Erdteilen und in der Gesellschaft bestimmter anderer Pflanzen und Tiere befinden.

Sich nicht gegen die großen Ströme des Lebenslaufs wehren.

«Er lebt von einem Lob zum andern.»

Gott kann nicht handeln. Er ist Geist. Seine Wirkung ist die Strahlung, die sich im Menschen in Handlung umsetzen muß. – Unter der göttlichen Wirkung handelt der Mensch wie ein Blinder, der durch Worte und Zurufe auf seinen Weg gelenkt wird. Daher kommt das Zögern, Irregehen, Tasten, Schwimmen des Menschen, diese dramatische Zone zwischen Gottes Wollen und seinem Wirken. Die göttliche Tat ruht allein im Menschen.

Einige Erfahrungen nach der Niederschrift der «Heimlichen Reise». Die Dokumentation kann nie groß genug sein. Der kleinste Satz, die kleinste Beobachtung kann einen wichtigen, kann vorauszuahnenden Keim enthalten. Die Dokumentation muß so umfangreich sein, daß sie sowohl die Aufzeichnung als auch die Auswahl gestattet. Sie ist die wirksamste Hilfe während des Schreibens.

An Anekdotischem, an Tatsachen kann man nie genug haben.

1945

Samstag, 20. Januar
Kurze Rekapitulation der Ereignisse seit September 1944:
Der Schweizer-Spiegel-Verlag lehnt die Übernahme des «Marmorkusses» ab, weil «zu zart», «zu künstlerisch», «ein Kammerspiel» ohne Aussicht auf einen Publikumserfolg. Er will das Buch nur übernehmen, wenn ich auf das Honorar, die Vorabdrucks- und Übersetzungsrechte verzichte oder wenn ich einen Druckkostenbeitrag von tausend Franken leiste. Ich koste den Verlag tausend

Franken im Jahr. Es erweist sich diese Ablehnung als ein schon seit dem «Wilden Urlaub» zurückliegender Entschluß, mich als Autor aus dem Verlag zu eliminieren. Eine der größten und bittersten Enttäuschungen. Dies nach einer Freundschaft von vierzig Jahren. Sollte es tatsächlich so sein, daß es nur ganz wenige Freundschaften gibt, die mehr als tausend Franken wert sind?
Vertragsabschluß mit dem Artemis-Verlag für den «Marmorkuß».
Übernahme der Übersetzung von «Au temps des Cannibales» von François Ody bis März.
Erhalte den Literaturpreis der C.-F.-Meyer-Stiftung (dreitausend Franken).
Militärdienst (Igis) vom 18. November bis 21. Dezember 1944.

Wenn der Schriftsteller den Zustand ständiger Wachsamkeit und Aufmerksamkeit verläßt, zu träge, zu bequem, zu faul ist, sich mit seinen Einfällen auseinanderzusetzen, so schwimmt er. Er treibt dahin, und sein Leben bleibt ohne Sinn.

Meine wichtigste Gedankenserie in dieser Zeit, im Zusammenhang mit dem immer deutlicher auftauchenden Motiv des «Materialverwalters», ist jene über die «Ordnung».
Die Phantasie ist nicht, wie ihre landläufige Bedeutung meinen lassen möchte, eine vage, spielerische und angenehme Gaukelei. Sie ist vielmehr eine sehr scharfe und exakte Gedankentätigkeit. Je genauer die Vorstellungskraft ist, um so mächtiger ist sie.
Ihr eigentliches Ziel ist die Ordnung. Sie strebt an, in die Eindrücke, Erinnerungen und die Ausblicke in die Zukunft eine Ordnung zu bringen, sie in irgendeiner Weise zu gliedern, bestimmte Typen von Vorgängen zu wählen, auszuwählen. Sie komponiert und kombiniert.
Daß es ohne Ordnung keine Kunst gibt, ist der Beweis, daß Phantasie Ordnung ist. Ohne Phantasie keine Ordnung.

In einem Roman kann es keine für sich gesonderten und abgeschlossenen Episoden geben. Es hängt alles mit allem zusammen. Dieses Prinzip sollte bis in den einzelnen Satz, in das einzelne Wort gelten.

Es gibt keinen schlechten Stil, es gibt nur den unvollendeten, nicht zu Ende gedachten Gedanken, das banale Bild mit der «expression toute faite». Wer Eigenes zu sagen hat, hat einen eigenen Stil. Wer alltäglich schreibt, hat auch einen Alltagsstil.

Lektüre: Hans Kayser, «Harmonia Plantarum».

22. März
Donnerstag.
Ein Merkmal weiblichen Geistes: die Abwesenheit des Sinns für die Proportion. Es fällt ihm schwer, Ereignisse anders als nur mittelbar zu empfinden.

Wenn es etwas gibt, wogegen ich wehrlos bin, so ist es die Grobheit.

Ein viel geübter Trick in Bekenntnissen von Schriftstellern: Fehler zuzugeben, die eigentlich Tugenden sind.

Die geistige Anstrengung, die man an der Dummheit wahrnehmen kann, ist die, sich zu tarnen. Hierin entwickelt sie oft eine überraschende Intelligenz.

1. April
Ostern.
Dieses «Wir sind alle schuldig», das man angesichts der deutschen Katastrophe hören kann, ist eine Lüge. Es ist Propaganda. Wieso sind die Hingeschlachteten schuldig? Wieso sollen wir, Schweizer, schuldig sein? Müssen wir uns entschuldigen, weil wir den Frieden bewahren konnten?

Nun ist also die Bahn frei für den «Materialverwalter» («Wir waren unser vier»). Was ich in diesem Buch sagen will, ist folgendes:
– Jene scheinbar schwunglosen, nüchternen, einfachen und «ungeistigen» Menschen, deren Lebensaufgabe und Instinkt es zu sein scheint, die materiellen Dinge auf unserer Welt zu konservieren, erfüllen eine der wichtigsten Funktionen in der menschlichen Gesellschaft.

– Sie sind das konservative, erhaltende, friedliche Element.
– Da sie die Ordnung wollen, sind sie nicht phantasielos und unschöpferisch, wie man meinen möchte.
– Sie sind, wie die Künstler, im Dienste einer Idee. Sie wissen es meistens nicht.
– Im «Materialverwalter» muß die Hauptfigur zum Bewußtsein dieser Mission kommen: im Kampf mit einem Antagonisten, seiner Frau, die er liebt.
– Dieses Buch wird insofern mein «Kriegsbuch» sein, als es das schweizerische Friedenswunder im Chaos darstellt. Jedes menschliche Werk ist ein geistiges Produkt. Es ist der Natur abgerungen.
– Das Bemühen zu erhalten ist ergreifend und rührend. (Beispiel: Ohne die Schachbretter und die Figuren sind die Kämpfe der Meister nicht möglich. Das Staubwischen, das Flicken.)

4. April

In der schweizerischen erzählerischen Literatur kann man drei Stufen deutlich unterscheiden. Die erste: der Autor verarbeitet sein eigenes Bildungserlebnis, und er will belehren; die zweite: der ethische Impuls wird mit dem künstlerischen Erlebnis verwechselt; die dritte: die darstellende Kunst schlechthin.

Jedes Ding hat seine eigene Sprache; jede Darstellung hat ihre eigene Prosa; es gibt keinen Stil an sich, sondern nur die den Dingen gemäße Sprache.

Unter den kaufmännischen Angestellten ist der Buchhalter der «Wissenschafter», der Gelehrte. («Materialverwalter.»)

Die Ordnung: Sie ist Grundlage der Kunst, denn Ordnung ist immer geistig, solange sie nicht Selbstzweck, solange sie gewachsen ist.

Die äußerliche Organisation eines Daseins ist nichts anderes als die natürliche Fortsetzung des physischen und psychischen Organismus des Individuums.

5. April
Die größte aller wahrnehmbaren Kräfte ist die Zeit. Nur wer mit ihr rechnet, rechnet richtig. Deshalb ist die Geduld Tugend.

Der Arme ist deshalb machtlos, weil er nicht Zeit hat, zu warten, Geduld zu üben. Es fehlt ihm an Zeit. In tragischer Weise ist für ihn Zeit Geld.

18. April
Schriftsteller, die ihr Leben lang Stilleben malen.

20. April
Erfahrung beim Schreiben: Der Satz klingt, bevor er Worte hat. Dieses Klingen gleicht dem Bild, das vor dem inneren Auge des Botanikers steht, wenn er das schlafende Samenkorn in seiner Hand hält. Es ist das Gleichnis der Schöpfung, der Kunst.

Ein blühender Apfelbaum: Die Blüten sind ein sphärisches Sternsystem, zu Milchstraßen und Nebeln geballt, und wiederum steht die ganze blühende Krone in einer Beziehung zu unserem Planeten und zur Sonne.

Die schöpferische Arbeit allein macht den Menschen neidlos.

21. April
Beim Anblick der vierzehnjährigen deutschen Soldaten: Sie kannten den Tod vor der Liebe.

Unsere Unzulänglichkeit beim Waffenstillstand. Genau wie beim Anblick der Greueltaten: Die Grenzen der menschlichen Empfindungen sind eng. Wir versagen. Nicht moralisch, nicht vorstellungsmäßig – aber emotionell. Bereits hört man das Rollen der Kulissen, die vor unsere Erinnerung geschoben werden, das Rauschen der Vorhänge des Vergessens.

Man kann jeden Film so analysieren: Aus welchem Grunde hat der Produzent diese oder jene Szene gewollt?

9. Juni
Die Hausfrauen, die aus der Metzgerei Fleischstücke nach Hause tragen: nicht anders als die Tigerweibchen im Urwald.

Wer die Dinge einfach sieht, dem zeigen sie auch ihre ursprüngliche Bedeutung.

Die Frau, ihrer Anlage gemäß, den Dingen der Erde zugewendet, muß dem dem Absoluten und dem Idealen verpflichteten Mann Irrealität vortäuschen – und das ist oft ein Teil ihrer Tragik. – Wenn eine Frau von einem Mann sagt, «er versteht die Frauen», so will dies ausdrücken: er weiß um die natürliche Realitätsverbundenheit der Frau.

Nichts gelten lassen, strenges, unbestechliches Urteil: wie oft ist das nichts anderes als Vergeltung und Rache für das eigene Ungenügen.

Mut ist oft Mangel an Erfahrung. Aber die Angst kann dieselbe Ursache haben.

28. Juni

Neunundvierzig Jahre alt.
Seit 21. Juni Lehfrauenweg, Witikon.

Indem man sich darum bemüht, die Proportion eines Ereignisses festzustellen, kann man sich Sorge ersparen.

Nicht im Erleben, nicht in der Planung, nicht in der Gemütswallung, im Schmerz oder im Glück, nicht in der Empfindung, nicht in der Reflexion wird der Höhepunkt des künstlerischen Erlebens erreicht, sondern einzig in der exakten Sekunde der Niederschrift.

3. Juli
Jugend: unerfüllte Wünsche; Alter: unerfüllbare Wünsche.

Was die Schönheit des Alters ausmachen soll: die Kenntnis der eigenen Grenzen und der zarte Schmerz über die unerreichbaren

Dinge, das Kostbarwerden der gelebten Stunden und der Verzicht auf die Eile.

Der Grundsatz der Ruhe als Grundsatz der Lebensführung und der Kunstausübung: Verstöße wider das Gesetz der Zeit sind die unsühnbaren.

Der Trost der Natur, er ist jenes Wohlgefühl, das wir empfinden nach dem Bade im Zeitlosen.

4. Juli

Toulouse-Lautrec. Bei ihm sehe ich immer deutlich, wie das Banale und Alltägliche ergreifend, klassisch werden kann, sobald es durch ein künstlerisches Temperament filtriert wird.

Ein merkwürdiger, gefährlicher Zustand: die Gefühlssperre.

Deutschland: Ein Tunichtgut wird bestraft, bekommt nichts zu essen, wird eingesperrt und muß sich schämen. Endlich gibt es Ruhe, und die Familie setzt sich zu Tische – aber eben, es fehlt einer.

Mit den Freundschaften lebt man vom Kapital, es kommen höchst selten neue dazu.

Umgang mit Hausgenossen: Besser zehnmal Unrecht erleiden und Frieden, statt einmal recht haben und Streit.

5. Juli

Es gibt nur eine Niederlage, die zählt: jene vor sich selbst.

Die Bewährungsprobe wird uns selten in Augenblicken vollkommener Bereitschaft auferlegt, sondern meistens in Augenblicken, wo wir unvorbereitet, müde, verwirrt und nicht im vollen Besitze unserer Mittel sind.

8. Juli

Dieser devote Lächler in uns, diese servile Beifallfreudigkeit...

Jeder Schuldner ist eine Art Leibeigener, der sich loskauft – Schulden sind eine Art von Leibeigenschaft. Ein freier Mann darf keine Schulden haben.

Die Zeit ist das Leben selbst. Sich Zeit nehmen, Zeit stehlen, Zeit verlieren, Zeit vergeuden – es erweist sich im Sprachgebrauch, wie vieles sich um den Besitz der Zeit dreht. – Zeit haben ist nicht etwas Quantitatives. Viele Leute haben Zeit und besitzen sie nicht. Um Zeit zu haben, braucht man Kraft, braucht man Weisheit, Erfahrung, ein Gefühl für das Leben, das in jeder Sekunde bewußt gelebt werden soll.

Es gibt Epochen, in der die Literatur einen erkenntnistheoretischen Pfad wandelt, sich mit Problemen auseinandersetzt, welche die Welträtsel als Basis haben. Heute sind wir in einer solchen Epoche. Es ist nicht sicher, ob diese Literatur nicht einen Irrweg geht.

C'est à partir de cinquante ans que la vie vraiment peut devenir belle, car il se mêle alors dans la connaissance des moyens propres cette cendre légère de la résignation, comme un adieu aux choses de la vie.

19. Juli

Abschrift aus verstreuten Notizblättern. (Möglich, daß einiges schon notiert wurde.)
Es ist leichter, drei Seiten philosophische und schöngeistige Betrachtungen zu schreiben als einen einzigen Satz präziser Darstellung.

Für den Dilettanten ist der Bogen der Artemis ein Kleiderbügel – bereit für Konfektionsanzüge.

Die Leute, die nein sagen, sind nicht immer unsere Feinde.

Oft ist einer, der wähnt, uns zu schaden, der Gesandte eines gutgesinnten Schicksals.

Das Tier lebt in der Gegenwart; der Mensch denkt an die Zukunft. Bei Tier und Pflanze denkt ein «Es» an die Zukunft.

Die Zeit ist der Gedanke der Schöpfung; wer auf die Uhr schaut, betet.

Gibt es einen menschlichen Gedanken, der nicht im Hinblick auf ein Gesicht gedacht wurde?

Die Überlegenheit eines Menschen über einen anderen beruht sehr oft nicht auf der persönlichen Qualität, sondern in der Fähigkeit des Überlegenen, die Begegnung mit dem anderen zu einem Zeitpunkt und an einem Ort herbeizuführen, die ihm gemäß sind, zu einem Zeitpunkt, an dem es ihm gut geht, und an einem Ort, wo er zu Hause ist. Alle entscheidenden Zitationen (Rendezvous) von Direktoren, Beamten, Rechtsanwälten usw. basieren auf diesem Prinzip.

Der Erfolg kündigt sich von innen, nicht von außen an. Dem äußeren Erfolg mangelt die Beweiskraft, die Überzeugung. Äußerlicher Erfolg hat etwas Geschenkartiges an sich. Ein Künstler erwartet kein Geschenk.

Damit einer einen anderen anerkennen kann, muß er selbst etwas sein.

«In seiner Geschichte mit dem Velo herumfahren...»

Erfahrungen des Romanschriftstellers:
– Man hat nie zu viel Tatsachenmaterial, man ist nie zu gut orientiert.
– Es muß ein Plan mit dem genauen Marsch der Ereignisse von Kapitel zu Kapitel vorhanden sein, bevor man beginnt. Nicht vorher anfangen. Das Detail läßt der Improvisation Spiel genug.
– Täglich eine Seite. Der Rhythmus steigert sich von selbst.
– Termine eingehen ist gut, aber eine Qual.

– Ein gewählter Stoff lohnt das Vertrauen, das man in ihn gesetzt hat, indem er von selbst wächst und unsere Erwartung übertrifft.
– Nicht wissen, wohin man will, quält.
– Die Arbeitskraft ist größer, als man selbst weiß.
– Jedes neue Werk stellt alle früheren Theorien auf den Kopf.
– Der Romancier bedarf einer gewissen Entschlußkraft, die ihn über das Zögern, über Worte und Sätze hinwegreißt. Er ist kein Lyriker. Das Gesamtwerk zählt, nicht der einzelne Satz.
– Nicht vorher über das Werk reden, auch nicht über den Plan. In diesem Stadium irritiert jede Kritik.

27. Juli

Den Stil als eine Besonderheit des Werkes, als einen von ihm zu lösenden Teil anzusehen wäre dasselbe, als wollte man die Haut eines Menschen als einen willkürlich zu beeinflussenden Teil seines Körpers ansehen. Dabei ist die Haut bereits er selbst wie das Herz oder irgendein anderes Organ.

Was auch immer man Erstaunliches aus dem Leben der Ameisen hören würde, es könnte einen nicht mehr aus der Fassung bringen. Waschküchen und Toiletten mit allem Komfort – man nähme es zur Kenntnis...

Das Animalische ist allen Menschen gemeinsam; man kann damit rechnen.

Bei der Lektüre von Anfängerromanen: Das mehr oder weniger geschickte Arrangement eigener Erlebnisse ist noch keine Dichtkunst.

A partir d'un certain âge, il suffit d'écarter les pensées pour écarter les désirs.

Im Zug: Ein Herr neben mir las den «Sport». Nach einiger Zeit wundere ich mich, daß er immer noch dieselbe Stelle las. Aber der erste war inzwischen schon längst ausgestiegen; der Leser war ein anderer, der dieselbe Zeitung las. – Vorstellung von der Auswechselbarkeit der Leute.

Hie und da kommt der Tod und löscht einen Feind aus.

23. August
«Micheli», ein modernes Märchen. Hörspiel, für die Winterhilfe geschrieben.

Lui: «... wieder einmal mit einem jungen Mädchen durch den Regen gehen.»

Eine junge Mutter zu einem Maler: «Könnten Sie meinem Bubi auch ein Schifflein zeichnen?» Er ist ja Künstler, also? Nein, eben, das kann der Künstler nicht: «auch» Schiffchen zeichnen.

Sterben, ohne je ein Stück Land besessen zu haben.

Er erzog seine Kinder so vollkommen, daß sie später, infolge dieser guten Erziehung, den allgemeinen Haß sich zuzogen.

Der erste Blick eines Reisenden auf ein Land erschließt mehr, als die Einheimischen wahrnehmen können.

Der Schriftsteller vertraut dem unbekannten Leser mehr an als seinem besten Freund.

Das Joch der Autotüren und die Sklavenfessel der Armbanduhren. An die Zeit gefesselt.

15. September
«Das Friedensfest», ein Akt, beendet, Arbeiterbildungszentrale.

Jenes Flackern in den Augen von Zuhörern, denen wir unsere Ideen erzählen, erlebten wir nur bei den Filmleuten. Für sie nämlich waren diese Ideen Geld.

Man beachte die Gesichter von Menschen, die Geld in der Hand halten: etwas Magisches.

Nur wer selbst etwas geleistet hat, hat Ehrfurcht vor der Leistung eines andern.

Das Wesen der Ästhetik ist kalt. Sie ist herzlos.

Der Kritiker beobachtet das Werk und sich selbst.

23. September

Wir würden die Menschen anders beurteilen, überlegten wir, daß wir von einem Menschen nur immer einen Ausschnitt sähen, wie im Theater.

Für den großen Roman. In Zyklen denken. Die geistigen, beruflichen Familien. Botanik als Vorbild. (Gemeint war «Alles in allem».)

In einer von sechs Tannen gebildeten hexagonalen Lichtung liegend, bemerke ich, wie die Enden der Tannenäste, gleich den Balkenenden im hexagonalen Schneestern, wiederum sechseckig geordnet ins Weiße hinein wachsen.

3. Oktober

Der Schatten eines vorüberfliegenden Vogels auf einem Baum in der Sonne.

Konsultation beim Arzt: Merkwürdiges Gefühl der Verdoppelung; wir sprechen vom Körper wie von einem Individuum mit eigenen Gebräuchen, Gewohnheiten, Absichten.

Ich erinnere mich deutlich daran, daß mir als Kind der aufrechte Gang des Menschen als etwas Künstliches, Unnatürliches vorkam. Ich mußte sozusagen die ganze Menschheitsentwicklung durchmachen, bis ich den aufrechten Gang anerkennen konnte.

Eine Frau um eine Entscheidung fragen heißt würfeln.

Die wenigsten Menschen können das Provisorium ertragen, und die meisten leben darin.

Wie undifferenziert unsere Sprache ist, erweist die Tatsache, daß es ihr selbst mit den raffiniertesten Mitteln der wissenschaftlichen Terminologie nicht möglich ist, ein menschliches Gesicht zu beschreiben.

Der Unterschied zwischen dem Dilettanten und dem Künstler erweist sich in den Gegensätzen «beobachten» und «betrachten».

Beweisen kann man es nicht, aber das Gefühl sagt es uns: Das Optimale ist nie eine Kunst. Das Festgefügte erweckt nicht die Empfindung des Einmaligen, das der Kunst innewohnen sollte; das Brüchige, Gefährdete, in äußerstem Zittern Erreichte vermittelt uns dieses Gefühl vom Alleräußersten.

Das Zyklische, Gruppierte – es setzt immer die ordnende Hand im Chaotischen voraus.

21. Oktober

In dem projektierten Generationenroman 1900 bis 1950 möchte ich eine neue Ordnung und damit auch eine neue Romanform finden. Es müßte für diesen Roman ein neues kosmisches System gefunden werden, das, unsichtbar, die ganze Darstellung leitet und zusammenhält. Als Beispiel? «Die Rechtsanwälte.» Der Grundgedanke dieses Berufes, die subjektiven Evolutionen und die Aufspaltungen. Das Idealbild und die Wirklichkeiten. Die Kleinen und die Saurier. Man verliert lange Zeitstrecken hindurch einen aus den Augen, aber jedesmal, da er auftaucht, wird es deutlicher, wohin es mit ihm zielt (arriviert, resigniert usw.).

29. Oktober

Die offensichtliche Zweckmäßigkeit einer Handlung steht manchmal wie ein Paravent vor ihrer wahren Bedeutung – ihrem tieferen Sinn.

Wer neu sehen will, muß naiv sehen.

Oft ist der Erfolg nichts anderes als ein Trost für das vorgerückte Alter.

Den Apfel essen alle Völker auf die gleiche Weise.

Erfahrung, Wissen, Intuition – das sind die Gehilfen der Reife.

Vom Leben darf jeder für sich – allen Erfahrungen zum Trotz – eine Ausnahme erwarten.

Es besteht für mich der Verdacht, daß die große Verschiebung in der Darstellung vom Literarischen ins Optische eine Schuld am Sinken des geistigen Niveaus trägt. Die illustrative Technik – Photo und Kinematographie – kann des exakten schriftlichen Ausdrucks entraten; sie stellt an das Denken, die Vorstellungskraft und die Kombinationsfähigkeit des Beschaubaren nicht mehr jene Ansprüche wie das geschriebene Wort. Mit dem Verkümmern dieser Fähigkeiten beim Leser reduzieren sich die Möglichkeiten des Schriftstellers und vielleicht auch seine Talente. Der Leser, an der Illustrierten und am Film gewöhnt, will «es» sehen (Bewegung, Handlung).

Selten ist eine lokale Nachbarschaft (eine räumliche Nachbarschaft) nicht auch eine geistige, innere. Gedanken über Straßen und Quartiere.

3. November

Viele Menschen lügen nicht mit Worten, sondern durch ihre Haltung, Geste, Kleidung – und durch ihr (soit-disant) beredtes Schweigen.

Die stetige Zunahme der Menschenzahl rückt die quantitative Beurteilung immer mehr in den Vordergrund.

4. November

Die Kriege sind horizontale, die Revolutionen vertikale Wander- (Ausgleichs-) Bewegungen.

Diese ungeheuer wandernden, sich umlagernden und absterbenden Menschenmassen (wozu auch das Herüberströmen der Amerikaner über den Atlantik gehört) – sie sind im Grunde nichts anderes als die Folge, das Gegengewicht zu der großen Fruchtbarkeit des Menschengeschlechts. Sie sind Ausgleichsbewegungen, Umlagerungen, den Atomen in labilen chemischen Verbindungen gleichzustellen, die nach einem Gleichgewichtszustand (einer Harmonie) suchen. Oder physikalisch: Ein Vakuum sucht sich auszugleichen. Rein biologisch gesehen, ist dabei das Heimatgefühl, der Patriotismus, die große Komplikation. Der Mensch mit seinem Wissen, seiner Technik, mit seiner Konstitution wäre an sich das anpassungsfähigste Lebe-Wesen, das sich unter den schwierigsten Bedingungen erhalten kann; physisch ist er sozusagen an keinen bestimmten Erdenraum gebunden. Das große Hindernis liegt im Seelischen. Kriege sind seelische Auseinandersetzungen! Freiheit, Unabhängigkeit bedeuten nichts anderes als die Möglichkeit der Wahl und die Behauptung des dem Individuum gemäßen Raums. Daß aber das Wahlobjekt nicht oder n ur scheinbar nach materiellen oder rationalen Gesichtspunkten gesucht oder behauptet wird, ist der Grund dafür, weshalb alle Menschenkonflikte (als Konflikte der Menschen untereinander) irrationaler, seelischer Art sind. Der Mensch sucht die Lebensbedingung, die ihm zu einem Gleichgewichts- (Harmonie-) Zustand gemäß ist; dazu gehört die materielle und die ideelle Gemäßheit. Da die materielle rational ist, wird sie überschätzt; in Wirklichkeit ist sie oft nur ein Paravent, der augenscheinliche Zweck, hinter dem sich der Sinn verbirgt. Man darf sich durch die Form, wie sich die Ausgleichsbewegungen abspielen (Krieg, Deportationen, Konzentrationslager, systematische Vernichtung, Sterilisation usw.), in der Betrachtung des Sinns nicht verwirren lassen. (Zerstörung und Bau, Bedeutung der Verkehrswege und -mittel in diesem Zusammenhang betrachten – und sehr intolerant im Systematisieren sein.)

1946

2. Januar

Die großen Kräfte der Reife sind Geduld, Ausdauer, Gelassenheit.

Die Jugend ist kritisch eingestellt, weil sie sich gegen das Übermaß des bereits (ohne sie) Geleisteten auf irgendeine Weise wehren muß, will.

Die achtenswerteste Leistung der Intelligenz ist doch wohl dies: daß sie ihre Grenzen festzustellen vermag.

Jedesmal, wenn wir in unserem Leben Perioden von gesteigerter Intensität feststellen, ist dies auf den Kontakt mit gewissen Menschen zurückzuführen.

Der Niedergang der Menschheit ist dann besiegelt, wenn es sich herausstellt, daß es die eheliche Treue, jene, die Opfer heischt, verzeiht, nicht mehr gibt.

Einen, der alles weiß, kann man nicht trösten.

Der Don Juan hat etwas von einem Frauenarzt.

Eine reizvolle Studie wäre es, eine Hierarchie der Tabus und der Vorurteile festzustellen.

Das Kunstwerk ist die abgestreifte Schlangenhaut; aber nach der Häutung ist die Schlange größer.

3. Februar

Ein verbrauchter Handelsmann ist immer noch fähig, Geld zu machen, aber ein verbrauchter Künstler kann keine Kunstwerke mehr schaffen.

In guter und schlechter Zeit: Für den Schriftsteller gibt es nie einen anderen Ausweg als schreiben.

Die Frage ist die: Woran wollen wir Anteil haben während der kurzen Zeit unseres Erdenwallens? (Am Reichtum, an der Macht oder am Geist?)

15. Februar

Erstes Kapitel «Materialverwalter» («Wir waren unser vier») beendigt.

20. Februar

Während einer Arbeit:
Jetzt beginnt wieder die Zeit, da ich das Murmeln der Quelle höre, jenen die Arbeit begleitenden Rhythmus, der in das Werk selbst übergeht und es begleitet, zuerst nur mir, später vielleicht auch gewissen Lesern hörbar.

Die Tätigkeit des Schreibens eines Schriftstellers hat so wenig mit der alltäglichen Art, dieses Wort zu verwenden, zu tun wie komponieren und ein Grammophon laufen lassen.

Älter werden zeigt sich für mich in der häufigeren Anwendung zweier Optiken: die eine, die Vergrößerung auf verschiedene begrenzte Gebiete angewendet, die andere das Zurücktreten, um eine größere Übersicht zu erlangen. Was dadurch an Bedeutung verliert, ist das problemlose, gedankenlose, nicht sich seiner bewußt werdende Sehen des Alltags. (Schlecht ausgedrückt.)

1. März

Zweites Kapitel beendigt.

18. März

Drittes Kapitel beendigt.

Siebentes Kapitel beendigt.

Jede Generation hat einen Dichter, den sie betrauert.

Blüten als Atomanordnungen, wie Kristalle.

Es gibt einen Zufall – aber man überschätzt seine Bedeutung.

8. Juni

Achtes Kapitel beendet.

21. Juni

Die unerträgliche Mittelmäßigkeit ist jene des Gefühls.

Die hochstengligen Pflanzen sind schrittleitend.

Ablehnung des Zufalls in der Liebe.

Der Mensch kommt aus der Natur und geht in die Natur, aber zwischenhinein weilt er im Menschenland. (Nicht-Natur.)

Die Natur ist der sichere Hafen; aber dazu sind wir nicht geboren.

11. Juli

Ich finde es erstaunlich, daß die Atheisten nicht größere materielle Erfolge haben. Wie viele Dinge können sie tun, die den anderen verwehrt sind!

Die Verwendung des Herden- und Nachahmungstriebs in der Erziehung.

Die Beteiligung des Naivlings an der Welt fängt immer damit an, daß er sie verbessern will.

Das Tier ist immer Gegenwart.

Das Eure genügt mir nicht; ich muß ein Zuviel haben.

Für das Tier ist die Brunst die gefährlichste Zeit. Eine Art Tollheit. Rehböcke, die blind werden, Katzen, die vom Dach fallen. Und der Mensch...

Der Geruch als Raumgefühl.

Das Ungefähre (l'à-peu-près) ist der Feind des Künstlers. Der Schriftsteller, der sich nicht die Mühe nimmt, deutlich und ausführlich zu schreiben, sündigt. Aber der Gedanke an die Vollkommenheit in jedem Gebaren lähmt auch die Kühnheit.

Le sindaco d'Auressio: La vie est une promenade au cours de laquelle l'homme apprend la résignation.

Pour bien vivre, il faut oublier la hâte.

Die Hälfte aller unserer Wege können wir uns ersparen, indem wir zu Hause in einem Fauteuil sitzen und denken.

Auch die Mode ist eine Art Sieg über die Natur. Der Mensch ahmt die Natur nicht nach, er persifliert sie.

Die meisten Pflanzen ertragen besser zu wenig als zu viel Wasser.

Das Geheimnis des Don Juan liegt nicht in der Eroberung, sondern in der Loslösung von der Eroberung.

Der erfahrene Mensch sieht die Zwischenfälle (Vorfälle) seines Lebens zyklisch, serienmäßig.

Feste der Farbe, Atemzüge, Düfte – am Rande Goethescher Luft.

Alle Dinge, die das reine Empfinden, Denken, Fühlen herabmindern, sollten vermieden werden.

Im Roman muß man die «dichterische» Sprache vermeiden.

Verlust der Intensität der Gefühle und der Erlebnisfähigkeit, das ist die größte Gefahr des Alters.

Es wird der Tatsache immer noch zu wenig Beachtung geschenkt, daß zu jedem richtigen Liebeserlebnis Zuschauer, Mitwisser gehören. (Brautführer als Symbole dafür, der Photograph.)

Für jede Schwierigkeit, für jeden Feind sollte im Grunde genommen ein Schriftsteller dankbar sein, denn sie binden ihn nur immer stärker an sein Werk. Am Schluß sollte ihm nichts mehr bleiben als nur das. Sein Werk ist seine einzige Hoffnung, sein einziger Anker.

Hinter der reinen Lebensweise erwartet den Geduldigen das ruhige, «Goethesche» Gefühl.

Die Grenzen unserer Freiheit sind die Cliquen!

Was Adolf Portmann über die «Oberfläche» sagt, gilt auch für den Menschen: Je komplizierter – je oberflächlicher –, das will heißen: um so besonderer wird die Sprache seiner Gestalt.

Entfremdung ist furchtbarer als sterben. Kranke entfremden uns, Geistesgestörte, Liebende.

Wenn du einen Hund kaufst, so kaufst du auch den Schmerz der Trennung von ihm.

Tiny: So klein und nichts als Schmerz! (Gestorben am 25. August 1946.)

Wie viele kennen die ungeschriebene Spielregel nicht, daß man keinen Gebrauch von Dingen machen darf, die man vom Inkriminierten selbst erfahren hat.

Dem, der unrecht hat, verzeiht man leichter als dem, der recht hat. Unrecht verzeiht sich leichter als Recht.

Unterdurchschnittlich für das Glück begabt...

Das ewige Gespräch: das Urgespräch der Augen.

Die Kunst, sich ein Urteil zu bilden.

1947

9. Februar

Zu jeder Zusammenkunft gehört ein Opfer, über das man herfällt.

Das Gedächtnis – die Muskelkraft des Gehirns.

Die losen Gitarrensaiten in den schnurrenden Katzen.

La belle forme d'un piano à queue. Die schöne Form der Harfe auch. Form gewordene Töne. Gestalt gewordene Töne. Optisches Tonbild.

Der Schriftsteller sollte sich immer vor Augen halten, daß er niemandem zumuten kann, mit der Lektüre von Blödsinn seine Zeit zu verlieren.

Sich von einer Minute auf die andere des Lebens freuen. Neugierig auf die nächste schon sein.

Von unserem anglosächsischen Weltbild: Darwin – Walt Whitman – Thaureen – Melville – Shakespeare. Katherine Mansfield – Sutton Vane – Priestley – Francis Thompson.

Wie leicht finden und wie schwer verlieren wir. Wie schwer geben wir aus der Hand, was wir einmal besaßen. (Fläschchen, Schachteln usw.)

Life is too short? Not so short as you think.

Ich kenne keinen, und möchte er noch so alt sein, der sich von seiner Jugend erholt hätte.

In der Tragödie geht es, so wie ich es sehe, immer um den Gegensatz zwischen Individuum und Gattung. (Gott und Mensch, Natur und Geist, Liebe und Tod sind andere Ausdrücke dafür.)

Ostermontag, 7. April
«Sortilège de Paris». – A. F. Landry:
Je ne puis lui pardonner sa façon de parler des Juifs. Cela démolit tout.

Man sollte keinen Tag vorübergehen lassen, ohne sich jenes Goetheschen Gefühls zu erinnern («Italienische Reise»), es heraufbeschwören.

Die ganze Natur basiert auf dem Prinzip der Verschwendung. Der Überfluß, die Wahrscheinlichkeit der Erfüllung, die in der immensen Zahl liegt. Hierin zeigt sich eine gewisse Analogie mit der Kunst: viel Verschwendung an Zeit und Fleiß, bis ein Gelungenes sich zeigt.

30. April
An die Schriftsteller: Es wird von euch erwartet, daß ihr etwas vorbedacht habt. Das auf der Hand Liegende ist nicht euer Teil.

Um sich der schweizerischen Gemeinschaft gemäß zu verhalten, ist es notwendig, vor der Erreichung des Optimums innezuhalten.

Mitleid mit allem, was lebt!

Auf Grund eines gegenseitigen Mißverständnisses können sehr dauerhafte Verhältnisse entstehen. Selbst Ehen.

Der graduelle Unterschied von sonst völlig gleichartigen Menschen ist oft nur darin zu finden, daß es welche gibt, die aus ihren Erfahrungen lernen.

Alle großen (tiefen) Empfindungen und alle Leistungen, deren wir fähig sind, liegen immer vor einem physischen Sättigungsgrad. Leichter Hunger, leichte Müdigkeit, leichter Durst – das sind die Ausgangspunkte für die echte Anstrengung, für die echteste und lauterste Empfindung.

Wohl können wir einen Baum in bessere Erde verpflanzen – wie aber die neue Luftsäule beschaffen ist, der Einfluß der Luft, der

Temperatur, die gesellschaftliche Nachbarschaft, hier versagt das exakte Wissen und waltet der Zufall. Ist es nicht mit jeder Veränderung, die wir mit uns vollziehen, so? (Umzug, Arbeitsplätze, Ehe usw.)

12. November

Die Menschen gehen aufrecht, weil sie einen Glauben, einen Lichtstrahl von oben haben – auch die Affen haben sie – von Zeit zu Zeit.

Der Gedanke, der dem ersten Einfall folgt – das ist der gute.

Erst im Frühjahr erkennt man, welche Äste am Baum dürr sind.

Dieses eben ist die Pflicht des Schriftstellers: Nicht gerade beim ersten besten Einfall steckenzubleiben, sondern ihn als einen Hinweis, als ein Versprechen zu betrachten für das, was hinter ihm liegt. Der «zweite Gedanke» ist der gute.

Die Gemütskulisse. Ausdruck im Radio, Drama, Roman anwendbar.

Wie lange geht es, bis einer lernt, ein Notizbuch zu führen!
Rimbaud: «... tenir cette activité hors des soucis de l'art et de la beauté, ne pas briser le courant» (lettre à Demeney, le 15 mai 1871).

«Le surréalisme – l'envers du décor logique» (Nadaud).

Die Stimme der Menschlichkeit allein macht noch keinen Dichter.

Der Schriftsteller muß sein Ideal an sich selbst zu realisieren versuchen. (Mein Artikel in den «Basler Nachrichten» zu Cécile Laubers sechzigstem Geburtstag, «Der Dichter und die Moral».)

Des Gebens müde – des Lebens müde.

«Schon fielen die kleinen Morgensterne der wilden Kastanien auf den Asphalt.»

In der Minute des Zornes keinen Stein zur Hand zu haben, das ist weise Voraussicht.

Das Reusensystem des Lebens.

Leute, sogar zum Staunen zu dumm. Ihnen ist alles selbstverständlich.

Daß der Weg vom Gedanken zur Tat so lang ist, sollte uns daran erinnern, daß wir für den Gedanken nicht, für die Tat aber verantwortlich sind.

Jede Handlung ist Wandlung.

So schreiben, daß jeder Abschied ein Abschied ist.

Das Repräsentative und Demonstrative in der Liebe.

Die Intelligenz ist oft nichts anderes als das letzte Reduit der Dummheit.

«Geistreicheln» – Geist streicheln.

Jede Frau, die nicht ein wenig verrückt ist, ist nicht normal!

Ein Dichter, den sein Wort nicht bindet! Dem Dichter sollte das Wort (sein Material) noch heiliger sein als anderen Menschen.

Nietzsche, zitiert nach Dall, S. 806: «Nichts ist korruptibler als ein Künstler.»

«Deine Meinung, wir wissen, *wieviel* sie wert ist.»

Im Künstler: etwas Heroisches.

Die überoptimale Gründlichkeit verhindert die Tat!

Es steht uns zu, allem, was uns geschieht, einen bejahenden Sinn zu verleihn.
Sich fragen: Was wollte dieses Ereignis mir sagen?

Wenn doch die Menschen wüßten, welches Glück ihrer hinter der Entsagung wartet!

Der Tod – der Übergang zur Sache.

Ein Feuer, ein Messer, immer ziehen sie den Mann an.

Diamanten, Edelsteine bedeuten Besitz am edelsten Stoff der Erde – mineralisch – die Perlen am Meer, animalisch, sentimental.

«Ohne Liebe kann ich nicht leben», sagte der Frosch, als ihn der Storch verschluckte.

Das große Experiment mit sich selbst.

Tage, die wie ein Versprechen sind, aus Stunden, Minuten, Sekunden geboren, die Versprechen waren.

Nicht das Tun, das Unterlassen (Verzichten) ist schwer.

Die wenigsten Menschen kommen in ihrem Leben dazu, auszuprobieren, welches Glück ihrer hinter der Entsagung wartet.

Von den Nußbäumen, bei denen manchmal nur zwei, drei Blätter wackeln.

Häßlich, ohne Hoffnung, so ist der Schriftsteller reif für das große Werk!

Der Film – ein Erlebnis auf Miete.

Die Eitelkeit ist des Künstlers größtes Hindernis.

Mag ein Tag noch so schlecht beginnen, niemand kann sagen, ob er am Abend nicht ausruft: «Ich bin glücklich!»

Die kleinen Genüsse sind wie Schlösser vor der großen Freude der Seele.

Wie mancher erhob sich vom Lager nach einer kummervollen Nacht und mußte am Abend desselben Tages gestehen, er sei glücklich.

Wieviel mehr können wir in unserem Leben erreichen, als daß wir jedes Menschen Blick ohne Wimpernzucken aushalten können.

Nicht die Irrtümer beweisen unsere Dummheit, wohl aber die Tatsache, daß wir nicht aus ihnen lernen.

Dieser Zustand des Glücks: die ungeheure Lebensneugierde von Minute zu Minute! Nicht erwarten zu können, bis es morgen ist.

Das Glück wartet hinter dem Verzicht.

Eine Armee ist wie ein Mann oder ein Weib allein; in der Schlacht sind sie ein Paar. Deshalb sind Armeen so gefährlich.

«Die Toten sind Sachen.» Das ist die neue Sachlichkeit.

Die Musik von Erlenbach. Stramme Männer betteln bei der Maitresse eines reichen Industriellen (Millionärs), bringen Ständchen – um hundert Franken in die Kasse.

Mit dem Alter werden die Maschen im Sieb der Selbstkritik enger.

Viele Menschen gewinnen nur dadurch den Aspekt einer Persönlichkeit, daß sie immer wieder in dieselben Fehler zurückfallen.

Poeten, mit Genießen und Leiden allein ist es nicht getan.

Wer wollte das Aufschneiden eines Buches eine manuelle Arbeit nennen!

Die armen Künstler haben heute mehr zu sagen als die materiell gesicherten – aber auch nicht alles.

Ein Alter zwischen Jungen ist wie einer, der unantastbar ist, wie einer, der eine Tarnkappe trägt. Sie sehen ihn gar nicht.

Es gibt Menschen, die sprechen immer die Wahrheit, und doch ist alles, was sie tun, verlogen. Paradoxerweise selbst, daß sie die Wahrheit sagen.

1948/49

Braunwald, 12. April

Das Spiel, das der Kritiker mit dem Schriftsteller treibt: Er läßt den Armen mit verbundenen Augen herumirren und ruft: «Kalt, warm, heiß.»

Der Unterschied zwischen verschiedenen Menschen beschränkt sich oft einzig auf die Verschiedenheit des Zeitpunktes, an dem sie aufhören, an die Allmacht des Denkens zu glauben: Die einen denken noch, während die anderen bereits zu glauben begonnen haben.

Die Demut des Dichters ist eine falsche Demut.

Echte Poesie ist nur, wo Leben ist. Die sogenannte Todespoesie ist widernatürlich.

«Er ist ein Knopf in der Knute des Herrn.»

Liest man die Kommentare zum Nobelpreis, den André Gide erhalten hat, könnte man glauben, er habe ihn für seine «Wahrhaftigkeit» erhalten!

Das Drama ist nie nur ein einzelnes Schicksal und seine Verknüpfung mit der Welt, sondern viele, untereinander verflochten.

Was alle tun, was eine Vielzahl tut, ist immer verdächtig – fehlt doch eine verantwortliche Stelle für dieses (anonyme) Tun.

Jedes Weinen ist ein Bote des großen Weinens.

Jeden Tag tun wir Dinge, die wir immer getan haben und die wir noch oft tun werden; jeden Tag aber tun wir auch Dinge, die wir zum letztenmal in unserem Leben tun.

Recht und Gerechtigkeit sind die Fundamente des Hauses, Duldung und Nachsicht aber die Zimmer, in denen wir wohnen müssen!

Die kleinen Genüsse sind die Nebel vor den großen Freuden der Seele!

Damit eine schöpferische Arbeit werde, bedarf es eines Grans Angst.

Der eine will festhalten, was er sieht – der andere, was er fühlt. Welches ist der wahre Maler?

Improvisation ist nicht Kunst, sondern Fähigkeit, Fertigkeit. Wenn der Künstler eines nicht kann, so ist es Improvisieren!

Die großen sozialen Programme leben nicht von der Möglichkeit ihrer Verwirklichung, sondern eben von der Unmöglichkeit ihrer Verwirklichung.

Der Schaden, der uns dadurch erwachsen mag, daß wir ein zu großes Vertrauen in unsere Mitmenschen haben, ist gering, gemessen an der Freudlosigkeit eines Lebens, das sich auf dem Mißtrauen aufbaut.

Für viele Autoren gibt es eine Handlungsscheu, wie es eine Wasserscheu gibt.

«Seine Feder führen wie ein guter Tänzer seine Tänzerin.»

Richtig zerstören kann nur der Fremde, einer, der die seelische Aura, die an den geduldig aufgebauten Dingen haftet, nicht sehen kann. Der Krieger – der Revolutionär – der Fremde.

Künstler lassen uns nicht nur die Schönheit, sondern auch das Häßliche entdecken.

Für die Welschen ist (nach Ramuz) der Léman ein kleines Mittelmeer; für uns, in Stäfa, ist der Zürichsee ein kleiner Léman, und die Horgener sind für uns Savoyarden.

Ein Zollfreilager-Standpunkt!

Die Schafherde bildet sofort eine Umgebung für die in ihrer Mitte geborenen Jungen, trotz ihrer fortwährenden Wanderung. Das fiktive Zentrum einer wandernden Herde – ein mythischer Ort: wie bei den Menschen in einer Kompanie, in einem Eisenbahnzug das Abteil.

In unser aller Leben kommt der Augenblick, wo der Vorsehung höchster Reiz in deren Überwindung liegt.

November

Wer immer das Schlimmste erwartet, darf sich nicht wundern, wenn es auch eintritt.

Wo stände die Medizin ohne den Schmerz!

Am Ende von Ferien steht auch die Furcht vor der Wirklichkeit.

Die Nachteile des Ehrgeizes sind größer als seine Vorteile.

Der Zahn ist ein Mikroskop der Empfindungen.

«Es war einer von jenen, die ihren starken Nachahmungstrieb mit Talent verwechseln.»

Sie haben nichts zu sagen, sie schreien nur.

Die Amerikaner lieben das Gigantische; aber es war auch nötig.

«Nicht die Sorge, unser Herz sei bei ihnen zu Gast.»
«Wenn du zögerst, frage dein Herz.»
«Die Hand, die die Flamme schützt, wärmt sich auch daran.»
«Auch unter dem friedlichen Himmel der Heimat gibt es viel Sorge und Not.»
Winterhilfe-Merksprüche.

Dezember

Dasein des Künstlers – der Künstler muß da-sein.

Harm – Harmonie.

Ein neues Kleid – was werden wir alles darin erleben?

Der freundliche Gruß ist das Geländer auf der schwankenden Brücke menschlicher Beziehungen.

Juli (Nachträge)

Die Bewunderung ist ein seltenes Gefühl in der Schweiz, aber auch die Verachtung.

Die Überlegenheit der einen beruht oft einzig auf den Schwächen der andern.

Die Doppelbedeutung der Dinge in der Natur beweisen schon die Organe des menschlichen Körpers. Jedes hat mehrere Funktionen.

Die wichtigsten Dinge eines Lebens werden durch «warten können» erreicht.

Es ist wahr, Bescheidenheit ist eine Zier; aber oft, wenn wir uns nicht ein wenig wehren, werden unsere Verdienste nicht beachtet.

Keine Nachrichten sind schlimmer als schlechte Nachrichten.

Einer, der keinen Dienst tat: «Ich bleibe zu Hause, sie müssen doch welche haben, für die sie sich schlagen!»

November
Wir errichten keinen Zaun um unser Grundstück, ohne ihn zugleich für den Nachbarn zu errichten.

Nachahmung ist die erste Stufe des Schöpferischen – das Schöpferische selbst muß also die «Ahmung» sein.

Wir sehen die Symptome und wollen sie nicht erkennen; erkennen wir aber die Symptome, so wollen wir nicht hören, was sie von uns fordern.

Schilderungen im Roman müssen immer etwas bedeuten («deuten»). An sich sind sie nichts.

Es ist ein Geheimnis, warum der Zustand der «sérénité» sich nach einem gewissen Verhalten einstellt und warum wir nicht die Kraft und die Fähigkeit besitzen, diesen wunderbaren Zustand andauern zu lassen. Antwort: Wahrscheinlich, weil der Zustand der «sérénité» kein schöpferischer, sondern ein passiver, ein rezeptiver, ein kontemplativer Zustand ist. Schön, aber nicht beunruhigend. Kein Kampf. Keine Spannung.

Es ist leichter, gut, als ein Künstler zu sein. Gut sein können alle (kann ein jeder). Künstler nicht. Unterschied zwischen Entscheidung und Schicksal.

Das erste, wonach der menschliche Geist sucht, ist ein Vergleich.

Das beste Rezept: Plane nicht, fange an!

Der Könner will überraschen – der Künstler will sich überraschen lassen.

Gestalten (mein Vortrag im Literarischen Klub, 11. November). Gestalten-bewußt machen. Gestalten erlöst.

Das einzige Geld, das man nie mehr verlieren kann, sind die Schulden, die man bezahlt hat.

So wie es paläontologisch Leitfossilien gibt für Petrol, so gibt es Menschen, die Leitfossilien des Unglücks sind.

Die gefährliche Entfernung im Kampf (von Mann zu Mann) ist halbweit, nicht nah!

Unsere kleinen Laster sind Gesundheitsreserven; Möglichkeiten des Verzichts, die uns gut tun.

Das elektrische Licht bindet uns an Räume, im Gegensatz zur Ölfunzel.

Die Siege werden im Zustand der Übermüdung gewonnen.

Die Gesellschaft stirbt an der Ermattung der Gestaltungskraft (biologisch und geistig).

Abschrift aus dem Notizbuch (zum Teil wohl Wiederholungen; 20. Mai 1948 bis 10. März 1950)

Mitglied einer Gemeinschaft sein: dazu gehört auch, Unrecht durch sie erleiden zu können.

Wer alles bedenkt, berechnet und überall seinen Vorteil wahrt, der bringt es sicher zu etwas: Er macht sich verhaßt.

Das Gebet um Regen ist sicher noch älter als jenes um Frieden.

Oft besteht die höchste Klugheit darin, sich eines Vorteils begeben zu können.

Der Kluge wahrt eifrig seinen Vorteil; der Weise weiß darauf zu verzichten.

Ein Schriftsteller sollte nie ohne die Feder in der Hand denken.

Frühjahr: Die jungen Katzen beginnen die Augen zu öffnen, und der Grassamen sprießt.

Die Handwerker: Das Liegenlassen ihrer Geräte. Es hat eine Bedeutung. Auch ihre anderen Gepflogenheiten, so als bestehe eine geheime Abmachung.

Wer immer nach seinem Nutzen fragt, wird bald nach seinem Nutzen gefragt.

Nichts ermüdet so wie der Umgang mit Menschen, die sich immer rühmen, ein Unglück vorausgesagt zu haben.

Die Ruhe ist des Geistes Lot.

Der Streit mit kleinen Menschen ist der gefährlichste: Er macht uns selber klein.

Der Zeit Einhalt zu gebieten vermag die Schönheit allein.

Ein Glück kann man nur mit dem zimmern, was man gerade zur Hand hat.

Wir lösen keine Verwirrung ohne die Wahrheit.

Als Vorbild ist nichts zu groß.

Einer trüben Stunde werden wir oft schon dadurch Herr, daß wir unsere Arbeitsstelle aufräumen.

Die große Gefahr des Alters: die Weigerung, Neues zu erfahren.

Viele Patienten sterben an der Unbelehrbarkeit.

Hüte dich vor Menschen, die immer nur darauf warten, bis ihnen ein Unrecht geschieht.

Sind uns auch die meisten Vorbilder unerreichbar, so vermitteln sie uns doch den Begriff der Größe.

Meide den Umgang mit Menschen, deren Wahrheitsliebe einzig darin besteht, dir Unangenehmes zu sagen.

Mancher ist vielleicht eines heroischen Opfers fähig, aber unfähig, auf die kleine Bequemlichkeit zu verzichten.

Die Minute bewußt zu leben ist das Geheimnis glücklicher Stunden.

Wer immer das Angenehme mit dem Nützlichen verbinden will, leistet selten etwas Nützliches und erlebt kaum je etwas Angenehmes.

Die meisten Leute leben von einer Philosophie aus zweiter Hand.

Mit Hoffen und Warten auf das bessere Morgen vertrödeln wir das gute Heute.

Das Gefühl bei der Erfüllung eines Wunsches steht in keinem Verhältnis zu dem, mit dem, wie wir sie ersehnten.

In der Jugend mißachten wir die Erfahrung, im Alter überschätzen wir sie.

Neugierde macht würdelos.

Gegen die Reue über das Gestern und die Furcht vor dem Morgen hilft nur die Tat im Heute.

Planen ist oft nur ein Vorwand, nichts zu tun.

Willst du einen Menschen beurteilen, frage dich, ob du ihn zum Nachbarn möchtest.

Das Nachplappern ist das Krebsgeschwür, welches das Denken bedroht.

Nach der Mahlzeit ist gut mäßig sein.

... eine Schleppe der Ordnung hinter sich herziehend ...

Das Erstaunen der Mitmenschen über das, was einer kann, hört bald auf.

Jeden Morgen gibt es eine Minute, während deren wir es in der Hand haben, unseren Tag nach einem Ideal zu gestalten.

Demokratie ist mehr als bloßes Stimmenzählen.

Die Buschneger sind gar nicht erstaunt darüber, daß die Weißen fliegen können – es fehlen ihnen die Voraussetzungen für das Staunen.

Viel Verlogenheit in der Schweiz wird dadurch gezüchtet, weil das Nichtstun als Sünde gilt. So müssen viele vorlügen, sie täten etwas.

Sobald wir unser Leben nicht mehr gestalten, beginnt die Zeit zu rasen oder zu schleichen (Langeweile).

Was sich am längsten hält: die Silhouette.

Nicht das Alter hemmt, sondern der Gedanke an das Alter.

Die Welt der Worte und die wirkliche Welt.

1950

13. März

Zum «Zürich»-Zyklus («Alles in allem»):
Das entscheidende Problem ist wiederum jenes der Form. Es ist klar, daß die chronikale Darstellung nicht genügt. Anderseits würde der Zerfall in das Mosaik nicht befriedigen. Am ehesten noch eine kompakte Darstellung mit Fäden, die auf der Unterseite eines Gobelins laufen und dann wieder auftauchen, um ein Bild zu formen.

Steinbach, 6. Juli

Das Recht ist nicht unentgeltlich, und das ist das größte Unrecht.

Geistreich und tief, was Churchill einmal sagt, anläßlich der Invasion der Deutschen in Frankreich: Wenn Unordnung und Verwirrung herrschen, so könne man diese nur bekämpfen, indem man sie noch vergrößere.

Gestalten braucht Zeit. Das «Es» braucht Zeit. Gestalten heißt reifen.

Ein unglücklicher Mensch ist einer, dem die Möglichkeit der Gestaltung fehlt, dem die Freiheit fehlt.

Es gibt sehr wenige Freuden auf dieser Welt, denen nicht Gestaltungsfreude beigemischt ist. (Gelungene Feste, Anlässe usw.)

Eine neue Art der Literaturkritik: Messen der Entfernung des Autors zum Objekt – die Einstellung.

Langes Verstellen geht über alle Menschenkraft.

Man sollte sich jeden Tag einmal fragen: Willst du ein Leben zweiten Ranges führen?

Die spektakuläre Seite des Lebens.

13. Oktober
Manches, was Verstand verwirft,
ist des Herzens süßer Trost!

Nur jener Besitz, auf den zu verzichten wir bereit sind, geht in unser Eigentum über.

Wir wissen wenig, und trotzdem sind unsere Wissensmöglichkeiten nicht abzusehen.

Kunst ist eine ins Ungeheure gesteigerte Verlangsamung.

Aller menschliche Schmerz hängt mit Abschied zusammen.

Vielleicht werden wir eines Tages die Seele als jenes Organ erkennen, das den Rhythmus registriert. Manchmal kommt es mir vor, das Empfinden für den Rhythmus sei die Seele. Gestörter, gebrochener Rhythmus ist seelische Erkrankung. Aber schon ein Bewußtwerden des Rhythmischen kann ein Herausfallen aus dem Rhythmus bewirken. Es gibt gewiß rhythmische und arhythmische Zeiten. Rhythmus ist Harmonie. Kunst ohne Rhythmus zeigt zerrissene Zeiten an. Aufschlußreich, was Goethe – in den Gesprächen – über die Symmetrie sagt.

Es gibt wohl keine tragischere Lektüre als die Zeugnisse – Gespräche – des alten Goethe (1830 bis 1832). All das Zeremoniöse, Geheimrätliche, das Arrangierte seines Alterslebens täuscht nicht über die unfaßbare Einsamkeit des Mannes hinweg. Keiner konnte sie so empfinden wie er. Man hat den Eindruck, in diesen Jahren trete zum erstenmal der Ernst des Lebens – seine Unerbittlichkeit – an ihn heran.

Als die Säugetiere anfingen, ihre Brust zu zeigen ...

22. Oktober
Im Leben eines jeden Schriftstellers kommt eine Zeit, da er lesbare Texte produzieren kann wie Fingernägel, die man schneidet.

Die einen betrachten dann diese Schnipsel ehrfurchtsvoll als produktive Teile der Persönlichkeit, die anderen werfen sie auf den Mist, dorthin, wo sie auch hingehören.

Das Merkwürdige und Unbegreifliche ist, daß jeder Mensch weiß, wie er leben sollte, um glücklich zu sein. Genau so wie ein jeder weiß, wie er leben sollte, um gesund zu sein. Und alle diese Rezepte sind ganz einfach und ohne weiteres anwendbar: Maß, Ruhe, in der Gegenwart, mit Bewußtsein leben. Aber gerade ihre Unscheinbarkeit macht es aus, daß sie so schwer anzuwenden sind. Es scheint, daß dem Menschen die Exzesse, das Heroische, das extrem Niedere oder Anspruchsvolle viel besser liegen als die einfachen und bescheidenen Regeln.

Gestern sagte Hüxli über Y: «Von dem sollte man einmal hören, daß er gar nichts tue.» Genau das sollte man von Zeit zu Zeit von Künstlern hören.

Die Minute bewußt zu leben ist das Geheimnis glücklicher Stunden.

Der Teufel «Schadenfreude» tritt gerne in der Gestalt des Engels «Teilnahme» auf.

Montagsbrief über die kleinen Stationen der Schweizerischen Bundesbahnen.
Radio Bern – Glückwunsch zum fünfundzwanzigjährigen Bestehen.
«Radio-Zeitung»: Radio muß reformfähig bleiben.
Vortrag in Basel: «Gestaltungsfragen».

Wie wir ein Unglück ertragen, hängt davon ab, ob es uns im Zustande der Unschuld oder der Schuld trifft.

Es sind nicht Künstler, die den Künstlern erklären, was Kunst ist.

Die gefundene Anekdote, le fait divers, enthält selten den gebrauchsfertigen Inhalt.

25. Oktober
Gespräch:
– Diese Schriftsteller können nicht gestalten.
– Sie wollen nicht gestalten; sie wollen auflösen.
– Ihr Anliegen ist die Analyse, nicht die Synthese, nicht Gott.
– Mit diesen Gottlosen sollte man gottlos verfahren. Sie machen es einem leicht.
– O nein, was sie persönlich anbelangt: Da gelten die göttlichen Gesetze!

Aus allen Schwierigkeiten, Wirrnissen und Demütigungen gibt es nur einen Ausweg: die bedingungslose Hingabe an das Werk.

5. November
Aus Askese allein entsteht kein Werk.

Es gibt in jeder Generation Schriftsteller, die sich nicht von der Haltung des frühreifen literarischen Wunderkindes, als das sie einmal angesehen wurden, befreien können.

Am 3. November mein Vortrag über «Gestaltungsfragen» in Basel (Literaturfreunde); einiges darin bedürfte der besseren Ausführung.

Es läßt sich keine größere Diskrepanz denken zwischen Vorstellung und Wirklichkeit als zwischen dem sogenannten Allgemeinwissen und dem Fachwissen. Am deutlichsten wurde mir das bewußt hinsichtlich der Psychologie und der Psychiatrie.

12. November
Was mich in den letzten Tagen immer wieder beschäftigt und was sehr schwer auszudrücken ist: Alle höheren Gefühle, wie Mitleid, Nächstenliebe, Gerechtigkeitsgefühl sind Errungenschaften menschlicher Art; sie finden sich in der Natur nicht vor. Es ist auch töricht, sie rational, opportunistisch erklären zu wollen, denn sie erleichtern ja das Leben des einzelnen nicht, sondern sie komplizieren, dramatisieren es. Man kann ihr Auftauchen, ihr

Dasein nicht anders als aus göttlichem Ursprung erklären. Die echten menschlichen Probleme spielen sich alle auf dieser Ebene ab. Der Kampf wider die Natur, den Tod – das immer Dagewesene – ist weder tragisch noch dramatisch. Der eigentliche menschliche Kampf spielt sich immer innerhalb der vom Menschen errungenen besonderen Zone der menschlichen («neuen», «jungen», «rezenten») Gefühle ab. (Unordentlich gesagt.)

Wenn ich einen Mann oder eine Frau (von denen ich zufälligerweise das ganze Leben kenne) am Steuer eines riesenhaften Automobils sitzen sehe, so muß ich oft denken, wie das technische Vehikel den Raum um sie vergrößert und sie zu einer Erscheinung werden läßt, die in gar keinem Verhältnis zu ihrem realen Wert steht. Hier ist das Gleichnis des Ochsenfrosches (des sich aufblasenden Frosches) am Platze. – Das Automobil hat den Charakter einer großen Schicht der schweizerischen Bevölkerung verändert. Das bescheidene, aber von einem inneren Wert betonte Auftreten ist einem auf den Schein berechneten Auftreten gewichen. Das liegt aber dem Schweizer gar nicht, und viele Lenker dieser gewaltigen Wagen tragen denn auch in ihrem Gesicht das Zeichen eines schlechten Gewissens. Sie fühlen sich unbehaglich und versuchen es durch ein ebenfalls verfälschtes leutseliges Auftreten (wie quasi um Entschuldigung bittend) zu kompensieren. Unser Land und unsere Verhältnisse sind zu klein für diese riesigen Wagen – sie entsprechen auch nicht unserer Weltanschauung. Sie erwecken nicht den Begriff des Eigentums, sondern den einer Leihgabe.

17. November

Wer auf der obersten Stufe einer Hierarchie steht, kann sich mit niemandem beraten – ist allein. Das gilt auch für die ganz kleinen alltäglichen Hierarchien, in der Familie, dem Beruf und anderswo. Freundschaft ist deshalb etwas Kostbares, weil sie eine menschliche Beziehung ohne Hierarchie ist (oder: sein kann).

Jeder Verheiratete, jeder Freund macht die Erfahrung von dem eigenartigen gemeinschaftszerstörenden Tendenzen der anderen. Abträgliches über den Ehegefährten oder den Freund in ein Gespräch einzuflechten scheint einem tiefen Bedürfnis zu entsprechen.

Der echte Heroismus ist der unliterarische – jener ohne Zeugen. Wer aber, wie Heerführer, an den Heroismus der Seinen appelliert, darf ihnen die Zeugenschaft, das Spektakuläre, nicht vorenthalten.

21. November

Beim Versuch, die vielen eigenartigen Erscheinungen der Gegenwart zu deuten – Vermassung, Trunksucht, Sensationslust, Spiel usw. –, komme ich immer zum Ergebnis, das sei auf Ich-Verlust zurückzuführen. Darunter verstehe ich jene Einbuße an seelischer Substanz, die vom Gottesbewußtsein lebte. Verschwindet Gott aus einer Seele, so entsteht dort jene berüchtigte Leere.

Die Vorstellungskraft produziert nur Maxima und Minima (Übertreibungen); eben am Verstand ist es dann, die richtigen Proportionen herzustellen. Das Wesen der Depression liegt zu einem großen Teil in der Unfähigkeit, der Störung, dieser das Maß herstellenden Funktion.

Nichts ist leichter zu erzeugen als das Unheimliche.

«Was ist dir gelungen?» «Nichts.»
Das ist eine Antwort zur Freude des Wichts.

24. November

Etwas vom Merkwürdigen unserer Zeit dünkt mich immer wieder die Tatsache, daß an sich belanglose Tätigkeiten zu richtigen Machtquellen des öffentlichen Lebens werden können, sobald sie sich organisieren, zum Beispiel die Radfahrer. Kristallisation von politischen, wirtschaftlichen, kommerziellen Interessen. Machtfülle bei den Sekretären. (Senn, ein Dienstkamerad, in Birsfelden.)

Pagina auto-presentazione für Studio Lugano. Zwei «Montagsbriefe» für das Studio Bern. «Über die SBB-Bahnhöfe.» – «Zur Psychologie der Automobilisten.»

25. November

Zum «Zyklus» («Alles in allem»):
Was zu vermeiden ist: das Schematische und Planmäßige. Daß im Beginn schon Absicht und Ablauf eines Komplexes sichtbar und erkennbar wird. Es muß sich so darbieten, wie ein Mensch von Kindheit auf es erlebt: chaotisch, unverständlich, undeutbar, ohne einen geistigen Inhalt, ohne Sinn. All das muß erst das Ensemble geben. Die Dinge werden hingenommen mit Freude, mit Unbehagen – aber Freude und Unbehagen wechseln. Zuerst, bis 1914 und in der Unreife, stellt sich alles als geordnet und vollkommen dar – dann, beim Heraustreten aus der Familie, stellen sich Zweifel, Opposition ein, unbegründet, unerkannt, einfach gefühlsmäßig. Der sogenannte Generationenkonflikt, der Vaterkomplex, die Psychoanalyse, die Sexualmoral, das Starre auch, die gestärkten Kragen und die eisernen Gartenzäune. Das unglaubliche Gewicht der Repräsentation. Die Angst vor der Armut. Das Gespenst des Konkurses. Das Fahren in der zweiten Klasse. Irregeleitete Vorstellung der Sicherheit, Wohlhabenheit. Die bürgerliche Mentalität von 1914, die heute völlig unverständlich ist; das arbeitslose Dasein der Frau.
Es scheint mir kaum möglich, daß dies alles objektiv beginnt. Vielmehr gesehen und erlebt durch die Augen einer Jugendgeneration, die man dann verfolgt. Ihr Weg das Leitmotiv des Buches? Vermeidung eines zentralen Helden.
Der Berichterstatter ist anonym, aber man spürt, daß er der Generation angehört. Seine Subjektivität liegt im Ästhetischen: darstellend, gestaltend, aber objektiv.
Das Unbewußt-Revolutionäre und Drängende hat ursprünglich keine sachlichen, sondern nur gefühlsmäßige Motive. Richtet sich zuerst gegen die eigene Familie. «Das Geheimnis ist die Verschwörung der Alten.» Vollständig unverständlich. Was wollen sie eigentlich? Welches ist ihre Absicht, ihr Ziel? Die Jugend kommt nicht vor als Vertreterin des Altruismus. Kein Verständnis für Erwerb mit Besitz. Wird ihnen als eine Gegebenheit dargestellt. Die Jugend hat ein enges Weltbild. Sie glaubt aber, die Alten seien engstirnig; sie nimmt ihr überbordendes Gefühlsleben für Weltweite.

Mit dem Eintritt des Erotischen, der Liebe, verblassen die weltweiten Probleme zu bloßen Vorwänden. Das Gefühl, «nichts zu erleben», zu kurz zu kommen. Wenn der Krieg 1914 ausbricht, unbewußt: Jetzt kommen auch sie endlich dran. Der «Krieg» ein fortwährendes Spielmotiv, nicht ernst genommen, als prickelndes Theorem, harmlos, als Abwechslung. Ohne Realität. Auch nach dem Ausbruch eine «image d'Epinal». Erster Umschwung durch die literarische Realistik von Latzko, Barbusse.

Zum «Zyklus» («Alles in allem»):
Das Auftauchen neuer Worte in einer bestimmten Epoche. So um 1920 «Gemeinschaft», «Hingabe». Es wäre reizvoll, einen Katalog solcher Ausdrücke und ihrer Epochen aufzustellen.

«Mit einer sturen Stirne – ein wahrer Bildungs-, ein Gedankenbunker!»

Nicht die Beschäftigung, nicht die Darstellung und Gestaltung der unmittelbaren Umwelt – und mag sie noch so banal und alltäglich erscheinen – ist provinziell. Provinziell ist im Gegenteil jene Sucht nach bedeutender Aussage von Weltgeltung, von der einige schweizerische Schriftsteller gequält werden. Dieses Schielen und Werben um die deutsche Leserschaft – nach deutschem Ruhm –, das ist typisch provinziell, ein Mangel an Würde, an Urbanität. Deutlich sieht man dies im Kontakt mit Literaturfreunden kleinerer Schweizer Städte. Immer steckt da ein Lehrer dahinter, dessen Maßstäbe noch immer die deutsche Literatur Ermatingers sind. Die großen epischen Werke der Weltliteratur sind alles Lokalwerke, für die Zeit- und Raumgenossen geschrieben (Balzac, Dickens, Lagerlöf, Poe usw.).

Wenn man es statistisch feststellen könnte, würde man staunen darüber, wie viele Leute seit zehn, zwanzig Jahren, ja ein ganzes Leben lang überhaupt noch kein Buch gelesen haben.

Stäfa, 26. November
Die Topos, die Topoi, die Schablonen, die man in der Darstel-

lung der alten Geschichtsschreiber feststellt, spielen im Denken auch der Zeitgenossen eine große Rolle. Man könnte beinahe die Behauptung wagen, jede entscheidende Veränderung der öffentlichen Meinung – die ja nichts anderes ist als die Veränderung der Weltanschauung – stelle eine Veränderung der Denkschablone dar. Verfälscht, vereinfacht und schabloniert ein solches Denkschema die Wirklichkeit, so ist aber gerade sie es, welche, über das Individuum hinaus, Aufschluß über den Geisteszustand der Epoche gibt. Man sollte bei der Beurteilung eines Menschen immer versuchen, zu trennen, was Topos und was individuell ist. Im Topos selbst gibt es wieder verschiedene Grade, und diese graduellen Variationen verraten weit mehr über das Individuum als die originellen Gedanken. Sie bezeichnen recht eigentlich den Standpunkt und die geistige Familie, den Stammbaum eines Menschen.

Zum «Zyklus» («Alles in allem»):
Fortwährend beschäftigt mich der Gedanke einer naturwissenschaftlichen Betrachtungs- und Darstellungsweise. Ich sehe und erkenne zum Greifen deutlich jene geistigen und beruflichen Familien, auf die es mir ankommt, Pflanzengesellschaften gleich. Zum Beispiel all das, was sich so um 1920 herum mit der Tanzschule Trudi Schoop abgespielt hat. Wie sie in der alten Kirche Fluntern tanzten.

27. November
Zum «Zyklus» («Alles in allem»):
Hinter den Menschen, der Stadt, der Landschaft nach dem geheimnisvoll wirkenden «Es» suchen. Unverständlich, verwirrend, scheint es dennoch zielvoll zu wirken, eine Absicht zu verfolgen, einem imaginären Idealzustand zutreiben zu wollen. Tatsachen, Feststellungen, Begebenheiten, nicht nur aneinandergereiht, sondern sich überkreuzend, miteinander verflechtend, sich durchdringend – am Ende so etwas wie eine Richtung und eine Tendenz sichtbar, fühlbar werdend. Zum Teil ein Spiegel, ein Objekt der Zeit, beeinflußt die Agglomeration Zürich wieder ihrerseits die Zeit – drückt sie dem ganzen Lande einen Impuls auf. Entschei-

dend für eine solche Schau ist jene Wirkung des Individuums, die über das unmittelbar Zweckmäßige hinausgeht. Jenen Teil seines Wesens und Wollens, der nicht ihm gehört, sondern die ihm unbewußte oder selten gewußte Komponente der Gemeinschaft ist, der er angehört. Der angeblich freie Spielraum des einzelnen ist beschränkt von der Aura der Gemeinschaft – Überlieferung, Brauch, Sitte, kollektives Gefühl der Selbstbetonung, der Selbstdarstellung, das Spektakuläre der Gefahr, Ethik, Moral, Ästhetik, Mißtrauen, Vertrauen, Toleranz, Verhältnis zum Land und zum Ausland, Angst, Kühnheit. Anderseits muß man sich davor hüten, das Verhalten einer Gemeinschaft mit jenem eines einzelnen Individuums zu vergleichen. Dieses «Es» gehorcht ganz anderen Gesetzen und wirkt mit anderen Mitteln. Vor allem sind die Zeitmaße völlig verschieden. Vom Menschen aus gesehen in einer ungeheuren Verlangsamung, die es fast nicht erlaubt, Bewegungen festzustellen, sondern nur von Zeit zu Zeit neue vollzogene Tatsachen, die ganz unsichtbar in ihrem Werden auftauchen, plötzlich da sind. Es sieht aus, als ob sich alles unterirdisch vorbereite, denn es gibt keine Instanz, keinen Standpunkt, von denen aus das Werden (was alles dazu notwendig ist) überblickt werden könnte. In einem Buche, wie ich es vorhabe, sollte dann allerdings der Verfasser, wenigstens zeitweise, aber unausgesprochen, die Funktion dieser Instanz übernehmen. Das ist die Legitimation des Unternehmens.

Nicht in den Tatbeständen, sondern in der Deutung der Tatbestände liegt der Sinn der Epik. Diese Deutung soll aber nicht durch den Kommentar, sondern allein durch die Art der Darstellung zum Ausdruck kommen.

An einem Beitrag, wie es gemeint ist (wegen der Deutung): Menschenansammlungen wie Städte können selbstverständlich materialistisch, rationalistisch und soziologisch erschöpfend erklärt werden – aber darin ist die tiefere Erkenntnis noch nicht enthalten: das Problem der Einsamkeit. Die Unmöglichkeit für die größte Zahl der Menschen, allein leben zu können. Oft würde das Einsam-Leben das materielle Problem lösen, aber es ist seelisch untragbar. Wenn man Städte betrachtet, daran denken («Zyklus»).

28. November
Es geht mir wie eine Ahnung auf, daß der Menschheit größter und geheimster, allgegenwärtiger und immer drohender Feind die Leere ist. Der Schriftsteller ist immer geneigt, ein bewegtes, ausfüllendes geistiges Innenleben bei den Mitmenschen vorauszusetzen; ein anderes Menschentum kann er sich, eben kraft seiner eigenen Konstitution, gar nicht vorstellen. Aber das Studium vieler Erscheinungen führt zum Schluß, daß es gar nicht anders sein kann, daß, allen äußerlich wahrnehmbaren Tätigkeiten zum Trotz, in vielen Menschen ganz oder zeitweise eine völlige geistige und seelische Leere besteht. Hier drängt sich dann auch die Erkenntnis auf, daß sich die einen dieses Vakuums bewußt sind, während die anderen es als den natürlichen und ursprünglichen Zustand hinnehmen. Der tragische, aber auch der fruchtbare Zustand ist natürlich jener der Bewußtheit dieses Vakuums, während der unbewußte Zustand als Natur betrachtet werden muß – vegetativ, als Naturzustand *vor* dem Homo sapiens. Beruf, Arbeit, Agglomeration zur Masse, Spiel, Sport, Trunksucht, Grausamkeit sind Mittel und Versuche, das Vakuum entweder vergessen oder überdecken zu lassen. Religiöse Zeitalter kennen dieses Vakuum nicht, oder, besser: sie haben es an jenen vermaledeiten Ort hin verbannt, wo es benannt, umschrieben und vermieden werden kann: in die Hölle. Die ewige Höllenqual, die Verfluchung, die Unerlöstheit, die Strafe, die Unseligkeit – das ist eben diese Leere. Ein psychologischer Ort. Versucht man, von einem solchen Gesichtspunkt aus den Lebenserscheinungen gerecht zu werden («Zyklus»), so besitzt man einen entscheidenden Schlüssel in der Beurteilung allen Geschehens. Gut und böse, schön und unschön, Moral und Amoral, Geist und Ungeist, Gestalt und Ungestalt, Gott und Gottlosigkeit werden damit Bezüge auf den uralten primitiven Antagonismus von Himmel und Hölle, der sich auf der Erde abspielt. In die naturwissenschaftliche Betrachtungsweise bezogen, heißt das (für mich): in der Gehirnmasse des Menschen. Hier ist der Urwald, die ungestalte Natur, die animalische Leere,

die es mit Menschlichkeit zu erfüllen, auszufüllen gilt. Der Materialismus ist jedoch lediglich eine ablenkende Beschäftigung, eine provisorische Okkupation (Besetzung!) des Vakuums; er schiebt die Lösung (oder das eigentliche Problem) nur hinaus. (All das bedürfte einer systematischen Ordnung.)

29. November

Vieles spielt sich so ab, als kämpften zwei Mächtegruppen um das anatomische Niemandsland der menschlichen Gehirnmasse.

Es sollte einmal gegen den in unserer Literaturkritik immer wieder verwendeten Ausdruck «provinziell» (etwas sei «provinziell» oder «nicht provinziell») aufgetreten werden. Einmal gibt es nichts Provinzielleres als dieses Bestreben, nicht provinziell zu sein. Diese Angst vor dem Provinziellen ist geradezu das Kennzeichen des Provinziellen. «Cela rappelle un peu la Capitale.» Und dann, was will «provinziell» in bezug auf die schweizerische Literatur überhaupt sagen? Nicht sind mit dem «Nicht-Provinziellen» die großen Schweizer Städte gemeint (es gibt in der Schweiz gar keine Provinz), sondern offenbar Deutschland oder, noch genauer, Berlin! Die Situation nach den beiden Kriegen aber ist in Wirklichkeit so, daß recht eigentlich ganz Deutschland – und Österreich – zu einer geistigen Provinz geworden sind. Und zwar mit dem typischen Zeichen des Provinziellen: um alles in der Welt nicht als Provinz zu gelten. Und prompt fällt die Literaturbetrachtung hinein und wendet es auf die schweizerische Literatur an. Provinziell ist der Mangel an Mut, zu dem zu stehen, was man ist, mit allen Beschränkungen – ist Mangel an Würde. Ist Mangel an Kulturbewußtsein. (Im Montagsbrief von Studio Bern, Dezember 1950, benützt.)

1. Dezember

Die Übersteigerung des Bewußtseins, ein zu weites Vortreiben der Selbstanalyse bedrohe die schöpferischen Fähigkeiten, gefährde das harmonische Wachstum. Sie führt paradoxerweise ins Leere zurück. Glücklich und im Gleichgewicht fühlt sich der Mensch in jener gemäßigten Zone, wo er das Vegetabilische gerade noch spürt und die geistigen, schöpferischen Kräfte des

Unterbewußten gerade noch ahnt. Es sind ihm Spaziergänge und kurze Erleuchtungen gerade noch gestattet, aber gewaltsame, willensmäßige Eroberungszüge wirken destruktiv. Träumen, treiben lassen, ver-dichten, aber nicht bohrendes Denken!

Heute erinnerte ich mich daran, daß ich meine ersten Leiden und Erfahrungen von Temperatureinflüssen als Kind, in Abständen von wenigen Jahren, auf ein und derselben Stelle gemacht habe: auf dem Ägerisee. In einem Sommer eine Verbrennung zweiten Grades im Schilf, und im Winter – auf dem gefrorenen See – die erste mich zum Weinen bringende «Gfrörni» (Frostbeulen).

3. Dezember

Die Epik verlangt vor allem Dichte. Der natürliche Ablauf, der innere Ablauf, einer Erzählung ist so, daß am Beginn viele konkrete Tatbestände dargestellt werden, wenn auch wirr, unübersichtlich, ungelöste Zusammenhänge, halbe Erklärungen, auch falsche Vermutungen – und daß die Ordnung, die Übersicht, die Idee des Verfassers sich erst gegen den Schluß hin einzustellen beginnt. Es gibt in der Epik nichts Langweiligeres, Unbefriedigenderes, als wenn bereits am Anfang jene Klarheit und jenes Vorbedachtsein herrschen, die den Leser bereits alle Möglichkeiten ahnen und erraten lassen. Das Geheimnis und Geheimnisvolle des Lebens, seine versteckte Bedeutung, sein verschleierter Sinn, das ist es, was von der Wirklichkeit in das Werk eingehen soll.

5. Dezember

Wogegen man sich wehren sollte, das ist die Vulgarisation der Psychiatrie, der Psychopathologie durch die Presse, das Radio, den Film usw. Die Darstellung und die Beschreibung von Krankheitsbildern wirkt auf labile Naturen geradezu so suggestiv (wie ja auch die Darstellung anderer Krankheiten), daß sie Symptome produzieren und, falls sie nicht geradezu «krank» werden, doch unter ihrem Zustand genau so leiden, als ob sie krank wären. – Es scheint wirklich eine Art Besessenheit zu sein, mit der sich manche Redaktionen und Studioleiter auf solche Themen stürzen. Freilich kommen sie damit einem gewissen Publikum entgegen.

Kurhaus Zürichberg, 14. Dezember
Schreiben in schablonisierter Form entbehrt für mich jeden Reizes. Es ist die dem Stoff gemäße neue Form allein, die das Schreiben zum erregenden Abenteuer macht.

17. Dezember
Als Grundlage, als Leitidee für den «Zyklus»: die Ökologie der Agglomeration Zürich (die gegenseitige Beeinflussung der einzelnen Glieder einer Gesellschaft und ihre Abhängigkeit von Umweltfaktoren; der Haushalt), das Alles in allem.
Kein menschliches Leben ist ein isoliertes Geschehen. Jeder Organismus steht unter den Einflüssen seiner Umgebung; er selbst aber ist ebenfalls wieder ein Einflußfaktor. Die Vergesellschaftung entscheidet sowohl über die Dauer einer Existenz als auch über deren Möglichkeit überhaupt. Gewisse Lebewesen schließen sich aus, andere sind nur so lange lebensfähig, als sich gewisse andere Organismen vorfinden. Die Struktur einer Gesellschaft ist der Ausdruck für die Anpassung des Lebens an die örtlichen Gegebenheiten. Optimale Epochen (Stabilität und Gleichgewicht) wechseln ab mit labilen Umweltveränderungen (soziale, politische, geistige – Veränderung des Lokalklimas); das Eindringen, Auftauchen neuer oder Abändern alter Menschengruppen, politische und soziale Machtverschiebungen verändern die Struktur und führen zur Labilität.
Für Zürich herrschte bis 1914 ein stabiler Zustand; doch waren die Anzeichen einer kommenden Veränderung bereits spürbar. Zürichs – trügerische – Stabilität war mit jener des Deutschen Reiches verbunden. Der deutsche Prestigeverlust und die Regierungsfähigkeit des Sozialismus, das waren die äußeren Veränderungen, die sich vorbereiteten. Die mehr inneren waren: die Entmystifizierung der Erotik, die Popularisierung (Entdeckung) der Psychologie, die Emanzipation der Frau (die «Erfindung» und Legitimation des Orgasmus. «Faire l'amour ne voulait plus dire faire des enfants», Maurice Donnay). (Der kulturelle Kampf um Zürich während des ersten Weltkrieges, Wien, Berlin, Paris – Theater, Musik.) Über allem als Weltfaktor: die Technisierung.

In der Form: das Einfachste – und damit die Versuchung der Ichform («Fausses mémoires»).

Die Vergesellschaftung des Menschen ist zwangsläufig – er hat keine Optionsmöglichkeit. Dem gegenwärtigen Menschentypus genügt die Natur, auch wenn sie ihm Autarkie gewährt, nicht mehr. – Mit der zwangsweisen Vermehrung der Menschen wird das Vergesellschaftungsproblem (biologisch und sozial) zum Zentralproblem überhaupt. Aber der Mensch hat nicht einmal mehr die Wahl, sich die Gesellschaft auszusuchen. Die einzige Möglichkeit liegt in der Vertikalen: Er kann die Sphäre wechseln, die natürliche Familie verlassen und einer geistigen beitreten. Oft ist der Generationenwechsel ein Sphärenwechsel.

Welches ist die Botschaft? Das ist die Frage, die an den Schriftsteller gestellt wird.

21. Dezember

Der Seelenzustand eines Menschen, der materielle Sorgen hat, ist von dem eines andern, der keine hat, so geschieden wie zwei Kontinente durch einen Ozean: ein völlig anderes Klima, eine vollständige Unmöglichkeit des Verstehens. Für den Armen ist es noch möglich, sich in den Zustand des Besitzenden hineinzudenken (wie unzulänglich jedoch, würde man seine Wünsche, seine armen, bescheidenen Wünsche analysieren), für den Besitzenden aber ist es beinahe unmöglich, sich die Armut vorzustellen.

Kurhaus Zürichberg, 26. Dezember

Auch ein Organismus wie eine Stadt ist Träger einer Botschaft. Aber ihr Inhalt ist nicht nur anthropomorph. Es ist darin etwas enthalten, was von einer Generation gar nicht entziffert werden kann. Katastrophenzeiten, wie wir sie erlebt haben, lassen dann mit einemmal auch das Schicksal der Städte erkennen. Wir sahen, was seit Jahrhunderten nur noch infolge von Naturkatastrophen der Fall war, das Ende, den Untergang von Städten. Wer sich aber darauf versteift, die Entwicklung einer Stadt zu studieren, der sieht in der sogenannten ruhigen und normalen Entwicklung genau so die Bewegung und die Richtung des Organismus. Ein besonders eindrückliches Bild entsteht, wenn man die Städte so betrachtet, wie man sie im Mittelalter beurteilte, als Lebenszentren, unter Vernachlässigung der Landesgrenzen. Etwa Zürich im Zentrum zwischen Mailand, Lyon, Dijon, Straßburg, Stuttgart, Augsburg, Innsbruck, Triest. Dies ergibt ein völlig anderes Bild. Städtefreundschaften waren immer etwas, was mich besonders ergriff. Hier ist noch etwas von menschlicher Beziehung gewahrt, das in der politischen, diplomatischen Verbindung zwischen Ländern völlig verlorengegangen ist. Ein Beispiel aus unserer Zeit: der Austausch von Schwänen zwischen Thun und Kanada; zwischen Zürich und Düsseldorf (das uns schwarze Schwäne schenkte), zwischen Zürich und Berlin, das von uns weiße erhielt; früher zwischen Zürich und Straßburg. Darin lebt und äußert sich noch etwas von dem alten Sinn der Städte.

Ein großer Teil der Naturwissenschaft beruht auf der Anschauung, auf der Funktion des optischen Sinnes – vor allem die Deutung der Gestalt. Ich könnte mir gut eine Forschung vorstellen, die sich auf andere Sinnesorgane gründet, auf das akustische, das daktyle, den Geruch, wobei man einem dieser Sinne das übermäßige Primat einräumen würde wie jetzt dem optischen – ja, indem man alle durch andere Sinnesorgane erworbenen Erkenntnisse bewußt ignorieren würde. Um beim Akustischen zu bleiben: eine Zoologie, völlig und ausschließlich auf dem Tonbild aufgebaut. Im Botanischen völlig auf Geruch und Duft. Das gäbe im Akustischen ein Bild ohne Vergangenheit (wenigstens bis zum Zeitpunkt der ersten Plattenaufnahmen [Konserven]). Wenn man sich vorstellt, es hätte sich von einem urweltlichen Tier so viel von seinem Tonbild erhalten können wie die Knochenfunde! Welch eine neue Vorstellung der Urwelt ergäbe sich daraus! Der Ton als Merkmal einer bestimmten Vergesellschaftung. Oder auch der Geruch.

So hören, wie Goethe das «Betrachten» verstanden hat.

Jochlina in den See mündete. Mit dem offenen Taschenmesser zukleinerte er die Zuckerstücke im Wasser und dann trank er langsam in kleinen Schlucken den Becher leer.

~~Er setzte sich ins Gras, blickte rund hin über die aufgeschichteten Holzbrecken hin und rechnete aus was er~~

Er setzte sich ins Gras, blickte über die aufgeschichteten Holzbrecken hin und berechnete gewohnheitsmäßig seinen Lohn ~~den Akkord~~ [Einen halben Franken galt die Fuhre, jede Feige war ein Fünfliber, mötzelen Rappen war sein Lohn für den Bund.]

Er legte den schwarzen Hut neben sich und blickte über die regungslose Wasserfläche hin. Die Sonne hatte nun das ~~Land~~ Ufer erreicht. Auch drüben beim Bagger machten sie ihre Pause und es war so still, dass er das Rauschen